rers
World–
n Began

The Year 1000

西元一千年

韓森——著 洪世民——譯
VALERIE HANSEN

From celebrated Yale professor Valerie Hansen, a groundbreaking work of history showing that bold explorations and daring trade missions connected all of the world's great societies for the first time at the end of the first millennium.

The Year 1000

When Explorers Connected the World—
and Globalization Began

西元一千年

韓森——著　洪世民——譯
VALERIE HANSEN

給行萬里路、讀萬卷書的吉姆

目次 *Contents*

各界讚辭

帶領讀者展開一場全球冒險……以諾斯人、馬雅人、非洲人、中國人、阿拉伯人及更多民族為焦點，本書呈現他們是如何共赴戰爭與和平、交流經濟與文化、深刻塑造未來的世界。讀來生動活潑、處處驚奇，《西元一千年》以值得留心的方式訴說我們全球化的現在。

——喬安．弗里曼（Joanne B. Freeman），著有《光榮事務》及《血之地》

世界連結的歷史比教科書告訴你的久遠，至少早了整整一千年：黃金與香料、武士、奴隸和信仰的連結。韓森梳理了中國市場、巴格達的財富、馬雅神廟壁畫的奇異金髮人，以及俄羅斯河流上的維京人之間罕為人知的連結——一部一絲不苟但平易近人、名副其實的全球歷史。

——邁可．派伊（Michael Pye），著有《世界的邊緣》

由一千年前的航海員、商人、朝聖者、男男女女共同參與的一場盛大的環球旅行。故事大膽而引人入勝，讚頌多元差異，也讚頌願意接受不熟悉的態度。

——阿芮柔・阿薩德（Arezou Azad），牛津大學資深研究員及柏林自由大學宏博研究員

不同凡響……韓森引領我們穿越非洲帝國與中美洲的交流、沿著絲路前往歐洲，上船跟著多種民族的水手橫越印度洋，或跟著維京人順窩瓦河來到拜占庭。不只是全球貿易史，這是一篇人類相遇的故事；那是一顆相互連結的中世紀星球，來自它每一個角落的花絮和聲音，讓故事栩栩如生。

——奈爾・格林（Nile Green），著有《蘇非主義：一部全球史》

援用來自美洲、非洲、亞洲和歐洲的尖端考古學研究，韓森給了我們一部可讀性極高的記述：早在哥倫布之前，全球各地就連結在一起了。她提出，聯繫變快變複雜，向來會帶來挑戰也帶來機會；在我們努力與現代全球化的種種意涵搏鬥之際，這是彌足珍貴的見解。

——凱薩琳・霍姆斯（Catherine Holmes）和娜歐蜜・史坦頓（Naomi Standen），《全球中世紀》編輯

獨一無二地融合了世界各地的第一手實地調查，以及遙遠圖書館、檔案館、博物館的精深研究。另外，這些積極主動的學術活動更結合一種新假說極具說服力的論據：關於全球化起源的假說，與我們這個時代密不可分的主題。

——梅維恆（Victor H. Mair），《哥倫比亞中國文學史》編輯

韓森書寫了西元一千年前後人類、商品、宗教和思想的流動，闡明全球化不是新的概念，而對於不熟悉的挑戰持開放態度的文明，會是欣欣向榮的文明。這個故事，沒有人說得比她更好。

——史都華・史瓦茨（Stuart B. Schwartz），著有《全都得救》

適時證明全球有起始點，也有一段漫長的歷史。自古以來，那無不與交流、競爭和剝削關係密切……韓森在生氣勃勃的四百頁中提供了深刻的紋理，讓一個年代躍然紙上。

——保羅・弗里曼（Paul Freeman），著有《出自東方》

在世界重新連結的時刻，一場穿梭種種人類社會的旅行……在人類史上一個突出的時

刻，男男女女往西橫渡狂暴的大西洋，在美洲大陸遇見同胞的時刻，檢視世界文化之弧。於是，一個令人神魂顛倒、述說人類有能力建立連結、傳播、貿易與適應的故事，於焉而生。

——威廉・戈茲曼（William N. Goetzmann），著有《金融創造文明》

引人入勝，讓一個遙遠的世界感覺就在眼前。

——法蘭西絲卡・崔維拉托（Francesca Trivellato），普林斯頓高等研究院歷史學系安德魯・梅隆教授

豐富而迷人……優遊於橫跨六大陸的海洋與陸地，韓森找出令人意外而興奮的連結，證明全球化絕非我們這個時代才有的新東西。

——大衛・阿布拉菲雅（David Abulafia），著有《人類的發現》及《偉大的海》

韓森帶領我們回到一千年前，展開一趟風馳電掣、兼具知識性和娛樂性的環遊世界之旅，從維京人的長船到駱駝商隊都不放過……以為全球化是新東西的人一定要讀這本書！

——伊安・摩里士（Ian Morris），著有《西方憑什麼》

歐洲中世紀的謎團在這部刺激思考的紀錄中解開了……有事實為後盾、引人入勝的理論活潑生動，韓森的大作呈現出一個物品、思想、人、動物與知識技能不斷流動的世界。

——芭芭拉·羅森韋因（Barbara H. Rosenwein），著有《中世紀簡史》及《感覺世代》

導讀㈠
交流與交換創造相互連結的世界

中央研究院歷史語言研究所研究員　陳國棟

近年來論述全球史的作品備受重視。所謂全球史的著作，重點就在討論全球化的歷史，一般而言，也都聚焦在哥倫布試探新航路，成功到達美洲的那一刻之後。這個關鍵性的時間點在一四九二年，接近十五世紀的終了。韓森的新書《西元一千年：探險家連結世界，全球化於焉展開》認為全球化肇始時間點的認定應該往前挪移個五百年，挪移到西元一千年左右。

韓森的主張有沒有道理呢？不妨先來檢討一下全球化是怎麼一回事吧！

全球化的前提就是地球上的人相互之間存在著交流和交換的關係。透過交流和交換，地球上的全體人類形成一個「相互連結的世界」（Connected World），透過種種連結，影響彼此的生活。交流和交換的內容，大致可以概括成物質、人身與訊息三大範疇。物質的交換靠商業；人身的交換靠旅行；訊息的交換在我們的時代很容易進行，但是在古代若非靠口耳相傳，就是憑藉書信往來，其實也就依附於人身的交換。

不過，交流與交換如果只在小地方發生，只在有限的範圍進行，那就與全球化關係有限了。必須是整個地球上的不特定地點與地點之間，都能有交換與交流，才能讓地球上的人們共享一個「相互連結的世界」，那時候（正好也就是我們生存的年代）全球化也就徹底完成了。

一般的論著都說十五世紀末是全球化的開始，因為大家都觀察到：哥倫布展開的地理大發現擴大了交流與交換的機會。比如說，美洲原生種植物的煙草、玉米、番薯和花生被傳播到中國，提供中國人有別於以往的生活物資，大幅度改變了他們的生活方式。而美洲原來沒有馬，也沒有豬，哥倫布時代以後都有了。因此十五世紀末以後發生的全球物種傳播就被稱作「哥倫布大交換」。至於交通讓旅行更方便、貿易更發達，那也就毋庸置喙了。

嚴格而言，哥倫布掀起的種種現象應該說是全球化加速進行的開始——在過去的五百多年間，全球化的腳步一天快過一天，而在上個世紀末以來，全球居民可以說已達聲息相聞、休戚與共的境地。既然一四九二年左右只是全球化加速前進的起始點，那麼在那以前已經存在有全球化現象也就理所當然了。的確如此。與其他人互動本來就是人類的天性，只是交通與通訊能力限制了交流與交換的程度。不過人類不斷在各個方面進步，從而交流與交換也就直接跟著擴大，這種發展的方向就是走向全球化。哥倫布以後的全球化現象相對容易觀察，但是韓森發現從西元一千年左右算起，往下接續到哥倫布的這一段期間，全球化的現象也相當明顯。西元一千年以後的全球化歷史，由一批特別的人群去實現。如同本書標題的第二部分所見，韓森認為在西元一千年左右，連結世界的是「探險家」——要錢不要命的商人、弘法傳道的宗教導師、征戰四方的匪徒或勇士，以及好奇無畏的大冒險家。

韓森做了很深入的研究，並且也做了非常細膩精緻的鋪陳。以下我們就隨意談一談書內涉及的內容。

她從西元一千年前後幾年的時間，理出來若干「共時性」（synchronicity）很強的史實。例如：一〇〇六年，宋遼澶淵之盟成立的下一年，中亞突厥人建立的喀喇汗國攻陷喀什噶爾（Kashgar），開啟了新疆伊斯蘭化的契機。而幾乎在同一時間，有一支原本居在北歐的諾斯人闖入了位在現今加拿大東端的紐芬蘭島。這種人群的區域擴張，在西元一千年前後最為顯著。韓森也提醒讀者，西元一千年的全球化使世界大型宗教拓展進入新的地區。在基督教來到東歐和北歐的同時，伊斯蘭也進入西非和中亞。影響當今世界的許多要素，就是在這時候發生的，而不是要等到十五世紀末以後才造成。

本書各章就以西元一千年為中心，或者以那個時刻為出發點往較後面的時間探索。韓森把整個地球上的故事都帶進來考察，先講北歐人（維京人、斯堪地那維亞人、冰島人或者說諾斯人）的冒險與移動。這類活動當然產生交流。讀者無疑馬上會想到：一千年左右的故事，有資料可以當證據證明其為真嗎？文字文獻的確十分有限，韓森因此大施法力，利用傳說故事、考古證據，重建當地的歷史，也向讀者展示曾經有過交流的物質證據。韓森同時提供簡潔的歷史背景，因此讀者在觀看交流之外，也順便可以深度地接觸到北歐、美洲與俄羅斯的人文知識。例如她對馬雅聚落奇琴伊察（Chichen Itza）的描述，就讓讀者知道它是西元一千年左右美洲最大的城市，而時下還吸引摩肩接踵的觀光客。特別是每年的三月二十一日及九月二十一日這兩天，在主要景點卡斯蒂猶金字塔：

> 下午三點左右，陽光在金字塔北面形成的陰影，會連成一條蛇的圖像。之後一個小時，蛇的身體會繼續延長，最後接上位於階梯底部的石造蛇首，完成這場一千年前精心設計的光影秀。

這樣活靈活現的描寫，彌補了閱讀異文化的陌生感，也是本書讀起來趣味橫生的優點所在。

講俄羅斯，很大的篇幅會連接到東歐洲天主教（希臘正教）的歷史，想像起來也還不至於陌生。但是講到非洲，講到東非津芝人（Zanj）精彩的故事、講到西非馬利（Mali）國王的富有，說他「堪稱當時世界最富有的人」，都令人眼光為之一亮。非洲其實物產豐饒，外來者頻繁前來買賣商品，而內陸貿易也相當活絡。宋朝人早從阿拉伯商人口中聽聞過東非的事，因此一二二五年趙汝适的《諸蕃志》才能寫下：

> 崑崙層期國，在西南海上，連接大海島。……土產大象牙、犀角。……多野人，身如黑漆、虬髮。誘以食而擒之，轉賣與大食國為奴，獲價甚厚。

「層期」就是上面所說的「津芝」。相對於中國，東非的確在西南方位，而東非南端海上真的有一座大島馬達加斯加。東非盛產象牙和犀牛角，也產黃金。還有，早在西方人來到之前，阿拉伯人就已經在販賣非洲人口。這也證明不必等到哥倫布，「全球化」早已登場！

看過美洲、東歐與非洲，韓森把焦點轉向陸上與海洋的亞洲，而把最後一章留給中國。其實，如果你還沒有讀萬卷書、行萬里路，也許你可以從第八章〈世上全球化最深的地方〉

讀起。這一章講中國北宋（九六〇－一一二七）與南宋（一一二七－一二七九），以及隨後的元朝（一二七九－一三六八）。這一個領域也正是韓森的專長所在，我們讀起來也會有一份親切感。

雖然以全球的同時段歷史為觀察對象的作品不是到韓森寫這本書才出現，但是她照顧到的面向實在豐富，拿來鋪陳的史事也經過恰當地挑選。例如她在第六章〈中亞一分為二〉中，以一個特殊的政權「伽色尼王朝」的歷史來說明伊斯蘭與佛教在中亞的爭衡，就很精到。宋代文人周去非在《嶺外代答》一書中為「伽色尼王朝」立了一個專條，稱這個國家為吉慈尼。該政權的創立者其實是歷史上第一位採用「蘇丹」（sultan）作為稱號的統治者，時間就在一〇〇二年。那之後，穆斯林領袖才紛紛使用這個稱號，一直用到今天。再說一句：韓森不只照顧陸地上的活動空間，她還觀察了人類在三大洋上的活動！不過，其間的精采，還是請讀者自己來挖掘吧！

二〇二三年二月二十二日

導讀(二)

全球化的開端：你所不知道的西元一千年

中央大學歷史所副教授兼所長　蔣竹山

看完耶魯大學歷史系教授韓森（Valerie Hansen）的新作《西元一千年：探險家連結世界，全球化於焉展開》，你或許會有個初步印象，以為她是一位擅長寫全球史的研究者。事實上，她可是以中國史研究，尤其是唐宋社會史及宗教史研究起家的漢學家。

一般臺灣讀者比較熟悉的可能是她的名作《絲路新史：一個已經逝去但曾經兼容並蓄的世界》。這書於二〇一五年被翻譯至臺灣，當時的網路書介是這樣形容這本書的：「絲路作為一條貿易之路並以絲綢為貿易大宗的錯誤形象漸漸成形。本書見解處處挑戰傳統觀點，解讀近百年絲路沿線綠洲出土文物與文書，衝擊人們過去對『絲路』歷史的錯誤觀點與想像。」

她所翻轉的觀念像是：絲路不是一條從長安一路通往羅馬的商路，而是由多個短程路線穿插而成；漢帝國和羅馬帝國從未有兩地的直接貿易；絲路貿易的常態是綠洲居民透過短程、以物易物的小規模貿易；對絲路居民而言紙張比絲綢更珍貴；絲綢常被當成貨幣而不是商品；絲路城鎮市集以當地產品居多，而非舶來品；所發現的近千件文書中僅一件提及「商人」，可見絲路的主要旅人不是商人，而是因地方戰火流離失所的難民。

她的研究創新力與敘事力可不是從《絲路新史》才開始的，一般說來，要再往前推。她有一本教科書《開放的帝國：一千六百年前的中國歷史》（江蘇人民出版社，二〇〇七），成為許多大學用書後，讓她的知名度大開。這書主要是根據她在耶魯大學教基礎課程「中國古代史」講稿修改而成，透過紮實的考古及歷史新證，讓許多美國大學生更能認識中國漫長歷史的特色。

對我而言，我對她的認識則要更早，早在一九九〇年代初期，就讀過她的成名作《變遷之神——南宋時期的民間信仰》（江蘇人民出版社，一九九九）。我曾在一九九七年的《新史學》發表過一篇論文〈宋至清代的國家與祠神信仰研究的回顧與討論〉。當時就提到她一九九〇年的《變遷之神》是如何有系統地以歷史角度探討祠神信仰與宋代社會變遷。無論是觀念或資料運用上，這書都讓美日學界相關研究有了新的進展。特別是有關國家對祠廟的賜額、賜號過程的論點，吸引了許多人進行後續討論。

有了這樣的基本認識，要來讀這位史家的新作，才能慢慢理解，為什麼韓森能寫出這樣的全球史新書，這主要奠基於她從早期的著作中，就不斷挖掘新材料，進行跨文化交流的研究。她的中國史研究轉向世界史研究過程，也反映了這二十年來，學界如何從社會史、文化史的研究，轉向為全球史。這在卜正民的著作《維梅爾的帽子》中也能明顯見到。

《西元一千年》一書最重要的論點就是「西元一千年是全球化的濫觴」，各種貿易路線在這個時期的世界各地成形，促使商品、技術、宗教、人民離開家鄉，前往他地。而這些連結，則是為日後一五〇〇年的歐洲所主導的新世界搭好橋梁。不管這樣的說法是否合乎一般看法，至少作者提出了一個相當新穎的論述。

韓森為什麼會寫這本書，這跟《絲路新史》有關。她在快完成上一本書時，突然發現原本看似無甚相關的三件事，竟能找到背後的共同因素是區域擴張。這三件事分別是：一〇〇〇年前後諾斯人登陸美洲蘭塞奧茲牧草地；一〇〇五年遼與宋訂立澶淵之盟；一〇〇六年中亞喀喇汗人（Qara Khanid）占領喀什。這些連結促使她開始認真去研究西元一千年前後的世界史。首先她與專攻維京人的中世紀歐洲史家安德斯・溫羅斯（Anders Winroth）及前哥倫布時期藝術史家瑪莉・米勒（Mary Miller）合作，一同開設「一〇〇〇年前後」的研究所課程，透過彼此學術交流及移地考察，才使得這本超越她研究專長的論著得以成形。

本書書名雖然是西元一千年，但實際上所談的時間是一千年前後的世界史連結與互動，而不是專指某一個年分。空間上則涉及了美洲及歐亞非等四部分，建議閱讀時要搭配作者設計好的各種地圖，才能領略當時的全球互動網絡空間。《西元一千年》全書分為八章，先以西元一千年時世界的模樣做初步的介紹，結尾則回到作者的本行中國史，強調當時世界上全球化最深的地方就在中國。

至於中間的六章則是本書的重點，每一章帶出一個區域間的連結主題。例如第二章〈往西走吧，維京少年〉主張維京人老早就有美洲探險。而且維京人於西元一千年到加拿大的航程開啟了從歐洲到美洲大陸的路線，環球交通網在那一年形成是事實。她也順便打臉暢銷書作者加文．孟席斯說中國人比哥倫布更早到美洲的說法是胡說八道，毫無根據。

第三章〈西元一千年的泛美公路〉探討馬雅的世界。早在西班牙人來美洲之前，該地居民已經構築了複雜的道路網絡與貿易網。道路網以奇琴伊察為美洲貿易網中心，向北延伸至查科峽谷和卡霍基亞，南到哥倫比亞。作者提出，哥倫布沒有開創出新的泛美公路系統，他只是加入橫渡大西洋的新環節，把既有美洲路線與歐洲相連結起來而已。第四章〈歐洲的奴隸〉，談的是來自斯堪地那維亞的羅斯人，如何進到東歐，透過奴隸及毛皮貿易賺到大筆財富，進而對東歐造成衝擊。他們的著名統治者弗拉基米爾王子選擇皈依拜占庭東正教，此舉改變了基督教世界的版圖，將東正教帶到東歐及俄羅斯。

第五章〈世界最富有的人〉則是談伊斯蘭。韓森認為，非洲人在促進伊斯蘭世界與非洲之間的貿易上起了關鍵作用。在一四九二年之前，進入歐洲與亞洲的黃金，有三分之二來自西非。而八〇〇－一八〇〇年間，離開非洲到伊斯蘭世界的奴隸相當多，不亞於越過大西洋的奴隸總量。第六章〈中亞一分為二〉談中亞的「騎士」，這是西元一千年時中亞最重要的資產。早在西元一千年之前不久，中亞騎士就開通了橫跨歐亞大陸各地的孔道。除了物品流通之外，這個時期的全球化也促使基督教來到東歐及北歐，伊斯蘭教則去了中亞與西非。

第七章〈意外的旅程〉的重點是日本到非洲之間的海域：阿拉伯海、印度洋、孟加拉灣、南海、東海及太平洋。這些海域早就有各國水手的活動，這比麥哲倫及達伽馬的「發現」航道還要早。原本連結東南亞與外在世界路線大多通往印度，西元一千年之後，則轉向中國。此外，她特別強調馬來半島與非洲東部外海的馬達加斯加之間有長達六千五百公里的貿易活動。

雖然韓森的專業是中國史，但老實說，最後一章所談的中國史較其他章節，則顯得故事沒這麼精采，也沒講出什麼新鮮事。我最喜歡的還是前面美洲維京人及馬雅的那兩章，既有新論點，敘事力也十足。

韓森所說的西元一千年時全球化就已經開始，不管你信不信，這書都提供了許多地區的互動與連結故事。讀者若覺得這樣還不夠，建議可找來以下兩本書。

首先是伊安．摩里士《西方憑什麼》。作者提到：「九世紀的東方，其發展已相當有起色，足以啟動第二次舊世界大交換。商旅、教士、移民再度橫跨草原和印度洋，再度創造一個東西頻頻接觸的重疊地帶。在成吉思汗少年時期，印度洋商旅做的買賣已不僅是香料、絲綢等奢侈品，還有大宗糧食，其量之豐，羅馬已難望項背。從波斯灣的荷姆茲到爪哇的滿者伯夷（Majapahit），許多城市都因國際航貿而欣欣向榮。」

摩里士所強調的是，第一次「舊世界」大交換曾在歐亞兩端開啟零星幾條蛛絲，但第二次大交換就真的有結網了。此時來的不僅是商旅，教士也受宗教寬容吸引而來。我們甚至可以說，一一〇〇年以來的數百年間可說是人類有史以來第一個科技移轉時代，這個時候落後的可是西方。

是的，上述這段話講的也是《旅人眼中的亞洲千年史》的重點，書中處理的正是五〇〇—一五〇〇年間「大亞洲世界」時代。

作者斯圖雅特．戈登（Stewart Gordon）的原書名為 *When Asia Was the World: Traveling*

Merchants, Scholars, Warriors, and Monks Who Created the “Riches of the “East”，若直譯為《那時，亞洲即世界》的話，似乎比中譯本書名《旅人眼中的亞洲千年史》更能顯現這本書的核心觀點，至於副標題「創造『富饒東方』的行旅商人、學者、軍人及僧侶」，則能看出作者的目光是集中在這些在跨文化地區移動的人物身上。

戈登是密西根大學南亞研究中心的資深研究員，根據他的學術網站上的介紹，他並非只是象牙塔內的學院史家，三不五時會搭著巴士橫越土耳其、伊朗、阿富汗、巴基斯坦與印度閒晃，偶而攀爬秘魯的印加古道，又或者是在湄公河及密西西比河上乘船行旅。這樣的旅遊經驗，與韓森也有點類似。在學術研究方面，他寫過有關環境史、軍事史、醫學史、網絡、王朝策略及社會動盪與社會混亂方面的論文，專著主要集中在近代以前的印度史，近來關注的則是海洋史與大西洋以外的奴隸史。曾經出版：《馬拉地帝國、掠奪者與十八世紀印度的國家形成》（一九九四）、《榮譽之袍：前殖民與殖民期印度的袍服》（二〇〇三）、《馬拉地帝國（一六〇〇—一八一八）》（二〇〇七）、《十六世紀的沉船的世界史》（二〇一五）、《鐵鐐：大西洋以外的奴隸》（二〇一六）。

在已出版的著作中，二〇〇七年的《旅人眼中的亞洲千年史》最受好評，目前已知有七種不同國家的譯本，還被美國國家人文基金會選為美國超過一千家圖書館的必藏圖書。這本書不是一般的亞洲史，而是透過八本回憶錄、九個故事，寫出的大亞洲世界的全球史。

戈登在序言說：「是透過諸如使節、軍人、商人、朝聖者或哲學家的雙眼，對波斯、中東、中亞、中國與印度所照的一系列街頭攝影。有好幾個主題一再出現，包括海盜劫掠、奴役、政治聯姻、海上之旅的危險、名譽在信用網絡中的重要性，以及王權象徵的共通點」。這九個各自獨立的故事，時間橫跨一千年，看似彼此沒有什麼關聯，但全書還是有個核心觀念，就是英文本的書名「亞洲即世界」，意思是五〇〇至一五〇〇年近代之前的世界中心是在亞洲。

而促成這樣的特色出現的關鍵就是密切的「交流」，更明確的說法應該是「網絡與個人關係」，這點也與《西元一千年》類似。看看每章主標題的關鍵字就知道，像是「寺院」、「銀與船貨」、「胡椒」、「寶船」、「血與鹽」、「藥」，而這些不同身分的人物是這個時代物的交流的背後功臣。原來在克羅斯比的名著《哥倫布大交換》的物種交流之前，整個中世紀亞洲的物品交流就已經在如火如荼地進行，說這是《哥倫布大交換》的前傳也不為過。如此看來，《旅人眼中的亞洲千年史》的論點，又與《西元一千年》有幾分相似，兩書很值得一起搭配閱讀。

若是深度讀者對於這樣的補充還嫌不夠，我會建議可以再去找日本東大羽田正教授的

《全球化與世界史》（復旦大學出版社，二〇二一）與德國著名史家于爾根・奧斯特哈默的《全球史講稿》（商務印書館，二〇二一），這兩本對於全球化有一番更深入的探討，肯定可以補充韓森論述的不足。

寫在前面

為觸及最廣大的受眾，我依循下列寫作原則：盡量少用陌生名稱及辭彙；採用最熟悉的拼法、捨棄多數變音符號；提及現代國家及地區，避免不復使用的地名害讀者陷入泥淖；將過去的度量衡轉換成英制和公制單位；以註釋提供充分資訊以便探出資料的源頭。

序言

街上擠滿顧客，盡情選購來自斯里蘭卡的珍珠項鍊、非洲象牙刻的飾品、加了西藏或索馬利亞安定劑保存的香水、波羅的海琥珀精心製成的小瓶子、各種各樣的香木做成的家具。空氣中彌漫著各種外國薰香（譯註：即 incense，尤指祭祀焚燒的香，本書因提及各種芳香物及製品，將 incense 統一譯為「薰香」以利識別）的味道。街角一家店販售昂貴的高技術產品，以及為在地消費者調整、修改過的品項。視節日而定，會有印度教徒、穆斯林或佛教參拜者加入人群。稍晚，當你順道拜訪某位友人的住處，她端來一杯冷飲，散發獨特香氣。那一家人向你炫耀他們新添購的東西：一張爪哇檀香木製成的精美桌子，展示著一支精雕細琢的犀牛角。那些小擺設看來大都是進口的，印證了你的朋友與世界接軌的品味。

這座城市與遠方有那麼多連結，聽來像是重要的現代大都會，實則是中國城市泉州在西元一千年時的風貌。位於中國沿海上海與香港的中點，直接面向臺灣，泉州是當時世界首屈一指的富裕大港。

街上所有待售商品都是當時常見的貨物。之前數百年，中國人就已經從現今爪哇和印度等地進口檀香之類的沉香木、從阿拉伯半島進口沒藥（myrrh）和乳香（frankincense）等芳香樹脂了。中國人會點燃進口的薰香來使香氣繚繞，會用進口芳香物薰過衣物使之芬芳宜人，還會用進口的香料給藥物、飲品、湯和糕餅增添風味。

這些進口商品有強勁的出口貿易作後盾，而技術最繁複的中國產品是高溫窯燒的陶器。中東陶器是低成本的競爭對手，上了仿造的釉料來模擬中國陶瓷表面的光澤，但燒製的溫度沒有那麼高。隨著新路線開闢，原為本國人唯一供應商的工匠赫然發現自己要跟地球另一邊的製造者爭奪市占率。

西元一千年是全球化的濫觴。貿易路線在這時於世界各地成形，讓商品、技術、宗教、人民離開家鄉，前往新地。隨之產生的變化極為深刻，連市井小民也深受影響。

在西元一千年——或一千年前後，考古學家目前只能這樣判定——維京探險者離開斯堪地那維亞的家園，越過北大西洋，抵達加拿大東北部沿海的紐芬蘭島（Newfoundland）——之前從來沒有歐洲人來過的區域。（自一萬多年前西伯利亞一波移民進入美洲西岸，就沒有人再跨進美洲大陸了。）這群維京人將既有橫跨美洲的貿易路線與歐洲、亞洲、非洲（後文將簡稱「歐亞非大陸」）的貿易路線連結起來。世界史上第一次，一件物品或一個口信可以一路環遊世界。

除了諾斯人（Norse）外（譯註：諾斯人是中世紀前期北日耳曼民族之一，「Norse」即「北方」之意，以古諾斯語為母語），西元一千年的其他要角——中國人、印度人、阿拉伯人——都不是歐洲人。常用航海路線中，最長的一條連接了中國和瀕臨波斯灣的阿曼（Oman）和巴斯拉（Basra）城，後者也是最靠近巴格達的港口。這條波斯灣－中國路線也結合了兩條朝聖之路：一條讓人在中國的穆斯林前往麥加；一條供東非教徒朝覲。大部分的船隻是從阿拉伯半島駛往中國東南沿海的港口，不過也有一些貨物繼續往非洲東岸港口前進。

西元一千年時的全球化動力包含北歐的維京人，以及美洲、非洲、中國和中東的居民。以貨易貨，換來他們前所未見的商品，這些探險者開啟了陸地和海上的路線，劃下全球化真正的開端。這些商人和航海員開闢的新路徑讓多個王國和帝國彼此接觸，使貨品、人民、微生物和思想移入新的地區。世界不同區域在那時第一次觸碰彼此，今日的全球化世界便是最終的成果。

誠然，羅馬、印度、中國等地的居民早在西元一千年以前就知道有其他社會存在。據大量文獻記載，西元一世紀即有一條海上路線聯繫羅馬帝國和印度南部西岸，只是貿易後來絕跡了。反觀西元五〇〇年左右建立的陸上及海上絲路，在印度、中國、東南亞國家之間創造了持久的文化與貿易連結，到一千年時仍在沿用。不過，這兩大貿易網固然發達，卻只占世界的一小部分，是直到西元一千年發生的區域擴張才影響了整個地球。

當然，這不是現今觀念的全球化。當時一般人無法遠赴他地旅行，也無法隨意在商店裡購買來自任一國家的商品。

然而，西元一千年左右發生的變化卻構築成最基本的全球化。一地發生之事深刻影響其他遙遠地區的居民。新的路線把全球不同地區串連起來，貨品、民眾、宗教紛紛沿著這些路線前進。君士坦丁堡（今伊斯坦堡）、巴格達、開羅等城市持續需要奴隸，迫使數百萬非洲人、東歐人、中亞人大舉遷徙——比橫渡大西洋的奴隸交易早了數百年。

就連從未離開家的人也深受全球化影響。一旦某位統治者改宗——西元一千年前後有多位統治者如此——許多臣民也會改採新的信仰。東南亞陸地和島嶼的居民放棄傳統職業，全力為中國消費者（包括富有和貧窮的）供應香料和沉香木。隨著外國商人愈賺愈多，本地生意人卻血本無歸，世界第一波反全球化的暴動和打倒新富豪的攻擊行動在開羅、君士坦丁堡及廣州等城市爆發。

西元一千年左右究竟有多少貨物和民眾在世界各地流動，那時殘存至今的資料並未提供確切數據，因此我們必須密切關注其他種類的證據。我們將在不同路線追蹤貨物，看看有哪些類型的人物和資訊跟在後頭。我們對親筆寫下遊記的人感興趣，也會關心其他把聽聞之事記錄下來的人，因為他們正是世界在西元一千年之後發生巨變的首要目擊證人。

在哥倫布橫渡中大西洋之後，全球貨物和民眾旅行的路線，仍有幾條是西元一千年時的交流所開拓的。但西元一千年的世界在幾個重要的面向與一四九二年截然不同。首先，在那時相遇的旅人，彼此的技術發展相差無幾——不同於一四九二年，火器槍砲讓歐洲人幾乎所向披靡。

西元一千年時，世界的要角也不一樣。中國、中東等地繁榮興盛，其他地方——特別是歐洲——則相當落後。事實上，西元一千年的世界跟我們今天的世界相當類似，中國人、阿拉伯人和美洲人都是歐洲人的勁敵。

西元一千年啟動的事件是人類演化上的一大關鍵，效應好壞參半。接連迸發的全球路線促成受孕與感染、知識豐富與文化分裂、新技術的傳播與傳統技藝的滅絕。那些路線既鼓勵友愛，也助長衝突；它們開拓了一些人的視野，讓他們看到之前從未瞥見的可能性，但也致使那些無力抵擋霸權的人民迅速淪為附庸。

這本書率先承認這些是「全球化」事件。[1] 全球化一定有輸有贏，在世界徹底改變的西元一千年也不例外。現在我們仍感覺得到那些效應，所以我們必須了解西元一千年遺留給後世哪些深遠的影響。

這個故事乍看之下熟悉得很，但一回到西元一千年，我們便會了解場景的差異有多懸殊。最明顯的差別是工業化尚未發生，當時沒有蒸汽、沒有電，動力來自人力、獸力、水力和風力。

那時的政治單位也不一樣：戰團（warband）、部落、王國、帝國，沒有一個是可以強迫所有公民納稅、服兵役的民族國家（民族國家要到十九世紀才成形）。

這本書也解釋了當時是誰發展了世界主要區域的網絡，這些網絡又是如何變得環環相扣。隨著不同區域的居民在西元一千年前後開始互相接觸，他們為下個階段的全球化搭建了舞台——也就是十六世紀，歐洲人改造既有網絡來迎合自身利益的時候。但全球化不是歐洲人發明的，他們只是變更、擴增原本就有的東西。假如當時全球化不是早已開始，歐洲人就無法那麼快滲透那麼多地區。

全球化總是引人擔憂：一旦人們了解這個星球不是只有自己存在，他們就面臨新的危險。第一次經歷全球化的民眾必須擬訂策略，而他們會從不同的有利位置做這件事。

當個人遭遇不熟悉的民族——這在西元一千年前後的世界比比皆是——他們會評估風

險：這些陌生人會殺掉他們嗎？會俘虜他們嗎？他們必須判斷相對實力：如果大打出手，誰會贏？誰的技術發展比較好？萬一這群陌生人懂得讀寫怎麼辦？個人必須做出合理的因應之道，而他們的決定有許多值得我們警惕或學習之處。

有些反應倉促而思慮不周：例如維京人有時會趁原住民熟睡時加以殺害，雙方甚至連一句話都還沒有機會講。

有些則是自然反應，老實說挺古怪的。當美洲原住民攻擊某個維京殖民地、諾斯人領袖下令撤退時，一個名叫弗蕾蒂絲（Freydis）、個性好強的孕婦沒跟上男性同伴。她發現自己得獨自面對一群原住民勇士。她剝開上衣、露出乳房，拿劍「拍了拍」。[2]美洲原住民嚇壞了，隨即如鳥獸散——如果我們相信「傳奇」（saga）（譯註：「傳奇」或譯「薩迦」，是北歐及冰島地區的特有文學，大多是九到十一世紀時的英雄傳說，如維京人的遠征等，帶有浪漫主義色彩）所述的話。

西元一千年時也有較具啟發性的反應：有些勇者克服恐懼，放膽接觸從未見過的民族。雙方建立貿易關係。

往往，天然資源最稀少的地區，居民最終會輸出當奴隸。世界各地的奴隸來自許多地區，而非只限一地。最富裕的城市中心會從較貧窮的地區進口奴隸：西非及東非、中亞、北歐、東歐等除了人力沒什麼出口商品的區域。（英文「奴隸」〔slave〕一詞實源於「斯拉夫人」〔Slav〕，就是因為有眾多奴隸來自東歐。）

沒東西可供交易的人，有時會成為傑出的掮客。這些人對於開創新的貿易路線至關重要。出乎意料的是，有些時候，本身社會技術較落後的人民，因為能更快消化吸收新知，也能打敗技術較優異的人民。

要迅速推動社會進步，有一招是改信其他高度發展社會的宗教，這個決定的出發點未必是信仰。一位住在今烏克蘭地區的統治者（名叫弗拉基米爾王子〔Prince Vladimir〕），因渴望讓王國更加強大，於是想以鄰國為榜樣。一如其他許多君主，他選擇了一種最有機會鞏固權力並與強大鄰居結盟的宗教。弗拉基米爾王子的主要資訊來源是他派往各國拜會統治者的使者。像間諜一般打聽消息，他們回報了鄰國的狀況。

弗拉基米爾王子從非常短的選單裡挑了基督教，確切地說是拜占庭帝國信奉的東正教（Eastern Orthodox）。他權衡了猶太教、伊斯蘭、羅馬天主教和拜占庭東正教的利弊得失。他拒絕猶太教是因為猶太人已失去耶路撒冷；劃掉伊斯蘭是因為那禁酒。他也捨棄羅馬天主教，但沒表明原因。他選擇東正教是因為拜占庭首都君士坦丁堡宏偉壯麗的聖索菲亞大教堂是驚人的技術傑作，當時令人讚嘆的程度不遜於今天最新的摩天大樓。

隨著其他領袖也在西元一千年前後為王國選定宗教，世界宗教的數量萎縮了。例如曾在今伊朗地區大受歡迎、強調善惡不斷爭鬥的摩尼教（Manichaeism）就因無法和較具規模的宗教競爭、吸引不到同等贊助支持，已徹底絕跡。

西元一千年以後，除了錫克教（Sikhism）、巴哈伊信仰（Baha'i）和摩門教（Mormonism）及其他少數，世界不再有重要的新宗教崛起。而那些新崛起的宗教其實都是混合版——結合西元一千年時已堅若磐石的宗教元素，而非創新。

除了弗拉基米爾王子選擇東正教，還有其他統治者做了類似的決定；於是，西元一千年左右，對大型宗教宣誓效忠的信徒人數大幅攀升。東歐及北歐成了基督徒，伊斯蘭的領土往東擴張至中亞、往南拓展到北印度，佛教和印度教則雙雙傳播到東南亞。我們今天居住的世界，是西元一千年時世界各地的互動所形塑：今天的信徒中，有九十二％信奉當年漸受歡迎的四大宗教之一。[3]

事實上，除了現今居住的世界深受西元一千年的事件影響，我們此刻努力解決的難題，就是當時人類首度面臨的挑戰——該與鄰國合作、做生意、允許他們來我們國家定居，並賦予宗教自由，還是試著賞閉門羹、拒於門外？對於那些經由貿易致富的外人，我們該報復嗎？我們該試著模仿我們尚未精通的技術來製造新產品嗎？最後，全球化會讓我們更清楚自己是誰，或是將摧毀我們的身分認同呢？
回答這些問題，就是這本書的目標。

第一章

西元一千年的世界

說來奇怪，跨區域旅行在西元一千年左右突然蓬勃起來，但並非任何新技術促成。一如先前，人們依然是靠步行、騎乘動物或搭動物拉的車子在陸路行進，或划獨木舟、乘帆船或木船橫渡水域。不同區域間的貿易之所以在西元一千年變得頻繁，是因為農業生產過剩導致人口成長，並允許部分民眾不必全心務農，開始製造商品上市販售，進而成為商人。

西元一千年時，世界人口最多的地方跟現在一樣，是中國。當時中國的人口約有一億。自古以來，中國人一直組成全球四分之一到三分之一的人口。[1]中國經濟在宋朝（九六〇到一二七六年）蓬勃發展，商人、商船與東南亞及印度南部都有生意往來，而那兩地的種稻區也支撐了當地成長迅速的人口。

中東及歐洲穀物種植區的人口固然沒有亞洲那麼多，但依然重要。從七五一到九〇〇年前後，阿拔斯帝國（Abbasid empire）掌控了西起北非、東迄中亞的廣大領土。阿拔斯的統一盛世有利於多種作物在帝國各地流動。其中一些，例如高粱，源於西非；另外一些，像是稻米，則來自印度。伊朗、印度傳入的熱帶植物改變了帝國各地的生活——鼓勵農人盛夏也要耕作（這是前所未有的事）。這項改變在阿拔斯哈里發國初期為其伊斯蘭心臟地區帶來持久的繁榮。[2]

但在西元九〇〇年後，帝國分裂成數個區域王朝，各由不同軍事領袖統治。人在巴格達的哈里發仍是這個伊斯蘭共同體名義上的元首（前阿拔斯領土各地的穆斯林仍繼續在星期五祈禱時提到他），但帝國不再一統。不過，前阿拔斯土地上的人口仍持續增長，到西元一千年時估計來到三千五百萬到四千萬。[3]

西歐人口也因居民採用影響深遠的農業變革而成長，英國史學家羅伯特・伊恩・摩爾（R. I. Moore）稱之為「穀物化」（cerealization）。[4]居民在愈來愈多土地上種植小麥和大麥。在法國北部和英國，耕種者率先看出，年復一年在同一塊田裡種植同樣作物會使土壤愈來愈不肥沃，因此會放三分之一到一半的田地休耕。

西元一千年以後，農人開始輪種作物。一種受歡迎的輪作是蕪菁、苜蓿和穀物，這有助於留住養分、維持土壤品質。這種對提高農業產量非常重要的實務慢慢傳播開來（在中國已廣為人知）。在此同時，其他創新也提高了產出：馬拉犁、水車磨坊、挖土可以挖得比木製工具更深的鐵製工具等等。在穀物化之前，西歐大部分的土地並非用於定期耕作；穀物化之後，情況扭轉。

除了增加人口，上述變革也促成歐洲定居聚落興起。在種植穀物未普遍之前，西歐許多農人居無定所，不時從這一地遷徙到另一地來耕作土地、飼養牲畜。斯堪地和東歐的農人依舊如此，繼續跟著成群豬、羊、牛、馬走。但先是在法國、英國和德國（後來才傳入東歐及北歐），拜輪作和其他農業發展之賜，農人開始建造房屋，並在村子裡定居下來了。

從西元一千年到一三四〇年（黑死病於一三四七年爆發），歐洲人口幾乎增加一倍，從四千萬來到七千五百萬。這波人口成長與中世紀溫暖時期（Medieval Warm Period）[5]同時發生。那個時期從一〇〇〇年開始，一一〇〇年達到高峰，一四〇〇年結束；因為氣候史學家還不知道那股暖化趨勢是否全球一致，故現在改稱「中世紀氣候異常」（Medieval Climate Anomaly）。[6]後續研究顯示有些地區（例如歐洲）氣溫上升，其他地區則變冷。[7]

歐洲各地人口分布情況也改變了。東南歐（指義大利、西班牙、巴爾幹半島）人口增加五十%；而由於農業技術進步使然，西北歐（指現代法國及德國地區）的人口成長最鉅：那裡的人口暴增三倍，因此到一三四〇年時，歐洲有近半人口住在西北歐。

中國的人口變遷與歐洲類似，只是方向相反：在歐洲人離開地中海，向北往北海而行的同時，中國人則來到長江南岸的稻米種植區。七四二年時，中國六千萬人口中，有六十%住在種植小麥、小米的華北地區；[8]到九八〇年，已有六十二%住在種稻的華南地區——稻的生產力比北方作物高得多。

與中國皇帝形成對比的是，西元一千年時沒有單一位君主統治整個歐洲。在東歐，拜占庭帝國最為強盛，[9]但其軍事力量迅速衰退。不過，雖然拜占庭軍隊日益衰弱，迫使皇帝得仰賴傭兵或外國軍隊，君士坦丁堡卻是當時歐洲最進步的城市。每當有西歐人來訪，那裡美不勝收的濱海步道、精緻複雜的建築，都令他們難以置信，特別是華麗的聖索菲亞大教堂。

在西歐，查理曼（Charlemagne）曾一統現代的法國和德國，但在他於西元八一四年過世後，王國一分為三。十世紀時，德王奧托一世（Otto I）、其子奧托二世（Otto II）和其孫奧托三世（Otto III）——合稱奧托王朝——是西歐勢力最強的統治者。奧托王朝控制了德國和羅馬的領土，但並未掌控整個義大利半島，那裡許多地方仍屬於拜占庭帝國。奧托強大的勢力讓他得以任命教宗，而教宗反過來在九六二年冊封奧托一世為神聖羅馬帝國皇帝，他的兒孫也繼承了這個位置。

奧托三世挑選教宗思維二世（Pope Sylvester II，九九九－一〇〇三在位）領導羅馬教會。身為當時教育程度最高的人士，思維二世懂得一點代數學——歐洲人從伊斯蘭世界習得的數學方法（「代數學」〔algebra〕一詞源於阿拉伯文「al-jabr」，[10]指為了平衡方程式兩端所必須進行的操作）。

西元一千年於思維二世在位時來臨，不過那一年對歐洲人意義不大，因為當時很少人使用那套從耶穌誕生開始計年的曆法，這樣的曆法從六世紀即已存在，但這套定年系統推展緩慢，到一五〇〇年才正式為教會接受。在那之前，民眾多半以統治者或教宗在位時間來稱呼那一年，[11]例如西元一千年會被喚作思維二年。

西元一千年時，已經沒什麼基督徒相信耶穌基督會重回人世了。史上有許多巡迴傳教士和教會改革者自稱彌賽亞（Messiah，救世主之意）而揭竿起義，但他們的運動散布在不同世紀，就是沒有在西元一千年前後發生的。[12]

在西元一千年時，世上所有農業帝國之中，學者對中美洲（Mesoamerica）的馬雅人了解最少。在西元六〇〇年以前的某個時候，馬雅人已開始在其心臟地帶廣泛運用灌溉來栽種玉米——即今墨西哥、貝里斯、瓜地馬拉、薩爾瓦多、宏都拉斯等地的培高田地（raised field）上。馬雅文明在西元七〇〇年前後達到顛峰，總人口達到數百萬（二〇一八年一項研究估計有一千萬至一千五百萬[13]）。位於今瓜地馬拉的提卡爾城（Tikal）是西元六〇〇至八〇〇年間數一數二的大城，[14]約有六萬居民。八世紀末，或許因過度耕種，或許是環境變遷之故，多座城市頹圮而遭離棄。八三〇年後，幾乎沒有新建設出現。從西元一〇〇〇年持續到一一〇〇年的長期乾旱導致人口銳減，也促使大量民眾遷往猶加敦（Yucatan）北部，新城奇琴伊察（Chichén Itzá）應勢而生。

儘管馬雅的文字紀錄在西元一千年之前即戛然而止（最後一段石碑上的文字刻於西元九一〇年），但奇琴伊察的馬雅人重整旗鼓，積極拓展貿易範圍，北至密西西比河谷和四角落地區（Four Corners，即今美國科羅拉多、新墨西哥、亞利桑那及猶他四州交界點），南迄巴拿馬及哥倫比亞。奇琴伊察都會區有座廣大的球場和複雜的天文觀測台。這座城市在西元一千年時威名赫赫，鄰近許多統治者都派遣使者滿載禮物來拜會馬雅統治者。

西元一千年時的世界人口有多少呢？粗估約兩億五千萬。實施人口普查的社會（想想中國）資料遠多於未做紀錄的社會，而務農社會的人口又遠多於游牧社會。亞洲：中國、日本、印度、印尼等主要稻米產國所在地，占了世界人口的最大部分（超過五十%，約一億五千人）[15]；歐洲次之，約占二十%，非洲可能也占二十%，剩下十%或不到十%在美洲（大洋洲人口從未達到全球總人口的一%）。

世界人口來到兩億五千萬，象徵人類史上的一個轉捩點。此後，當探險者離鄉背井前往鄰近地區，他們碰到人的機會，比先前世界人口較少時來得大。

在世界各個農業產量大增、帶動人口成長的地點，有些人可以放下農作，住進城市。在西元一〇〇〇到一三四八年時，歐洲城市並非世界最大：巴黎人口約兩、三萬，[16]信奉伊斯蘭的哥多華（今西班牙）約四十五萬，都比宋朝首都開封及杭州來得少——開封及杭州起碼各有一百萬。

隨著城市日益成長，創業型商人也愈來愈多。他們從遠方取得的奇珍異品刺激了更多欲望。交易的貨品多半是輕便的物件，如羽毛、毛皮、漂亮的紡織品和藥物等。貴金屬是重要的例外；人們願意不遠千里把貴金屬扛回來。

在這些社會，農業生產過剩也支撐著眾多具備讀寫能力的官僚。他們各有自己的書寫系統。記述西元一千年之際世界風貌的史料大多是用拉丁文、古冰島文、希臘文、阿拉伯文、波斯文、梵文和中文寫成。因為這些文字紀錄，我們對這些心臟地帶及附近民眾的了解，比沒有書寫系統的地方來得深。

這本書並未含蓋當時地處孤立、沒有相關紀錄或未與鄰近地區進行貿易的地方，例如澳大利亞、撒哈拉以南非洲的某些地區，以及美洲數個地區。在這些地方，居民仍從事狩獵採集，偶爾穿插農業。他們會在春天播下種子，等秋天回來採收，整個夏天完全沒有照料。近年來有人主張採集狩獵的生活方式遠比農人在田裡耕作來得好，這或許曾是事實，但採集狩獵無法產出足夠的剩餘來支撐意義重大的人口成長。文字也沒有在這些社會出現，意味除了考古學告訴我們的事情，我們幾乎對他們一無所知。很多人相信文字之所以率先在大型農業帝國形成，是因為統治者需要文字來掌控臣民、記錄他們的賦稅。

儘管如此，那些與外界沒什麼接觸的地方，也不是全都一樣。在非洲西部，古傑內城（Jenne-jeno）已促使學者重新斟酌這個基本假設——唯有定居的農業社會才可能催生出城

地圖1.1
西元一千年世界主要地區

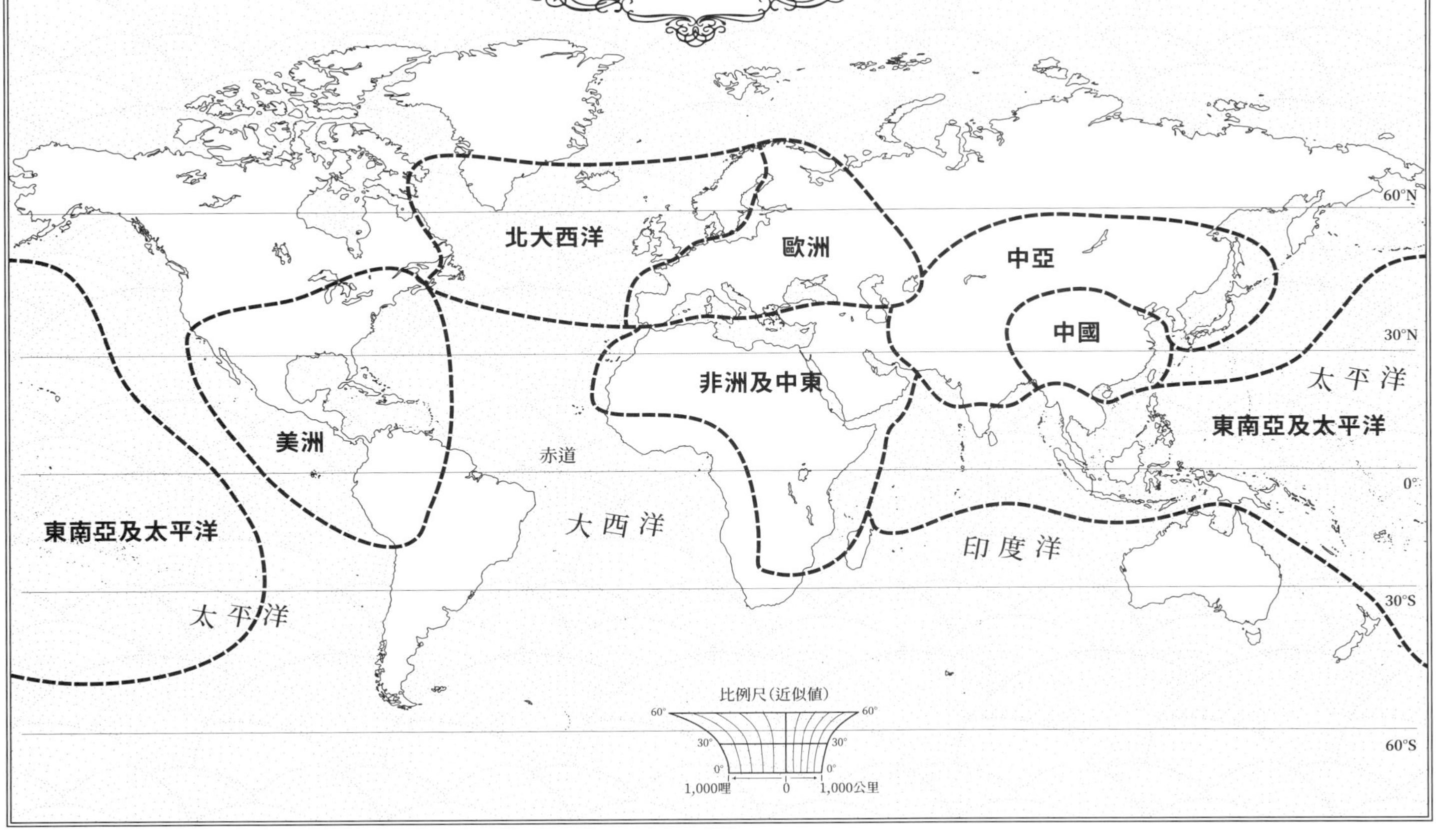

市。[17]古傑內城民是牧民，大半年隨畜群遷徙，但雨季會待在城裡，使人口達到兩萬之多。遺址地下二十六呎（八公尺）深之處存留著大量陶器，年代可溯至西元前三百年，足見當時已經有大型聚落存在。有趣的是，目前唯一與古傑內有關的文字紀錄是出自外人之手，而那些人正是在西元一千年左右開始描寫這座城市。

類似的大型聚落必定存在於世界較少文獻記載的地方，而我們只能藉由考古發掘加以認識。在諸如美洲和撒哈拉以南非洲等許多地方，考古學是我們唯一的依靠。

西元一千年時歐亞大陸各處的作家，生活在一個與我們截然不同的世界，不像現在地球每一個角落都被探索過，也詳盡畫在地圖上。他們對遙遠的地方深感興趣；關於那些位在已知世界邊緣的土地，他們會把所知一切記下來。用中文、希臘文、拉丁文寫作的古典作家全都描述了在那裡生活的「準人類實體」。許多更晚期的作家記錄自己瞥見無頭、缺了手腳或有其他怪異特徵的生物。西元一千年左右的旅人對鄰居僅有最淺薄的認識——以及看似無止盡的恐懼。

對於歐亞非大陸許多尚無文字的社會擁有什麼樣的居民、貨品、路線和習俗，阿拉伯文撰寫的紀錄最為詳盡。任職於阿拔斯帝國郵政單位的波斯官員伊本・胡爾達茲比赫（Ibn Khurradadhbih, 820-911）寫下世上第一本地理學著作，描述特定貿易路線上的不同國家及各國製造的商品。他貼切地將作品取名為《道里邦國志》（*The Book of Routes and Realms*）。後續用阿拉伯文及波斯文寫作的地理學家皆援用這部地誌來觀察不同地方的風土民情，寫出對於理解西元一千年的世界至關重要的著作。[18]中國人也有描寫異域的悠久傳統，他們的敘述提供同樣珍貴的資訊。

要判斷諸如此類的紀錄有多可靠，最好的辦法是拿一篇報告和其他可得的原始資料作比較，以此判定是否貌似真實。

我們可以用這個方法測試各種主張某些旅人比哥倫布更早抵達美洲的理論。有些完全可信，也已獲得學界廣泛支持；其他則毫無根據，令人深切懷疑。例如維京人曾航行到紐芬蘭的證據確鑿，中國人比哥倫布先到美洲的說法則純屬臆測。

對某些人來說，中國人率先抵達的想法迷人又有趣：萬一真是如此呢？以鄭和將軍為首的中國海軍，確實在十五世紀航行到東南亞、印度、阿拉伯半島和非洲東岸了不是嗎。

但迄今仍無可靠證據顯示「鄭和將軍的艦隊曾經繞過好望角到達美洲、澳大利亞或南北極」——加文・孟席斯（Gavin Menzies）在其著作《一四二一：中國發現世界》（*1421*）[19]中提出的主張。這本書大獲成功，是所有探討中國歷史的書籍中最暢銷的，但似乎沒有任何專業的中國史學者承認它的發現。事實上，這本書問題多到一位著名的明朝史研究學者曾向出版社說：怎麼會把這本書歸類到「非小說」銷售。

穆斯林探險家也比哥倫布先抵達美洲——土耳其總統艾爾段（Recep Tayyip Erdogan）曾在二〇一四年的一次演說中這麼主張。他有何證據？因為哥倫布曾記述在古巴看到一間清真寺。但事實上，哥倫布在日記裡寫的是：「其中一座（當地的山脈）峰頂還有一座小山，就像一間雅致的清真寺。」[20]哥倫布顯然是在描述一座像清真寺的山丘，不是真正的清真寺。

一位史學家也以中亞博學家比魯尼（Al-Biruni）為主角提出過類似的主張。比魯尼生於九七三年，在一〇四〇年後的某個時間過世，以研究曆法、天文學、地理學和印度著稱。弗雷德里克．史塔爾（S. Frederick Starr）聲稱「比魯尼發現美洲」，[21]理由是比魯尼明白地球上有一座大陸位於歐亞非大陸的對側。這種說法不正確。

比魯尼並不知道有美洲大陸存在。但他確實明白地球是球體[22]——這是從古希臘人一路傳承下來的知識，最後傳到用阿拉伯文書寫的學者。比魯尼也了解人只住在地球表面的一小部分，住在北極太冷，赤道以南太熱。他懷疑地球的另一側，當時歐亞非大陸居民一無所悉的地方，絕大部分是海水，但他是非常嚴謹的思想家，所以不排除那裡也可能有一些有人居住的陸地。[23]然而，比魯尼從來沒有發現哪座大陸，更別說是名叫美洲的大陸了。

除了比魯尼和其他伊斯蘭世界的頂尖學者，很少生活在西元一千年的人會想到整個地球。當時最完整的世界地圖——呈現大部分歐亞非大陸，完全沒有美洲存在——是在一一五四年由義大利西西里的製圖師伊德里西（al-Idrisi）所繪。西西里是伊斯蘭進入歐洲的門戶之一，本身是摩洛哥休達（Ceuta）人的伊德里西在那裡為國王魯傑羅二世（Roger II）效力，他在一張直徑超過兩公尺的銀桌上繪製世界地圖，並附上所有顯示地名的經緯座標。毫無意外，原始地圖遭到破壞（或許是為了貪圖銀的價值而被熔化），但伊德里西的地名表，以及每個地方的簡短敘述皆完好如初，依照他所蒐集的資訊繪製的地圖，也完整留存下來。這本書的封面就用了其中一幅。

從西元一千年開始，隨著歐洲人開始學習阿拉伯文並翻譯阿拉伯文本，更多知識從伊斯蘭世界進入歐洲。原為希臘文的歐幾里得（Euclid）幾何學從阿拉伯文譯本譯為拉丁文；斐波那契（Fibonacci）引進遠比羅馬數字方便的阿拉伯數字。

知識的移轉不限於智識領域。歐洲人也學會玩新的遊戲。西元六〇〇年前後首創於印度的西洋棋經由伊斯蘭世界傳播，在西元一千年前後的歐洲大受歡迎。這種遊戲教導基本軍事戰略；玩家會學到多兵出擊比單槍匹馬有利。進入歐洲後，有些棋子取得新的身分；「象」變成「主教」，因為工藝師把兩根象牙誤認為主教法冠的兩個尖端。[24]有些棋子是象牙製，但更多是用海象的長牙做成，[25]那在維京人於北大西洋最為活躍的時期大量進入歐洲。

習慣搭乘飛機、火車、汽車和船舶的現代旅人，往往會過分誇大早期旅行的困難。我們懷疑人怎麼可能靠雙腳橫越數千哩，忘記多數人可日行二十哩，或三十二公里，且連走數十天。西元一千年時的民眾對此習以為常——一〇二四到一〇二六年間有位使者步行了兩千五百哩，或四千公里的路。

記錄這段漫長旅程的史學家沒有提到那位使者是怎麼辦到的，但我們可以猜想他——一如本書大部分的探險家——獲得當地嚮導的幫助，克服重重險惡地勢。一九九〇年代，喜馬拉雅山區村民協助一支研究團隊通過一個艱難路段，帶領他們走過多條地圖上沒有顯示的路線。根據季節和降雪量，取道這些路線的難度不一；甚至有一條適合孕婦行走的平緩路線。

人靠雙腳旅行的速度可以有多快？許多時間和地點都有相關資料留存至今。如十六世紀初期西班牙人回報印加帝國的情況，若情報員是以接力方式跑完一段路程，且不必載運任何物品，一支團隊可成就非常驚人的速度，一天最多可行一百五十哩（兩百四十公里）。[26]

當然，自己帶食物和武器的士兵行動較慢。古代軍隊，包括波斯統治者薛西斯一世（Xerxes）、亞歷山大大帝（Alexander the Great）和漢尼拔（Hannibal）的軍隊——甚至包括較近代的英國女王伊莉莎白一世（Queen Elizabeth I）的軍隊——行進速度約在每天十到二十哩（十六到三十二公里）。[27]即便到現在，美國陸軍指南仍將行軍正常速度定於每天二十哩，[28]超過二十哩便符合強行軍的條件。

騎馬的人可能行進得更快：現代蒙古騎士如果頻繁更換坐騎，一日可行三百哩；過去，戰事激烈時期，蒙古士兵可一連數天維持日行六十哩（一百公里）的速度。[29]

良好的路況也可能大幅提升速度。西元一千年時存在著多種類型的道路。在諸如中國等最先進的社會，泥土路和過河的橋梁相當普遍，行動簡單明瞭。反觀其他社會則沒什麼道路可言，探險者必須自己設法。

陸路旅行的狀況也決定人們可以把散裝貨物運到多遠。西元一千年時，今美國新墨西哥州查科峽谷（Chaco Canyon）的居民常拖運玉米九十哩（一百五十公里）遠，偶爾也會從一百七十哩（二百七十五公里）外搬大型木材回來（查科沒有樹木）。他們還會去更遠的地方取得金剛鸚鵡羽毛等奢侈品。[30]

西元一千年時，陸上兩地的距離不是絕對的。氣溫、地形、有沒有障礙存在，都可能加快或減慢旅行的速度。

乘船旅行，不論河上或海上，情況相仿。旅行速度不一，而令人意外的是，航行或划船的時間，通常不比陸路來得快。當然，坐船比長途跋涉輕鬆多了。

維京人的船隻以靈活、輕巧、快捷、能進入淺水域著稱。仿製品的最快航速可達每小時十七哩（二十七公里），[31]但這種速度無法長久維持。玻里尼西亞的雙體舟搭配三角帆的速度慢得多，在一般風況下約是維京船一半。[32]即便到今天，儘管美洲杯帆船賽（America's Cup）的參賽者時速可達五十哩（八十公里），但一般結構良好的傳統帆船平均時速只有十哩（十六公里）。

划艇或獨木舟的速度又更慢了，大約在每小時七哩（十一公里）。除了短距離衝刺，很難划得比那更快，不過划艇可往任何方向前進，[33]帆船則不能直接迎風而行。維京人能有此成就，划船至關重要。他們可以在近海航行、划船靠岸、突擊，然後迅速逃之夭夭，不管風是往哪個方向吹。

西元一千年時，一如今日，洋流左右了船員的旅程。若能順著海洋有規律的表面洋流，即環流（gyre）前進，水手的速度會比較快。環流是由氣流、重力、太陽的熱能和地球自轉的速度決定，北半球的環流——北大西洋環流和北太平洋環流——呈順時針流動，南半球的環流則呈逆時針流動。

由於北大西洋環流呈順時針流動，從歐洲出發橫渡北大西洋到加拿大的旅程比回程困難得多。維京人緊挨著海岸，順著速度較慢、水溫寒冷的格陵蘭洋流（Greenland Current）前往冰島和格陵蘭，[34]從格陵蘭搭上拉布拉多洋流（Labrador Current）到加拿大。這種走法有它的危險在。格陵蘭洋流會在格陵蘭南端的法韋爾角（Cape Farewell）碰上溫暖得多的墨西哥灣流而掀起大霧和狂風，把船隻吹離航線。

維京水手比亞爾尼．赫約爾夫森（Bjarni Herjólfsson）在九八五或九八六年可能就是碰到這種情況。他從冰島啟航前往格陵蘭尋找父親——父親剛搬去紅鬍子艾瑞克（Erik the Red）在那裡建立的殖民地。

比亞爾尼和同伴從冰島航行了三天到格陵蘭，然後，傳奇這麼說：「風向變了，他們被北方來的風和霧困住，好幾天不知道自己航往哪裡去。」[35]當天空終於晴朗，比亞爾尼和同伴看到陸地，但他聽過相當多關於格陵蘭的資訊，知道它的輪廓，而這塊陸地不是格陵蘭。在去過其他兩地後，他們改變路線，平安回到格陵蘭。比爾亞尼和同伴始終沒有踏上那塊陸地，但他們的報告鼓舞了萊夫．艾瑞克森（Leif Erikson），他在西元一千年時循著他們的原路回去。他順利踏上加拿大東北部的土地，後來也被認定是首位抵達美洲大陸的維京人。

返回斯堪地那維亞的行程，維京人可以順著墨西哥灣流走。墨西哥灣流是北大西洋環流的一部分，航行在灣流上，就像乘著一條行進快速的河流通過停滯的海洋。那沿著美洲大陸東岸往北走，而後在紐芬蘭附近轉進大西洋。抵達不列顛群島後，它繼續往北進入歐洲。它一天可前進超過一百哩（一百六十公里），而寬度——肉眼可見，因為顏色與周圍海水不同

——大約四十哩（七十公里）。[36]

橫跨太平洋的距離比大西洋遠多了：在相距最寬的兩點，即印尼和哥倫比亞之間，太平洋綿延一萬兩千哩（兩萬公里），反觀大西洋最寬只有四千哩（六千四百公里）。就連日本和加州也相距五千五百哩（八千八百公里）。早期航海者利用北太平洋環流，乘坐配備船帆的雙體舟，橫越太平洋進行擴張；一如維京人，他們並未使用任何航海工具。從薩摩亞出發，他們在一〇二五年前後抵達社會群島（Society Islands），而後花了兩個半世紀才抵達夏威夷、復活節島（Easter Island）和紐西蘭。

事實上，如果條件適合，我們不必揚帆就可以靠洋流漂過太平洋——十四位倒楣的日本船員就遇上這檔事：一八三二年十二月二日，他們長約五十呎（十五公尺）的木造漁船從日本東岸的名古屋出發前往東京。一陣強勁暴風將他們吹離航線，而那艘無檣桅的漁船先被吸進黑潮，再被帶進北太平洋洋流——兩者都屬於北太平洋環流。

那艘船在十四個月後，一八三四年元月靠岸。地點是今華盛頓州的奧澤特鎮（Ozette）。只有三名船員靠收集雨水、捕魚和偶爾捕捉鳥類存活下來。因為缺乏維生素C，這群男人容易得到壞血病，他們的十一名同伴正是因此喪命。[37]

盛行風加快了一些旅程，卻使其他行程變得困難。經驗豐富的水手都知道，如果有風在後面推，行船可以快得多。[38]季節性的天氣型態會對特定地區造成相當大的衝擊。最為人熟知的莫過於季風。季風是海洋與陸地之間的空氣流動引發，春天來臨時，歐亞大陸溫度上升，空氣便從海洋向陸地流動，六個月後則反過來。在西元一千年時，航海家已對可以帶他們往來印度洋和太平洋之間的風瞭若指掌，深知那有什麼樣的感覺，以及什麼時候會來了。

偉大的阿拉伯航海史學家喬治・霍拉尼（George F. Hourani, 1913-1984）曾指出：「在十六世紀歐洲擴張之前，從波斯灣到廣州的航海路線是人類常用路線中最長的一條，這是了不起的成就，值得關注。」[39]行駛在這條波斯灣－中國航線上的船隻，航行距離幾乎是哥倫布的兩倍；若再加上從伊拉克巴斯拉到莫三比克索法拉（Sofala）的路程，就是哥倫布的三倍了。

西元一千年前後，印度洋和太平洋見證了阿拉伯、印度、東南亞、東非和中國港口之間的貿易日益繁盛。沒有船員前往菲律賓以東，因為中國人相信大洋全部的海水會在那裡匯聚成一個危險的漩渦，船一去就回不來了。

這個想法不是毫無事實根據。印度尼西亞貫穿流（Indonesian Throughflow）夾帶太平洋的溫暖海水進入印度洋；其流動方向主要是往南經過印度尼西亞群島，再往西進入印度洋。多條水流相互撞擊、往四面八方行進繞過東南亞島嶼，使當地海水升高、海平面比地球其他地方高一呎半（四十六公分）。這些海水流速湍急、範圍遼闊，使科學家不得不創造新單位

「斯維德魯普」（sverdrup，相當於每秒百萬立方公尺）來測量流量。印度尼西亞貫穿流的方向讓船隻和其他海洋漂流物較容易往南再向西進入印度洋，但要往北走就困難多了。[40]

因為往南走比較容易，人類很早，大約五萬年前，就乘船前往澳大利亞，但幾乎沒有人往北航行。因此，直到西元一三〇〇年至一四〇〇年以前，澳大利亞與印度尼西亞或東南亞大陸之間幾乎沒有接觸。事實上，中國人最早前往澳大利亞是為尋找海參。中國消費者酷愛海參，[41]使其漁民在廣州附近海域過度捕撈，只好往南沿著東南亞沿岸來到越南、再從越南到印度尼西亞，最後在一四〇〇年左右抵達澳大利亞北岸。

西元一千年時，多數船員都是運用航位推測法（dead reckoning）航行，也就是憑藉肉眼以及本身對日月星辰運行的知識來選擇路線。重要的例外是穆斯林和中國航海者：穆斯林使用六分儀，中國人則正好在西元一千年前後開始製造船用磁羅盤。[42]

技術精湛的玻里尼西亞和維京船員能透過仔細觀察海浪、海草、鳥類飛行軌跡和陸地的輪廓來安排路線。密克羅尼西亞出身的瑪烏・皮亞盧格（Mau Piailug）學過傳統玻里尼西亞航海技藝，曾在一九八〇年代指點當時充滿熱忱的航海者、後來出任電視節目《老房子》（*This Old House*）主持人的史提夫・湯瑪斯（Steve Thomas）。[43]瑪烏解釋，晴天他會看星象航海，陰天則觀浪來決定路線。[44]

一如玻里尼西亞的探險家，維京人沒有使用儀器。他們為什麼會在西元一千年時前往新的地方呢？社會結構，特別是戰團的活動，起了關鍵作用：因為野心勃勃的首領想拓展新的領土。以古英文寫成的著名史詩《貝武夫》（*Beowulf*）說明了這類團體是如何運作。（唯一流傳至今的原稿寫於西元一千年，而故事背景設在更早的幾百年前。）貝武夫是年輕的瑞典王子，得知位於丹麥的鄰國受到妖怪格倫戴爾（Grendel）威脅，便前去幫助該國國王。他有二十位年輕男子陪同，除了幫他打仗，也和他一起航行到遙遠的國度尋找奇珍異寶。他會送追隨者禮物作為回報，通常是從敵人那裡掠奪來的銀製臂章。貝武夫戰團裡的男人並非一直在打仗；有時也會一同玩樂、消磨時光。[45]

戰團裡也不是只有男性成員；這類團體有時會納入數名女性，通常包括首領的妻子。女性也可能領導戰團；裸露乳房的弗蕾蒂絲後來就指揮自己的船隻前往美洲大陸——其後代子孫流傳的傳奇故事這麼說。戰團也未必是同地民眾組成；不同國家或說各種語言的人民也常結合在一起。小戰團可能有二十多位成員，但也可能擴增至一、兩百人。[46]成功吸引更多追隨者的戰團領袖可能當上主君或國王。[47]

維京人紅鬍子艾瑞克的現實生活經歷就闡明戰團領袖是怎麼把子民帶出家園、進入新領土。西元九八〇年，他因在冰島殺人被判罪而放逐三年。反正已被趕出挪威，他乾脆找新的地方去——於是前往西元九百年前後有人看到過的格陵蘭。[48]三年期滿，他回冰島召募手下，一行人乘二十五艘船前往格陵蘭。十一艘被吹離航線，下落不明；十四艘船抵達目的地，船員建立了東殖民地（Eastern Settlement）。艾瑞克的兒子萊夫，以及其他橫渡北大西洋到達加拿大的維京人，也是率領自己的戰團前往。

且讓我們從一四九二年前某個歐洲與美洲接觸的時刻，展開我們的全球之旅——維京人在西元一千年登上紐芬蘭的那一刻。我們將從那裡出發環遊世界，一邊沿著文字史料描寫的路線前進，一邊依據考古學的發現重建其他路線。

西元一千年時，維京探險家連成了這個全球迴路。史上第一次，一件物品或一個口信可以傳遍全世界。當然，我們不知道——還不知道！——有哪個人事物完成此項壯舉，但因為維京人在西元一千年到加拿大的航程開啟了從歐洲到美洲大陸的路線，環球交通網在那一年成形是事實，而非推測。[49]於是，我們全球化的歷史就此展開。

第二章

往西走吧，維京少年[1]

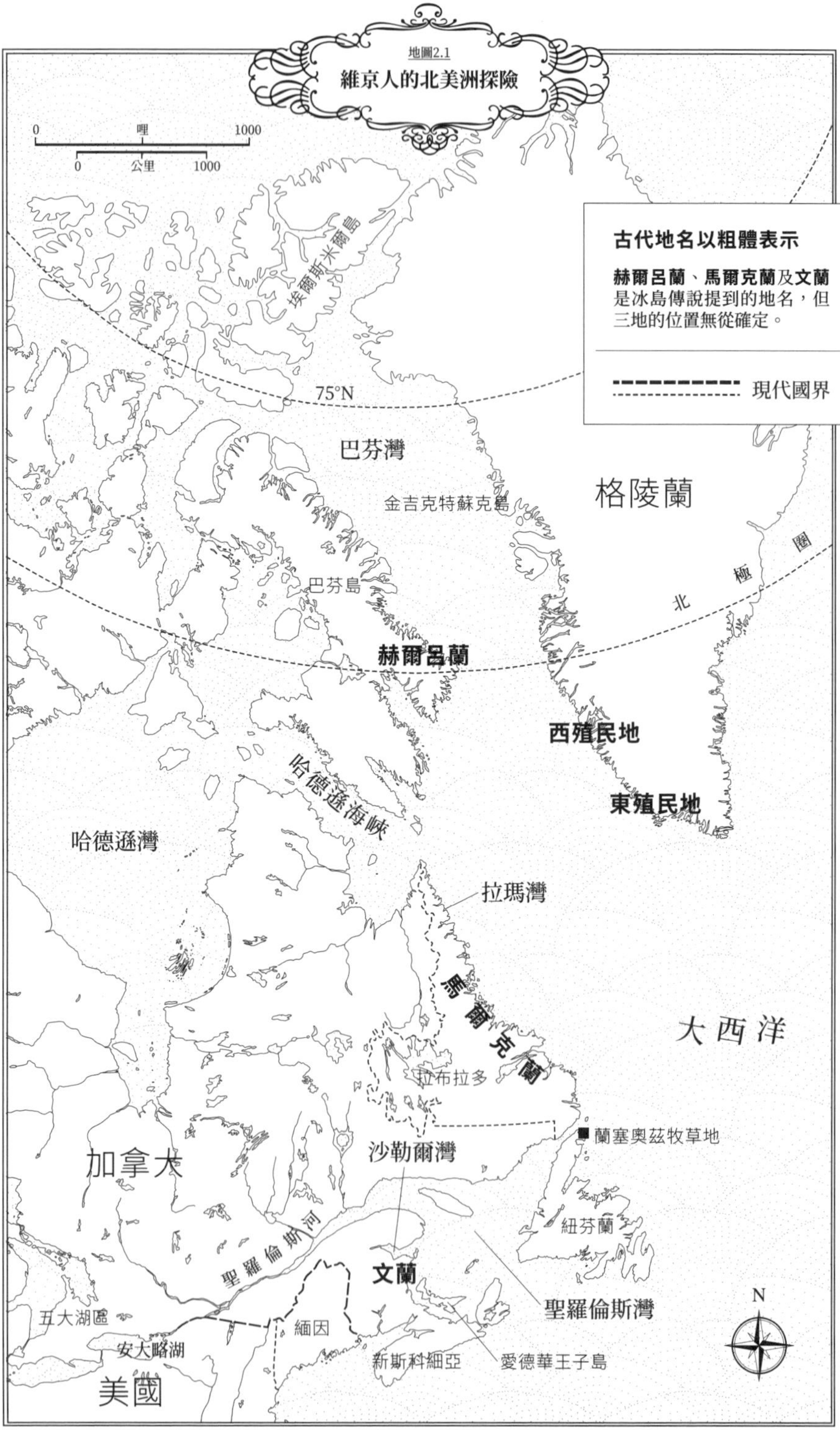
地圖2.1
維京人的北美洲探險
0 哩 1000
0 公里 1000
古代地名以粗體表示
赫爾呂蘭、馬爾克蘭及文蘭是冰島傳說提到的地名，但三地的位置無從確定。
現代國界
埃爾斯米爾島
75°N
巴芬灣
格陵蘭
金吉克特蘇克島
巴芬島
北極圈
赫爾呂蘭
西殖民地
東殖民地
哈德遜海峽
哈德遜灣
拉瑪灣
馬爾克蘭
大西洋
拉布拉多
蘭塞奧茲牧草地
沙勒爾灣
加拿大
紐芬蘭
聖羅倫斯河
文蘭
聖羅倫斯灣
N
五大湖區
緬因
安大略湖
新斯科細亞
愛德華王子島
美國

北歐傳奇告訴我們，維京人的美洲行有三次不同的航程。第一次發生在西元一千年，即萊夫．艾瑞克森率領其戰團一行人登上比亞爾尼．赫約爾夫森先前看到的陸地。被風吹離航道的比亞爾尼描述他先看到三個不同的地方——但一個也沒踏上——才抵達萊夫的父親紅鬍子艾瑞克所建立的格陵蘭殖民地。約十五年後，萊夫買下比亞爾尼的船，隨即夥同戰團從格陵蘭出發，尋找一個他可以自己治理的地方。

萊夫一行人率先登陸的地方「像單一塊平坦的石板從冰河漂向海洋。」他們稱之「赫爾呂蘭」（Helluland），意為「石板陸地」。這有可能是加拿大東北部和格陵蘭之間的巴芬島（Baffin Island）。然後他們繼續前往一塊「平坦而森林茂密的」陸地，「地勢緩緩向海面傾斜，」有「多座白色沙子的海灘。」萊夫叫這裡「馬爾克蘭」（Markland），即「森林地」——最可能是加拿大東北的拉布拉多（Labrador）沿岸，迄今仍以燦爛耀眼的白色沙灘聞名。這兩個地方都太冷、太貧瘠而不宜人居。

他們的第三個目的地誘人多了。遇上海水低潮，載萊夫一行人的船擱淺了，而「他們滿懷好奇，好想看看這塊陸地，等不及潮水湧來，」便跳下船探險去了。他們見到一片肥沃的土地，遍地青草，還有好多魚。搭了棚子（用木材搭成的矮建築，夜晚會蓋上布以便就寢），他們給自己的第一個殖民地命名為萊夫布迪爾（Leifsbudir，「萊夫的棚子」之意），這座島則取名叫文蘭（Vinland，「葡萄樹之地」）。文蘭和萊夫布迪爾的確切位置，學者迄今仍無定論。[2]在文蘭過冬後，萊夫一行人回到格陵蘭，期間沒有遇到任何原住民。

數年後，萊夫的弟弟索爾瓦德（Thorvald）決定前往文蘭進行第二次探險。萊夫選擇不與他同行，但允許索爾瓦德使用他的船，以及他和手下之前在萊夫布迪爾搭的建物。不同於萊夫，索爾瓦德確實遇到新大陸的居民，而且那次邂逅後來要了他的命。他和手下看到三艘「裹著獸皮」的船，而有九個男人躲在船底下。

每當原住民出現在北歐傳奇中，他們不是划「裹著獸皮的船」就是划獨木舟。雖然樺皮獨木舟在當今加拿大和美國的東北部地區相當普遍，但住在緬因和新斯科細亞的原住民是用麋皮包住獨木舟的骨架。

雖未受挑釁，索爾瓦德的手下仍殺了船底下九人之中的八人，或許是為了測試對方究竟是人是鬼。他們認為鐵製武器殺得死人，但殺不掉鬼魂。[3]第九個男人逃走後帶援軍回來，拿弓箭射殺維京人。一支箭射穿索爾瓦德的胸口，使他斃命。一部傳奇描述兇手是個獨腳人——據信居住在遠方土地的怪物。因此索爾瓦德的手下是在群龍無首之下回到格陵蘭。

第三次文蘭探險是由萊夫的姻親，冰島人索爾芬・卡爾賽弗尼（Thorfinn Karlsefni）領導。由於索爾瓦德被殺，當卡爾賽弗尼及手下遠遠看到有怪人坐「九艘裹著獸皮的船」向他們划過來，他們有充分的理由覺得害怕。那群人揮舞著木桿，「不斷從左向右（即順時針）轉動，發出咻咻聲。」

不確定木桿是否代表和平意圖，卡爾賽弗尼命令手下舉起一面白色盾牌歡迎陌生人，於是陌生人靠得更近了。「他們身材矮小、容貌可怖、頭髮纏結。他們眼睛很大、腮幫子很寬。」這次邂逅相當短促，雙方僅只觀察一下彼此就分開了。

原住民在春天回來時，人數又更多了。「彷彿有點點煤塊散落水面，而每一艘船都揮動著一支桿子。」這一次，雙方交換了物品：諾斯人提供數段綿羊毛織成、染成紅色的布，交換在地人的「深色毛皮」。在地民族想要劍和矛，但卡爾賽弗尼和副手史諾里（Snorri）不許武器交易。

在用毛皮換來布料後，在地人會把紅羊毛布段綁在頭上，而當供給開始短缺，北歐人開始把布料愈割愈小，有的「只剩一根手指寬」，但在地人仍提供完整的毛皮交換。然後一陣聲響打斷交易。「一頭卡爾賽弗尼和同伴擁有的公牛衝出森林，大聲吼叫。」當地人被吼聲嚇個半死，趕緊跳上船，往南而行。

這段紅布與毛皮交易的描述出自《紅鬍子艾瑞克傳奇》（*Erik the Red's Saga*），一部用古冰島語所作的口述史詩。內容主要記述一個家族的歷史，而艾瑞克正是令家族備感光榮的祖先。由於是口耳相傳，那部傳奇有數位不知名的作者。它說新土地上約有一百四十個諾斯人；夏天時，約有一百人留在萊夫最早建立的萊夫布迪爾營地，卡爾賽弗尼和史諾里則率四十名男子出外探險。

第二部《格陵蘭人傳奇》（*Greenlanders' Saga*）作者亦不詳，而在這部紀錄中，類似事件以不同順序發生。公牛是在雙方交易前咆哮，而諾斯人用來交易的是牛乳和乳製品，不是紅布。這個版本指出卡爾賽弗尼領導的團體有六十位男性和五位女性，人數不到《紅鬍子艾瑞克傳奇》提及的一半。同時也告訴我們戰團成員不只有斯堪地那維亞人，還有戰俘或買來的奴隸，大多來自德國或法國。[4]

這些傳奇不僅是為了娛樂而編寫，更是為了榮耀祖先的成就，讓後代子孫聆聽這些有關家族過往的故事。《紅鬍子艾瑞克傳奇》記錄艾瑞克、其子萊夫、索爾瓦德、索爾斯坦（Thorstein），以及女兒弗蕾蒂絲的功績。男人是英雄，但弗蕾蒂絲就盛氣凌人、暴躁成性了。以北歐女神弗蕾雅（Freya）為名，她一直我行我素、為所欲為。現代讀者可能忍不住會喜歡上她；就算她會撒謊，偶爾殺人行兇，但她展現了非比尋常的鬥志和頑強——在面對原住民攻擊時拿劍拍乳房就是一例。

《格陵蘭人傳奇》將焦點轉移到索爾芬・卡爾賽弗尼及妻子居茲麗（Gudrid）身上，因為這部傳奇是為了榮耀他倆的後代比約恩・吉爾森（Bjorn Gilsson，卒於一一六二年）主教而作。弗蕾蒂絲有多剛愎任性，居茲麗（名字與「God」同字根）就有多溫柔善良。[5]

這兩部合稱「文蘭傳奇」的傳奇故事描述了斯堪地那維亞人基督化之前所發生的事。北歐基督化是個長達數世紀的過程，[6]始於西元十世紀，丹麥、挪威、冰島統治者先後正式皈依基督教。在基督教傳入之前，諾斯人崇拜以索爾（Thor）為首的眾神。神力強大的索爾統治天庭，掌管雷、風、雨和收成，其他重要的神明包括掌管生育的女神弗蕾雅和戰神奧丁（Odin）。

在崇拜諸神時期，諾斯人已經開始往斯堪地那維亞心臟地帶（今挪威、瑞典、丹麥）外面擴張。在那些地方，人們講拉丁語或古冰島語（後來演變成現代冰島語、挪威語、瑞典語和丹麥語）。從羅馬時代起，斯堪地那維亞人使用一種外形有稜有角、名叫「盧恩」（rune）的字母系統。十二世紀時，有些人改用羅馬系統外加幾個字母，其他人則繼續使用盧恩，特別是在墓碑上，因為這種字母較容易刻在石頭上。

有些斯堪地那維亞人冒險前往新地是因為北歐農地主要侷限在丹麥及瑞典南部：那裡的居民耕種大麥、裸麥、燕麥等穀物，和豌豆、甘藍等蔬菜。由於可耕地供應不足，多數北歐人也照顧牛、豬、綿羊和山羊。住得離北極圈較近的居民（包括今拉普蘭區〔Lapland〕薩米原住民（Sami）的祖先）則捕魚、放牧麋鹿和獵捕海象。

諾斯人住在小農地上。多數人晚婚，要等存夠錢買了自己的土地後才會成家，在那之前都為大地主工作。土地持續短缺，加上提升社會地位的機會有限，促使一些諾斯人開始打家劫舍。有些斯堪地那維亞人一次也沒幹，有些只幹那麼一票——搶到足夠買一塊田的錢。但也有些人為非作歹一輩子。

這就是「維京」（viking）這個字的原始意義：劫掠或從事海盜行為，名詞則意味「劫掠者」或「海盜」。事實上，西元一千年的史料很少把諾斯人稱作維京人。正因如此，本書會把來自現今丹麥、挪威、瑞典的人稱作斯堪地那維亞人或諾斯人，保留「維京人」專指積極活動的劫掠者。

在多數書籍裡，維京時代始於西元七九三年攻擊英國東岸林迪斯法恩（Lindisfarne）的諾森伯蘭（Northumberland）修道院。但近期在愛沙尼亞薩爾梅（Salme）一座維京人墓地的挖掘考證顯示，維京人在更早以前，西元七〇〇至七五〇年間，就曾襲擊薩爾梅了。[7]

一開始維京人的船隻沒有帆。建造者拿斧頭和楔子從橡樹或松樹幹劈下一片片長板，稍微重疊，再用小鐵釘釘入弧形的骨架。這種「搭接法」（clinker）形成的船體在撞上岩石時能產生一點緩衝。這些船能長距離划行，也能登上淺灘，因此非常適合在斯堪地那維亞航行，而在方帆（square sail）於七五〇年左右傳入後，維京船艦可以行駛得更遠了。[8]（地中海水手從數千年前就知道船帆這種東西；這項技術比較晚才傳到斯堪地那維亞。）

維京人用羊毛或亞麻布（可能會輪換）織成方帆，但方帆無法像今天的三角帆那樣貼著風行駛。儘管如此，維京船隻的現代複製品仍展現優於以往想像的逆風航行能力。[9]

埋藏的寶物可以說明維京人冒險了多遠。從瑞典斯德哥爾摩西方二十哩（三十二公里）外海爾格島（Helgö）上挖出的一組物品中，包括某位愛爾蘭主教的權杖頂端、一支埃及杓子、一顆出自法國加洛林王朝的劍柄圓頭、一只地中海銀盤，以及最驚人的——一小尊約四吋（十公分）高的佛陀銅像，據考證是西元五百年前後在巴基斯坦北部製作。[10]這些物品是在採用風帆的幾百年後來到瑞典。

在基督教傳入的幾百年前，諾斯人會改變船隻用途——作為死者的墓地，而死者會有奢侈品陪葬。這樣的船葬透露了不少有關維京船隻建造的事情。兩艘在奧斯陸附近發現、船體完好無損、陪葬品也幾乎原封不動（貴金屬除外，那些都被偷了）的船隻，就提供豐富的建造技術資訊。若埋在土裡，木頭通常（並非一定）會碎裂分解，但如果木頭沒有接觸到氧氣，例如深埋在泥漿中，則可以存留好幾個世紀而沒什麼損傷。

這兩艘船現今收藏於挪威比格迪（Bygdoy）的維京船展覽廳（Viking Ship Hall）。比格迪是個風光明媚的郊區，從奧斯陸港搭一小段渡輪就到了。兩艘船的其中一艘是雕工精細的奧塞貝格號（Oseburg），由橡木板拼成、八三四年下葬，船上有包括進口絲綢在內的稀有紡織品，還有一部木造推車陪葬。[11]或許曾有位高階首領先把這艘船當內陸遊艇使用，才把它埋起來。

另一艘高斯塔號（Gokstad）則可溯至八九〇年，船上有兩隻孔雀和兩隻蒼鷹（用於捕獵的長尾鷹科動物）的骨骸。十二匹馬和六隻狗的屍體也葬在船的附近，證明這些動物對亡者非常重要。船底擁有一條長逾八十呎的橡木龍骨，高斯塔號（七十六呎，即二十三・二十四公尺）略長於奧塞貝格號（七十一呎、二十一・五八公尺），適合遠洋航程。高斯塔號是較典型的維京船，僅舵上有裝飾用的雕刻。從船外，十六片部分重疊的長板清晰可見。

維京人會視用途打造不同類型的船。戰艦必須長而窄，運貨用的船則較短也較寬。[12]若要在內陸河上航行，諾斯人會改用最輕的船隻，便於他們把船從這條河搬到那條河去。

西元一千年前後，諾斯人的船愈造愈大，船身最長超過一百呎（三十公尺）。這樣的船隻讓他們得以前往更遠的海域。這段時期斯堪地那維亞各城鎮的垃圾堆裡面，鱈魚骨的數量愈來愈多。[13]這種魚是冰島進口，顯見當時的長途航海有多普遍。

諾斯人在八七〇年代乘這種船去冰島，[14]九〇〇年前後也是行駛這種船去格陵蘭。格陵蘭的第一個永久聚落建立在九八〇年代，也就是紅鬍子艾瑞克放逐期滿率領手下前往的時候。諾斯人在格陵蘭建了兩個聚落：東殖民地比西殖民地大。每一個前往北美洲的諾斯人都是從這兩地出發。

兩部傳奇都敘述了這些發生在西元一千年前後的航程，但兩部也都是在北歐基督化之後才被記錄下來。生活在基督時代，這些作者相信他們的祖先也是基督徒，但他們承襲的故事卻呈現出前基督時代的行為。故事敘述者反過來將基督風味增添在顯然是異教徒的行為上。就連卡爾賽弗尼的妻子居茲麗也被牽扯進去；她曾一度拒絕唱一首前基督時代的法術之歌，後來捱不過一位具備超能力的「睿智女性」的請求才答應。基督徒的改寫讓她多了「抗議」的舉動，才肯進行這種雖非基督儀式，但顯然在前基督時代非常普遍的歌唱。

令史學家備感挫折的是，這兩部傳奇採用的素材沒辦法準確確定年代。某位吟誦傳奇的吟遊詩人，或後來的抄寫員，都可以隨時嵌入新的素材。

《格陵蘭人傳奇》和《紅鬍子艾瑞克傳奇》的內容有部分雷同、部分矛盾。除非有新的證據出爐，我們永遠無法肯定哪一部比較早。不過我們倒可以確定流傳至今的手稿最早是在何時所作。《紅鬍子艾瑞克傳奇》是在一二六四年後不久記載下來，《格陵蘭人傳奇》則在一三八七年抄寫成更大的彙編。兩部傳奇很可能都是在一二〇〇年首度撰寫——距離它們敘述的事件兩百年。[15]

因為接近事發實際時間的資料較可能準確，有些史學家認為這兩部傳奇著述時間太晚，提供的資訊不可靠，並相信兩者反映的多半是一二〇〇至一三〇〇年間冰島語社會的情況，而非更早以前。例如他們覺得弗蕾蒂絲不大可能真的拿劍拍打乳房。他們認為納入這起事件的吟遊詩人或抄寫員必定有某個與寫作時代有關的理由：或許目標是凸顯弗蕾蒂絲的勇氣，反襯其男性同袍的怯懦。或許是弗蕾蒂絲的後代想凸顯她的成就。

有些研究冰島文學的學者認為兩部傳奇中提到的所有事件皆未發生，因為他們相信描述現實世界事件的作品較不具文學價值。他們想要強調傳奇作者的創造力，主張兩部傳奇是名副其實的世界文學作品。[16]

還有一群學者更極端地否認文蘭傳奇能教給我們什麼有關北美洲的事。他們斷言這兩部傳奇不具任何歷史價值，因為文中只是一再針對不熟悉的民族反覆套用文學詞彙。否認派學者相信傳奇的作者根本不知道文蘭在哪裡；他們主張文蘭最可能位於非洲，因為根據其他諾斯人的史料，非洲才是獨腳人居住的地方。[17]

但如果你接受「軼事湯」（anecdote soup）理論，[18]這些異議其實無關緊要。軼事湯理論是指，吟遊詩人會從既有一組（或「湯」）口耳相傳的軼事中選出不同事件，以能創造最迷人敘事的順序呈現。這解釋了為什麼兩部傳奇都提到卡爾賽弗尼那幫人遭遇原住民的主要事件，但呈現的順序略有差異。[19]

質疑文蘭傳奇的反對派忽略了兩個關鍵點：首先，兩部傳奇包含夠正確的資訊，可以帶領我們前往整個北美洲唯一已獲證實的維京人據點：蘭塞奧茲牧草地（L'Anse aux Meadows）。另外，如我們將在後文見到的，兩部傳奇對原住民以及意欲交換相配物品的敘述，幾乎與雅克·卡蒂亞（Jacques Cartier）在一五三〇年代第一次到此地旅行的經歷不謀而合。如果我們仔細處理這兩部傳奇，它們其實透露了很多西元一千年時北美洲的資訊。

兩部傳奇都用「斯卡林人」（Skraeling）這個意為「可憐人」（wretch）的貶詞稱呼他們遇到的民族。今天，學者偏愛用「美洲原住民」（Ameindian）統稱所有住在美洲的原住民族；美國人稱這些民族為美國原住民（Native American），加拿大人則叫他們第一民族（First Nation）。

在西元一千年諾斯人來訪之際，北美洲東北角有三支不同民族居住。多塞特（Dorset）族從西元前兩千年起就一直住在格陵蘭東北部和加拿大北極地區東部。蘭塞奧茲牧草地曾發現一件多塞特人的物品：皂石做的球狀物，頂端稍微凹進去。一九六〇年代第一批挖掘人員認為那是冰島人的門軸，但更近期的研究人員鑑定那具有多塞特人的特徵。那可能代表雙方有直接或轉手貿易（trickle-trade）[20]——某群人跟鄰居交易，鄰居再跟別的鄰居交易，最後抵達蘭塞奧茲牧草地。不過也可能是諾斯人從廢棄的多塞特人遺址上撿到的。

西元一千年前後，另一群名叫圖勒（Thule）的族人取代了多塞特人，因為他們更能適應北極的天候。圖勒人是從阿拉斯加一路橫越加拿大北部而來，而他們的後裔，即今天格陵蘭的原住民，自稱為因紐特人（Inuit，「人」的意思）而排斥愛斯基摩（Eskimo，「吃生肉的人」）的標籤，認為那具貶義。

在諾斯人占領之前及之後，有不同的原住民群體占據蘭塞奧茲牧草地周圍地區，但尚未有美洲原住民在西元一千年占據此地的考古證據出現。這就是為什麼考古學家無法確知諾斯人遇到的可能是哪一群人。諾斯人遇到的最可能是第三群原住民，名為古貝爾圖克人（Ancestral Beothuk）或古因紐人（Ancestral Innu）。[21]貝爾圖克人曾住過紐芬蘭，但在十九世紀初絕跡，因紐人仍繼續住在今天的拉布拉多沿岸。這兩群人曾在十二及十三世紀在蘭塞奧茲牧草地留下一些文物。[22]

西元一五〇〇年後，這個區域的原住民建立瓦班納基聯盟（Wabanaki Alliance），包括米克馬克人（Mi'kmaq）、佩諾布斯科特人（Penobscot）、馬力希特人（Maliseet）和帕薩瑪闊迪人（Passamaquoddy）。「瓦班納基」是東阿爾岡昆語（Eastern Algonquian），指

「黎明之地的民族」，「黎明之地」（Dawnland）指最東邊，即太陽升起的地方。瓦班納基聯盟各族說不同的阿爾岡昆語，西元十六世紀時，他們的貿易網大幅擴展，從拉布拉多北部一路往南直達緬因，往西則到五大湖區。他們靠獵捕海洋動物維生，特別是每年從加拿大大陸移棲紐芬蘭的海豹。瓦班納基交易特定貨品，例如用拉布拉多北部拉瑪灣（Ramah Bay）特產半透明矽石做成的東西。

現今我們對瓦班納基的認識大都來自後世的描述，特別是一五三四年七月抵達魁北克的法國探險家卡蒂亞（一四九一－一五五七）。依偎著海岸，卡蒂亞發現可以從聖羅倫斯河搭船到沙勒爾灣（Chaleur Bay），遇河水太淺就上岸、扛獨木舟走陸路。[23]這地區土壤之肥沃令卡蒂亞吃驚：「（沙勒爾灣）南岸的土地真好，適於耕種，盡是美麗的田野和牧草地，不亞於我們見過的任何地方；而且平坦如池塘表面。」

卡蒂亞在第一次沙勒爾灣之行遇到兩群「乘四、五十艘獨木舟」的米克馬克美洲原住民。我們可鐵口直斷他們是米克馬克人，是因為卡蒂亞記錄了一些他們所說的話，而那些話後來已被鑑定為米克馬克語。第一批米克馬克人抵達時，「突然冒出一大群人，大聲嚷嚷，不停打手勢叫我們上岸，拿枝條舉起幾張毛皮給我們看。」就算卡蒂亞一行人覺得他們很友善，法國人仍拒絕下船上岸。米克馬克人繼續糾纏，法國人便射了兩枚加農砲，米克馬克人仍緊追不捨，迫使法國人再開兩槍。這時米克馬克人才一哄而散。

米克馬克人隔天回來，「向我們打手勢，表示是來跟我們交易的；他們又拿一些有點價值的毛皮給我們看，跟他們穿在身上的毛皮一樣。我們也向他們比了比，表示無意傷害他們，然後派兩個人上岸，給了他們幾把刀和其他鐵製品，以及一頂紅帽子要送給他們的酋長。」一如五百年前遇到諾斯人的斯卡林人，米克馬克人也想要紅色紡織品；不同於諾斯人，法國人願意交換金屬刀具，因為他們有其他威力更強大的武器。

法國人送出禮物後，卡蒂亞記錄，米克馬克人「派了一些人帶著毛皮上岸；雙方交易物品。拿到鐵器和其他貨品，他們看來樂不可支，手舞足蹈，還進行許多儀式，包括用手舀海水澆在頭上。他們把手邊能換的都換了，連身上都脫得一乾二淨，光著身子離開時還打手勢表示，翌日會帶更多毛皮回來。」[24]這些與《紅鬍子艾瑞克傳奇》紀錄雷同的部分——聲音、木條、獸皮、允諾隔天回來等等——不尋常地證實了文蘭傳奇之可靠。那也透露西元一千年的斯卡林人和一五三四年的米克馬克人之間有強烈的關聯性。

亞利桑那大學美國文學及文化教授安妮特・柯洛尼（Annette Kolodny）曾深入調查現居加拿大東北部的現代美洲原住民是否記得諾斯人，得到的答案是否定的。不過，其中一位受訪者，現居緬因印地安鎮區（Indian Township）的帕薩瑪闊迪族長老韋恩・紐威爾（Wayne

Newell）確實告訴柯洛尼，對他的族人來說，「紅色是具有靈性的顏色」，而斯卡林人製造聲響的敘述「讓他想到那種自家製作、綁在繩子尾端，靠甩動出聲的笛子或哨子，他從小就會做那種東西了。」

雖然在兩部傳說中，毛皮交易的邂逅過程平和，但卡爾賽弗尼顯然覺得斯卡林人會構成威脅，而在居住地周圍建造柵欄來保護他的妻子居茲麗和襁褓兒史諾里（Snorri）——第一個在美洲出生的歐洲寶寶，以卡爾賽弗尼的副手為名。第二年冬天一到，斯卡林人又來交易。一天，居茲麗跟兒子坐在屋內，「一道人影越過入口，而後一個身材矮小的女人進來了……她皮膚蒼白，雙眼奇大，沒見過人類臉上有這麼大的。」

她問居茲麗：「妳叫什麼名字？」

居茲麗回答：「我叫居茲麗，妳呢？」

那名女子回答：「我叫居茲麗。」

這段對話合情合理：別忘了，語言不通的人在回覆對方時，常重複對方的句子。然後那位訪客便離奇消失了。

接下來，一個諾斯人殺了幾個前來偷武器的斯卡林人，其他人逃跑。卡爾賽弗尼極有先見之明，督促手下為下一次攻擊做準備（別忘了：他可是這部傳說的創作者要歌功頌德的祖先。）

果然，三星期後，斯卡林人回來攻擊，成群結隊，「源源不絕。」這一次他們大吼大叫、從右向左揮動竿子，還猛力投擲物體。兩名領袖卡爾賽弗尼和史諾里「看到原住民用竿子舉起一種又大又圓的物體，大約有羊腸那麼大，烏漆抹黑，從那飛過來這裡，落地時會發出駭人聲響。」這是一種弩砲（ballista），拿一塊皮塞滿石塊，用某種木造裝置發射。十九世紀一段敘述指阿爾岡昆民族使用的弩砲可以擊沉一艘船或獨木舟：「突然打向一群人，那會引發一陣驚恐，造成傷亡。」[25]

確實，在遭到弩砲攻擊後，卡爾賽弗尼及手下決定棄營往河流上游去。向來有話直說、精神抖擻的弗蕾蒂絲怒斥他們：「幹嘛逃離那麼可悲的對手，你們這些男人是要仰賴我把他們當綿羊一般宰殺嗎？要是我有武器，我一定戰鬥得比你們任何人高明。」身懷六甲、行動不便的她不甘不願地跟著卡爾賽弗尼離開營地，不久後從一具諾斯人屍體那兒撿到一把劍，便回頭對抗斯卡林人。

她就是在這時拿那把劍拍打乳房。我們相信這是真實事件嗎？或者是某位才華洋溢的吟遊詩人創造來讚揚他的先人？對我來說，這種場面不尋常到貌似可信，但的確無從證實確有其事。

一團混亂中，一個在地人從諾斯人的屍體那裡撿到一把斧頭。他試著砍樹，他每一名同伴也都試了。傳奇記載，他們認為斧頭是「難得的珍寶」，但當其中一個同伴試圖拿來劈石頭——證明他對金屬工具有多不熟悉——斧頭立刻斷成兩截。那人大失所望，就把斧頭給扔了。

在肉搏戰中，諾斯人的鋼鐵武器讓他們稍占優勢，但並不保證勝利，尤其是以寡擊眾時。最後，兩個諾斯人死於戰鬥，雖然比當地人「多人」喪命來得少，但也足以動搖卡爾賽弗尼。《紅鬍子艾瑞克傳奇》寫得簡潔：卡爾賽弗尼「一行人頓時明白，儘管這片土地能給予他們甚多，他們仍不時受到先前居民的攻擊威脅。他們準備離開，返回母國了。」

如我們所知，這些傳奇撰寫於十三、十四世紀，但有些史料提到年代更早的文蘭。對諾斯人航程最詳盡的早期紀錄是用拉丁文撰寫，年代可溯至一〇七六年，一位名叫不來梅的亞當（Adam of Bremen）的德國基督史學家完成他的《漢堡大主教史》（*History of the Archbishopric of Hamburg*）。這本書記載一位主教所管理德國北部地區的歷史，也敘述了斯堪地那維亞、冰島和格陵蘭等地持續的基督化過程。亞當簡單直接的紀錄包括一些可疑的珍聞，比如這句跟格陵蘭有關的：「那裡的人來自海裡，皮膚呈綠色，這也是那個地名的由來。」[26]亞當的敘述說明當時流傳的資訊有多離譜，就像當年紅鬍子艾瑞克為吸引開拓者而宣稱：格陵蘭真的一片青綠。

亞當也記錄了他跟丹麥國王史韋恩・艾斯特里德森（Svein Estrithson）的對話。國王「提到那片海洋發現的諸多島嶼中，還有一座叫文蘭，因為那裡遍地都是能釀出絕頂美酒的野生葡萄樹（vine）。」這份在萊夫首次航行不到百年後所記載的資料，再次證明維京人的航行真的發生過。不來梅的亞當繼續寫：「過了那座島，」國王解釋，「那片海洋沒有適於人居的陸地了，而且在那之後的每一個地方都充斥著無法穿越的冰，無盡的漆黑。」[27]所以對丹麥人來說，文蘭是已知世界的終點。

但文蘭到底在哪裡？

數百年來，不來梅的亞當和文蘭傳奇的讀者都想知道諾斯人的航程到底是不是真的，如果是，萊夫和卡爾賽弗尼又是去了哪裡。專家詳盡檢視、分析了《格陵蘭人傳奇》裡有關萊夫登陸赫爾呂蘭、馬爾克蘭及文蘭的敘述。

關於文蘭所在位置的關鍵線索如下：這座神祕陸地的白晝時間明顯比格陵蘭來得長：「隆冬時節，」《格陵蘭人傳奇》這麼解釋：「太陽在午前不久升高，午後不久仍看得到。」這個資訊將文蘭定位在新澤西與聖羅倫斯灣之間。

一九六〇年，挪威外交官海爾格・英斯塔德（Helge Ingstad）與妻子考古學家安・史汀・英斯塔德（Anne Stine Ingstad）決定前往加拿大沿岸探勘，看看是否能確定萊夫・艾瑞克森曾到過的地點。沿著加拿大東海岸而下，他們發現拉布拉多海濱與《格陵蘭人傳奇》中敘述的馬爾克蘭非常相近：「地勢平坦而森林茂密，緩緩向海面傾斜，而他們（萊夫及其手下）看到多座白色沙子的沙灘。」

英斯塔德夫婦推論，像維京人那樣從馬爾克蘭／拉布拉多往南航行的人，一定會碰到紐芬蘭島。當他們來到該島北端蘭塞奧茲牧草地的村落，他們問當地人哪裡可能是維京人的遺址。一個村民帶他們來到某個海灘上的長草丘。原來那裡是一處已頹圮的遺跡，原為幾幢有木頭骨架的草皮屋。村民相信那些是美洲原住民廢棄的住所。

只有一個辦法能查明誰住過那些草皮屋：挖掘。雖然將這項發現的功勞歸給英斯塔德夫婦無可非議，但其實早就有讀過北歐傳奇的讀者提出蘭塞奧茲牧草地是可能的維京人定居點了。只是他們始終無法靠實地挖掘來驗證推論。[28]歷經一九六一到一九六八年的八個夏季，英斯塔德夫婦挖出八幢建物。一開始兩人無法確定那些到底是歐洲人還是美洲原住民的建物。

證明諾斯人住過蘭塞奧茲牧草地最有力的證據不是單一物品——任何物品都可能是從遠方經由原住民族轉手交易來到此地——而是一幢較大的建物旁邊連著工棚，工棚裡有爐渣、鐵砧、一塊大石頭和碎鐵片，這些全都是鐵匠活動的跡象。工棚裡也有一個大壁爐，造船工人會用來燒水，把木板蒸軟、塑成正確的形狀再釘到船上。在另一個房間（披屋），考古學家發現許多鐵釘的碎片。

西元一千年時北美洲固然有金屬加工進行，但這座大陸其他地方沒有人在打鐵。所以當考古學家發現蘭塞奧茲牧草地有打鐵活動，他們便知道是外地人在冶煉了。

考古學家也發現一個木造結構的遺跡。由於沒有連接壁面，那最可能是造船的骨架——今天挪威西部仍有人使用這種骨架。建造中的船不超過二十五呎（八公尺）長，是諾斯人內陸船隻的標準長度。位於紐芬蘭的頂端，蘭塞奧茲牧草地是理想的船隻維修中心——維修準備啟航越過北大西洋返回格陵蘭的船隻。

有一項發現是斯堪地那維亞特有，更加確定那八幢建築的住民是諾斯人無誤：一支筆直的銅製別針，頂端有個圓環。一如考古常發生的情況，兩位學者是在一九六八年最後一季的最後一天發現這只別針的。安．史汀．英斯塔德在回憶錄中敘述這項發現：「我們大叫一聲，因為我們立刻明白，這是沒有人能否認的證據——一支頂端有圓環的銅針，毫無疑問，就是諾斯人維京時期的東西。」[29]那種長別針是用來把斗篷固定在脖子上，跟從愛爾蘭和蘇格蘭的諾斯人遺址（年代可溯至九二〇到一〇五〇年）出土的別針如出一轍。其他物品也支持斯堪地那維亞人來過：一個用來磨針的石英岩工具、一塊紡紗時拿來壓羊毛線的重物（稱為錠盤〔spindle whorl〕），[30]但這些對於非專家來說，就不像銅別針那麼有說服力了。

磨針工具和錠盤暗示遺址曾有女性存在，但人數少於男性。主建物有一間小臥室給戰團領袖和配偶住，她或許需要幾位女性來幫她料理家務。小臥室隔壁有個大得多的房間給男性隨員住，他們沒有資格帶妻子來。這就是性別失衡的原因。

英斯塔德夫婦確定蘭塞奧茲牧草地就是萊夫布迪爾的所在地，也就是萊夫一行人曾經登陸、最早搭建房舍的居住點。但他們的鑑定卻有一個大問題：紐芬蘭沒有野生葡萄樹。

萊夫為什麼叫這裡文蘭，兩部傳奇沒有留下懷疑的空間。在某個時刻，萊夫一位名叫「南方人提爾基爾」（Tyrkir the Southerner）的德國人手下宣稱他在獨自探勘時有重要的發現。他在稟告萊夫時用德語說話，「眼睛飄來飄去，面容扭曲。其他人根本不知道他在講什麼。」發生什麼事了？他喝醉了嗎？當提爾基爾終於改用諾斯語，他說他發現了「葡萄樹和葡萄」——他小時候在德國就會認了。這就是為什麼遺傳父親行銷本能的萊夫，要叫這塊新土地文蘭的原因。

有趣的是，這段文字把提爾基爾描述成年紀較長的男性，或許是萊夫從小就認識的奴隸。奴隸養育孩子是相當普遍的事，而提爾基爾可能就是被帶去格陵蘭照顧紅鬍子艾瑞克後代的奴隸。

英斯塔德夫婦宣稱萊夫布迪爾的聚落位於蘭塞奧茲牧草地，但提爾基爾的故事減損了這個主張的可信度：野生葡萄的生長地沒有到紐芬蘭那麼北。野生葡萄最北只到聖羅倫斯灣南岸。就算西元一千年的氣候溫暖個一、兩度，野葡萄也不可能在紐芬蘭生長茂盛。英斯塔德提出巧妙的解套方法：文蘭的「vin」有短母音「i」，指的是「麥子」而非葡萄（vín，í為長母音），因此他們選擇忽略提爾基爾發現葡萄的說法，把文蘭定義為「牧草地」。

曾在加州大學洛杉磯分校（UCLA）教北歐文學的已故教授艾瑞克·沃格倫（Erik Wahlgren, 1911-1990）嚴正駁斥這種論點，理由是像「牧草地」這麼普通的名字一點意思也沒有，「葡萄之地」較能吸引未來的移民。[31] 他斷定，既然文蘭有葡萄，蘭塞奧茲牧草地就不可能是文蘭。

一個相關的問題是：諾斯人到底去過北美洲哪裡？《紅鬍子艾瑞克傳奇》提到卡爾賽弗尼是在位於史托姆島（Straum Island，「水流之島」或「強勁水流之島」）的萊夫杜迪爾度過第一個冬季，還提到南方一塊更吸引人的陸地，叫希望（Hope）或提達爾湖（Tidal Lake）。

蘭塞奧茲牧草地發現三顆白胡桃（butternut）和一段從白胡桃樹幹砍下的彎曲樹節，[32] 證實諾斯人曾航行到更南之處，因為當時白胡桃生長的北界跟現在差不多：紐芬蘭最北點南方六百哩（一千公里）到緬因北方。這項白胡桃的考古發現，與傳說中提到的野葡萄有個雷同之處：兩者都是未生長於紐芬蘭島，但在更南的地方欣欣向榮的植物。以上種種發現顯示諾斯人確實在蘭塞奧茲牧草地有定居點，但也往更南邊去。

沒有人知道為什麼兩部傳奇提到文蘭的地點那麼少。諾斯人想必沿著加拿大東岸去過很多地方，說不定連美國東北部都去過了。也許有些地名在敘述和轉述傳奇時失落，這是口述史上常見的現象。

我們知道，因為有斗篷的別針和其他無可辯駁的考古證據，蘭塞奧茲牧草地是諾斯人的遺址，但兩部傳奇都沒有提到修船站，而蘭塞奧茲牧草地顯然有。

因此我們有充分理由相信，蘭塞奧茲牧草地不是諾斯人在美洲的主要營地。不同於諾斯人在冰島和格陵蘭的聚居地，那個遺址附近沒有農田而無法供應居民糧食。那裡固然有養過幾隻豬的證據，但骨頭數量最多的是海豹和鯨。更不妙的是，附近沒有地點可以放牧，而斯堪地那維亞人總是帶著大批畜群旅行。別忘了，兩部傳奇都有移民的公牛大吼嚇壞斯卡林人的紀錄。

蘭塞奧茲牧草地遺址規模較小，加上遺址內發現白胡桃，以及傳奇裡提到野葡萄的敘述，都暗示維京人的主要聚居地在更南邊的某處。在仔細研究所有證據和沿岸的地形地勢之後，沃格倫教授提出萊夫最早在萊夫布迪爾的聚居地位於面對大馬南島（Grand Manan Island）的帕薩瑪闊迪灣上，也就是今天美國緬因州和加拿大新布倫瑞克省的交界處。[33]參與蘭塞奧茲牧草地考古多年的頂尖學者碧爾吉妲・華勒斯（Birgitta Wallace）則認為萊夫布迪爾在帕薩瑪闊迪北方的沙勒爾灣，部分原因是《紅鬍子傳奇》和卡蒂亞的日記有驚人的雷同。其他拒絕指出確切位置的人則同意依照證據，文蘭位於緬因或新斯科細亞的某個地方。

諾斯人為什麼會離棄文蘭呢？傳奇歸因於害怕遭到攻擊，也間接指出除了木材，諾斯人沒有發現什麼真的具有貿易價值的東西。

諾斯人有條不紊地離開蘭塞奧茲牧草地，帶走一切有價值的物品，只留下那只別針（據推測是不小心掉的）和那個多塞特人的皂石球狀物（應該是太重不想搬回去）。

回家途中，諾斯人和原住民族有幾次敵對的遭遇。有一次他們殺了五個在海岸附近睡覺的男人——因為那個團體人數那麼少，八成是「亡命之徒」。在馬爾克蘭／拉布拉多，諾斯人俘虜了兩個小男孩，而他們的大人同伴：一個男人和兩個女人，則先逃走了。

收養與蓄奴之間的界線細微難察。卡爾賽弗尼可能原本有意收養這兩個男孩；他和手下教他們諾斯語，但回到格陵蘭後，沒什麼能阻止卡爾賽弗尼把兩個男孩賣掉——這會兒男孩也成了商品。因為奴隸是斯堪地那維亞的重要出口，我們可以假定卡爾賽弗尼很清楚販賣奴隸可獲得的利益。不過，就我們所知，諾斯人從來沒有在歐洲賣過美洲原住民的奴隸。

在諾斯人拆掉殖民地、回到格陵蘭後，斯堪地那維亞和美洲之間的交易仍有限度地持

地圖2.2

文蘭的可能位置

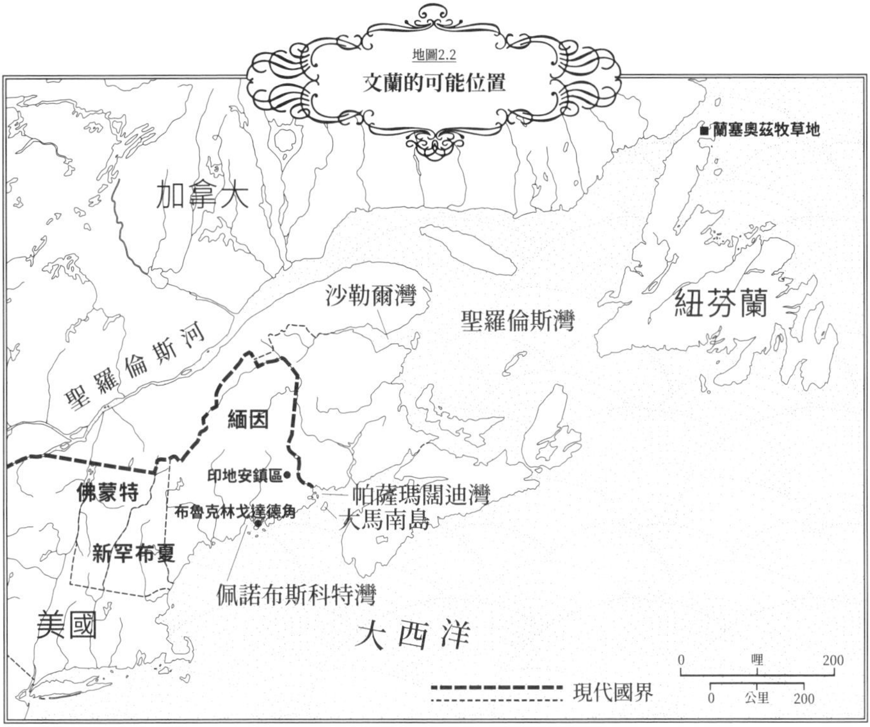

續。因為格陵蘭和冰島木料短缺，斯堪地那維亞人常回到拉布拉多收集木材。冰島原本多樹，但第一批開拓者砍掉蓋房子後，樹就長不回去了。直到今天冰島依舊沒什麼樹木生長。

在文蘭度過第一個冬季後，萊夫於返航途中看到約十五個發生海難的挪威人受困格陵蘭附近的一塊礁石上，他們很可能是遇到暴風雨被吹離航線，繼而在那裡擱淺。萊夫卸下他從美洲欲載往格陵蘭的木材，騰出空間給他們。把他們平安送抵格陵蘭後，他又回去那塊礁石撿回木材——木頭的價值可見一斑。

之後，除了著名的「諾斯一分錢」外，美洲沒有其他有關貿易的考古證據留存至今。那枚一分錢硬幣是在今緬因州布魯克林（Brooklin）鎮上的戈達德遺址（Goddard），一個面對佩諾布斯科特灣（Penobscot Bay）的大型夏季聚居地裡發現，主成分是銀，另混雜著一點銅和鉛。那是在一〇六五到一〇八〇年之間鑄造，[34]而那時諾斯人已經離開加拿大了。

那枚一分錢硬幣是怎麼輾轉來到緬因戈達德的呢？最可能是諾斯人來砍樹時把它帶到拉布拉多巴芬島或紐芬蘭的某個地方，然後經由在地人轉手貿易從一地到下一地，最後抵達戈達德角（Goddard Point），也是迄今有諾斯人考古證據出土的極南點。（著名的明尼蘇達肯辛頓「維京人」盧恩石刻百分之百是假貨。）

格陵蘭出土的有限考古學證據說明在西元一千年以後，格陵蘭與美洲之間仍有接觸。在格陵蘭發現的兩個箭頭也是來自美洲：一個用拉瑪灣特產半透明矽石做的是在西殖民地桑內斯（Sandnes）的諾斯墓地裡發現；另一個石英製成的箭頭則在東殖民地的布拉塔赫拉茲（Brattahlid）莊園裡出土，一〇〇〇年代卡爾賽弗尼就是從這裡出發前往美洲。埋在地下的毛皮鮮少能留存，尤其已埋了千年之久，不過保存在格陵蘭「沙下農場」（Farm Beneath the Sand）遺址冰層裡的紡織品裡，含有棕熊和北美野牛的毛，[35]而這兩種動物都是北美洲原生的。這項發現顯示皮毛必定已從美洲出口到格陵蘭了。

諾斯人之所以決定離棄北美洲聚居地，肇因於一個現代問題：他們蒙受貿易失衡。誠然，文蘭或許提供諾斯人諸如木材和珍貴毛皮等實用品和箭頭等奇珍異品，但歐洲大陸提供更有價值的貿易品項：製造品，特別是劍、匕首和其他金屬物品，以及始終不可或缺的麵粉和鹽。由於持續需要這些物品，諾斯殖民者只好放棄他們在北美洲的聚居地，退回格陵蘭，而他們繼續在格陵蘭待了四百年。

每當諾斯人抵達新的地方，他們都會勘察環境，格陵蘭也不例外。這股探險的衝勁促使諾斯人往北深入格陵蘭，就算他們繼續住在最早建於南岸的兩個社區——東殖民地與西殖民地。

起碼有兩次探險查探了格陵蘭的北部地區。就我們從一封在一二六六年抄寫（但現已失落）的信件所了解，一組人馬曾越過北極圈，遠抵北緯七十五度，並繼續前行三天。[36]

第二組是在一三三〇年代旅行的三人團體，他們抵達格陵蘭西岸外海、巴芬灣裡地處北緯七十二度的金吉托爾蘇克島（Kingiktorssuaq Island）。他們用盧恩文字在一塊石頭上刻了一段話，再把它疊在三堆石堆上。丹麥探險家在十九世紀初發現了這些。加拿大北極地區的巴芬島上，也發現了一個時代相仿的諾斯人小塑像。那是用海象象牙雕成、不到兩吋（五公分）高，而胸前有一支十字架。[37]這同樣暗示諾斯人曾探索格陵蘭北部地區。

諾斯人從十四世紀開始撤出格陵蘭的聚居地，[38]一部分是因為中世紀氣候異常結束、氣候逐漸變冷，小冰期（Little Ice Age）開始。更重要的是，格陵蘭的圖勒族居民比諾斯人更能適應寒冷的天候。圖勒人擁有多種諾斯人未曾採用的技術。

例如圖勒人會穿厚皮毛、用套索魚叉（toggling harpoon）獵捕海豹與鯨。因紐特人也知道冬天怎麼在冰裡鑽洞抓環斑海豹，而這是一項難倒諾斯人的關鍵技術。狗，和諸如羽毛或輕骨釘（bone pin）等工具可助因紐特人偵測海豹在冰層底下的氣息。環斑海豹從不遷徙，因此是終年的食物來源。把海豹皮縫接起來再充氣做成的獨立拖筏，讓因紐特人得以獵捕鯨之類的大型海洋哺乳動物。以上種種技術都幫助因紐特人從阿拉斯加沿著北部通道越過加拿大北極地區，在西元九〇〇到一二〇〇年間來到格陵蘭。[39]

諾斯人在格陵蘭的人口於一三〇〇年達到超過兩千人的高峰，

Amelia Sargent

一個罕見小木頭雕像的素描。小雕像據信是因紐特人手工製作，完成於西元一三〇〇年左右，刻的是一位在哥倫布之前來到美洲的歐洲傳教士。

隨後，在圖勒人從格陵蘭北部南遷之際開始銳減。[40]一部名為《冰島年紀》（*Icelandic Annals*）的冰島編年史，為一三七九年寫了下列詞條：「斯卡林人攻擊格陵蘭人，殺了十八人、俘虜兩個男孩。」這裡的「斯卡林人」指的是捕獵海豹的圖勒人，「格陵蘭人」則指諾斯人。一對斯堪地那維亞夫妻在赫瓦爾西（Hvalsey，即東殖民地）教堂簽寫的結婚證書顯示到一四〇八年還有諾斯人在格陵蘭。兩年後，《冰島年紀》記述一位冰島人隻身從格陵蘭回來。一四一〇年後，這部史書就沒有再提到格陵蘭的諾斯居民了。

儘管諾斯人已離開格陵蘭，關於文蘭的事蹟始終沒有失落。不來梅的亞當和丹麥王的談話透過十三、十四世紀的一些拉丁文手稿流傳開來，那時文蘭傳奇也慢慢採用其現有的形式，而亞當的著作也在多份手稿留存下來。亞當的證詞讓我們一瞥，關於遠方人民的資訊是怎麼經年流傳而不失：他把丹麥國王告訴他有關文蘭的事情記錄下來，但往後數百年，這份文蘭紀錄沒獲得什麼注意。那只是另一份世界邊緣危險地域的紀錄，[41]而中世紀這種地方多的是。

相較於其他發生在西元一千年的邂逅，諾斯人與美洲原住民的邂逅沒什麼長期效應。幾句對話、偶爾交換物品、或許還有幾場肉搏戰——諾斯人和美洲原住民就只有這等程度的接觸。

既然知道一四九二年後，美洲原住民一接觸歐洲病菌便集體身亡，我們不禁懷疑，西元一千年時美洲原住民是否遭逢同樣的命運。兩部傳奇都沒有提到原住民在遇到諾斯人後生病的事，倒是有一回諾斯人莫名其妙病倒，可能是吃了腐敗的鯨肉所致。

事實上，美洲原住民也不是在一四九二年後馬上陷入疾病危機。他們是過了二、三十年，到一五二〇年代才開始大量喪命。雙方接觸短促——諾斯人在蘭塞奧茲牧草地只住十年——或許沒有給諾斯人足夠的時間傳入疾病給北美洲原住民。

到一四九二年時，歐洲對格陵蘭和文蘭的知識已經消退。那一年，一封教皇信件描述格陵蘭是「接近世界邊緣的島嶼……因為島嶼周圍覆蓋著冰，很少船隻航行到那裡，唯有八月冰消融時才可能登陸。因此，一般認為過去八十年沒有船隻到過那裡，也沒有主教或神父去過那裡。」

儘管如此，不來梅的亞當的紀錄仍在一個懂拉丁文的小學者圈子裡流傳。一五九〇年，哥倫布首次航行近百年後，一位名叫席格杜爾．史蒂凡森（Sigurdur Stefansson）的冰島教師畫了一張地圖支持冰島人比哥倫布更早發現美洲的主張。[42]

在他的地圖東緣，有挪威、英國、愛爾蘭等各自分離的幾塊陸地；一個大陸塊則從地圖北緣延伸到西緣，上面包含格陵蘭、赫爾呂蘭（地圖上誤拼成 Helleland）、馬爾克蘭和斯卡林土地（Skralinge Land，史蒂凡森杜撰的新地名），再越過一個狹長的水灣，便是文蘭地岬（Vinland Promontory）。對英斯塔德夫婦而言，這張圖把文蘭地岬描繪成尖端是個關鍵線索，促使他們前往紐芬蘭北端尋找諾斯人聚居地。

史蒂凡森的地圖喚醒歐洲人對西元一千年諾斯人航往美洲的記憶，也喚起許多與現今全球化相同的難題。萬一武器技術不相當、爆發戰事怎麼辦？貿易失衡會有什麼後果？如果一方人數較多，另一方該做些什麼來彌補？以及，為什麼向對方學習是如此困難的事，就算對方精通某項明顯有用的技術？

諾斯人在美洲遭遇美洲原住民時，他們擁有金屬工具的優勢。但諾斯人決定撤退，或許是因為美洲原住民驍勇殘暴，也或許是因為諾斯人不易取得賴以生存的補給品。同樣地，在圖勒人從阿拉斯加遷入格陵蘭的同時，諾斯人卻慢慢退出格陵蘭。諾斯人在美洲與美洲原住民，以及在格陵蘭與圖勒人的邂逅，象徵西元一千年時的邂逅較為勢均力敵，與西元一五〇〇年後厲害的槍砲幾乎讓歐洲人占盡上風截然不同。

因為開創了一條新的西行之路，斯堪地那維亞人橫越大西洋的航程相當重要。在西元一千年前後開闢多條新航線，諾斯人在這個西起蘭塞奧茲牧草地、東迄裡海（Caspian Sea）的廣大帶狀區域十分活躍。他們也開了往格陵蘭最北端的一條路線，也說不定去過更南邊的目

Royal Danish Library, The Skálholt Map (GKS 2881 kvart)

一五九〇年時一位冰島教師畫了這張地圖，表示維京人早在西元一千年時就對美洲有所了解。這是現存最早諾斯人對北美洲的描繪。

的地。

諾斯人航向美洲的行程教給我們另一件與全球化有關的要事：他們的航程並未開啟美洲的貿易。我們將在下一章看到，他們遇到的美洲原住民已經有長距離貿易了。歸根結柢，諾斯人的航程之所以意義重大，是因為他們的探險連結了大西洋兩岸既已存在的貿易網，由此開啟了全球化。

第三章

西元一千年的泛美公路[1]

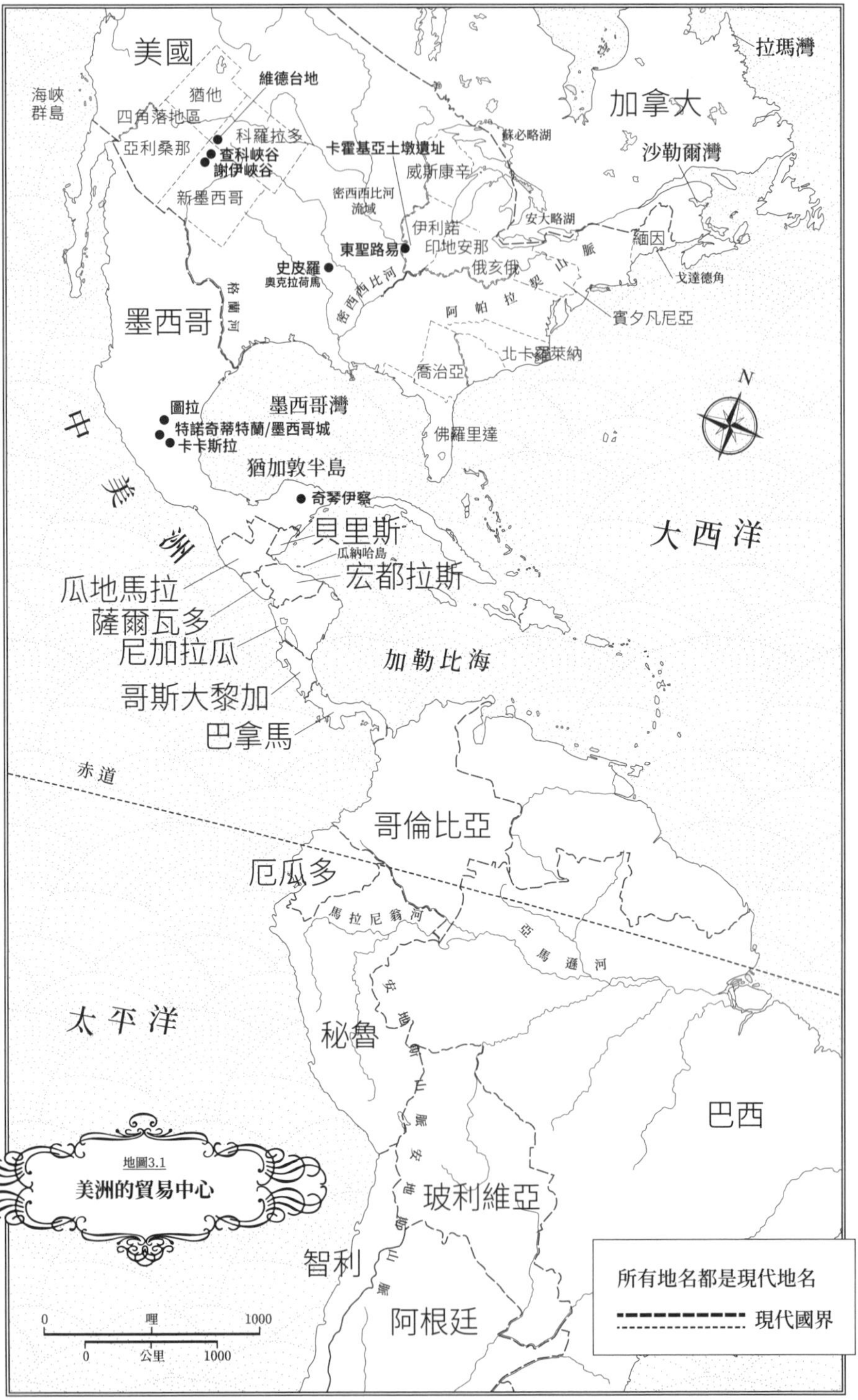

地圖3.1
美洲的貿易中心

西元一千年時，美洲最大的城市或許是馬雅的奇琴伊察聚落，[2]人口據估有四萬人。它坐落於墨西哥猶加敦半島北部沿岸，距海約五十哩（八十公里），可能是世界上保存最好的西元一千年城市，奇琴伊察每天都有數萬觀光客慕名而來。主要景點是卡斯蒂猶（Castillo，意為城堡），一座高一百呎（三十公尺）的金字塔，四面都是完美平衡的階梯。每年三月二十一日和九月二十一日都有大批人潮前來見證一項驚人的工程傑作。下午三點左右，陽光在金字塔北面形成的陰影，會連成一條蛇的圖像。之後一個小時，蛇的身體會繼續延長，最後接上位於階梯底部的石造蛇首，完成這場一千年前精心設計的光影秀。

球場也令人印象深刻。建於西元一千年前後，它長五百呎（一百五十公尺）、寬兩百呎（六十公尺），比足球場大得多，也是中美洲（包括墨西哥中南部、貝里斯、瓜地馬拉、薩爾瓦多、宏都拉斯、尼加拉瓜、哥斯大黎加和巴拿馬）最大的馬雅球場。[3]因為這座球場就位於入口旁，現代觀光客多半是從這裡開始遊覽。

馬雅球賽的球員分成兩隊，可用臀部、手肘、膝蓋讓一顆橡膠球反彈，目標是讓球通過球場兩側的石環。球的直徑有八吋（二十公分），是用從橡膠樹收集來的液態乳膠凝固塑形製成。橡膠樹是美洲原產。球的製造者還會添入牽牛花的汁液來增加彈性。[4]西班牙人從沒見過橡膠這類東西，也驚訝球竟然能移動得那麼快、那麼不可預測。

或許為了描繪球可自主運動，馬雅藝術家畫的球裡面都有頭顱。奇琴伊察球場牆壁的一處浮雕裡就有這樣一顆球：浮雕顯示輸球隊伍的一員遭到斬首，頭顱擱在地上；六條蛇從他脖子湧出的血中迸出來。馬雅的神明需要頻繁、大量供奉鮮血。就連統治者也被指望拿魟刺扎入陰莖來滿足這個需求。

從球場走一小段路，便來到外面有兩百根石柱的武士神廟（Temple of the Warriors）。石柱的正面呈現進貢者以及讓神廟得名的武士——「武士神廟」之名是在一九二五到一九三四年間，由華盛頓卡內基研究所（Carnegie Institution of Washington D. C.）的考古學家所取。除了幫神廟清除碎石和樹木，這批考古學家也從散落地板的碎片復原許多壁畫，[5]不過很快就又毀壞了。今天你只能在卡內基研究團隊所作的黑白素描或水彩複製品中見到它們。因為遊客不允許進入奇琴伊察的任何建築，我們無緣目睹原本創作這些壁畫的牆面。

許多武士神廟的壁畫都以征服為題。[6]卡內基研究所的學者用九十個碎片重新建構成一幅巨型壁畫，內容是一支軍隊進犯某個村落。侵略者有灰色皮膚；防衛者皮膚較白而畫有黑色橫線。[7]雙方的盾牌也不一樣，據推測是為了讓觀者一眼就能分辨兩方。

我們無法百分之百確定奇琴伊察壁畫裡的攻擊者是誰。從之後兩份都是在與西班牙人接觸後記錄的史料，我們得知攻擊者最可能是托爾特克人（Toltec），從今墨西哥城西北方五十哩（八十公里）的托蘭城（Tollan，今圖拉〔Tula〕）來到奇琴伊察。一份托爾特克人的紀錄敘述一位名叫「羽蛇」（托爾特克的語言納瓦特爾語〔Nahuatl〕稱之「托皮爾特辛．魁察爾科亞特爾」〔Topiltzin Quetzalcoatl〕）的王者在西元九八七年離開圖拉前往墨西哥灣海岸，乘木筏啟航。然後驚人的巧合出現：一份馬雅紀錄告訴我們，一個也叫羽蛇（馬雅文「K'uk'ulkan」）的男子在同一年抵達奇琴伊察。那一定是同一人，而他後來也成為奇琴伊察的統治者。

武士神廟的一個出入口，有一幅真正不尋常的壁畫。雖然它與征服村落的那一幅畫於同一面牆，描繪的人民卻跟其他壁畫裡的勇士截然不同：他們非常逼真。

一個黃頭髮、淺色眼睛、白皮膚的獻祭者雙臂反綁在背後。第二個人有一頭金髮，且髮裡編了珠子——這是馬雅繪畫裡俘虜的常見特徵。[8]還有第三個人，也是頭髮裡有珠子，全身赤裸在水裡漂流，有條凶猛的魚嘴張得老大，在附近徘徊。畫家用了「馬雅藍」，一種結合靛藍植物與坡縷石土（palygorskite）的顏料畫水。[9]這些不幸的戰俘全被扔進水裡淹死了。

這些白皮膚、金頭髮的獻祭者是誰呢？

有可能是被馬雅人俘虜的諾斯人嗎？

第一批研究這些繪畫的學者不這麼認為。一絲不苟的文物管理員，也是卡內基研究所團隊成員的安・阿克斯泰爾・莫里斯（Ann Axtell Morris）在一九二〇年代針對那些壁畫做了完整一系列的水彩摹本。她不確定黃頭髮的人是誰，但懷疑畫家是用顏色來「凸顯部落，甚至種族的差異。」[10]另一名在一九四〇年代著述的學者則提出極端的解釋：他認為獻祭者是戴著編了珠子的黃色假髮，讓髮色跟獻祭對象太陽神的髮色一樣。[11]這一代學者的研究遠比英斯塔德發現蘭塞奧茲牧草地的諾斯人遺址來得早，因此沒有理由認為獻祭者是斯堪地那維亞人。

如今，拜蘭塞奧茲牧草地的挖掘結果所賜，我們可以確定西元一千年時北美洲的確有諾斯人的身影。英斯塔德的發現讓世人以全新的眼光看待武士神殿的壁畫。這些不尋常的壁畫或許真的描繪了斯堪地那維亞人和他們的船隻。有兩位赫赫有名的學者抱持這個觀點：考古學家邁克爾・科（Michael D. Coe）和藝術史家瑪莉・米勒（Mary Miller）指出，沒有其他馬雅壁畫呈現金髮、白皮膚的俘虜。

這個時間點也與諾斯人的航程完全一致。西元十世紀末到十一世紀初，有多艘諾斯人的船隻離開斯堪地那維亞、冰島或格陵蘭，越過北大西洋，航向今天的加拿大，或許還有緬因州。而武士神廟的壁畫正是在這時期完成（神廟是在西元一千年過後沒多久建造）。[12]

懷疑派則指出，馬雅畫家使用不同配色描繪武士，因此認定俘虜的金髮是藝術慣例，沒有其他意義。他們也懷疑歷經千年歲月，原本的顏料在水彩臨摹前已經變色了。

我們也許無從確定色彩鮮豔的武士是諾斯人：猶加敦尚未發現斯堪地那維亞的文物。你可能覺得這是嚴肅的反對論據，實則不然；考古紀錄距離完成還很遠。很多我們從書面紀錄得知的事情，完全沒有考古遺跡可循。如果你上 Google 搜尋「考古學」和「黑斯廷斯之戰（Battle of Hastings），可能會大吃一驚：一〇六六年那場使英國落入征服者威廉（William the Conqueror，即威廉一世）之手的戰事，考古學家到最近才發現第一名死者。

今天，根據已知的考古檢測，我們無法肯定諾斯人到過奇琴伊察：唯有具診斷價值的文物（例如來自蘭塞奧茲牧草地的銅製別針）或帶有斯堪地那維亞人DNA的基因證據才能做此定論。或許有朝一日會有這種證據出土。但現在，我們只能推論維京人可能到過猶加敦，而那會是他們在美洲最南的足跡。

要是諾斯人真的去過奇琴伊察，又是怎麼到達的呢？他們想必是被吹離航線，而後遭到俘虜。武士神廟有個戰鬥場景顯示一個金髮受害者旁邊有兩艘木頭色的船，一艘有刻了花紋的船頭，另一艘則有盾作裝飾，正傾斜下沉。

舊奇琴城（Old Chichén）有一棟被稱為「蒙哈斯」的建築（Las Monjas，「修女」或「女修道院」之意，西班牙人認為只要是附近有大庭院的建築都是女修道院，但馬雅沒有女修道院），[13]裡面一幅壁畫可讓我們對這些不尋常的船有更深的認識。建於西元九五〇年以前，蒙哈斯有多幅可能晚個幾年畫上的壁畫。其中一幅沒有金髮人，但畫了一艘側板輪廓鮮明的船。蒙哈斯的畫家把側板描繪成一截一截，並非延伸整個船身。雖然許多已發表的諾斯船隻圖畫沒有凸顯這點，但諾斯船隻的側板確實大多比全長來得短。[14]受限於橡樹和松樹的高度，諾斯船的側板長五至二十呎不等（一．五至五公尺），而有些船身長達一百呎（三十公尺）。

這種側板的應用暗示蒙哈斯的船不可能是當地的產物，因為馬雅人，一如美洲多數民族，都是用燒灼、挖空樹幹來製造獨木舟。只有一支美洲原住民曾使用縫合側板的船隻：楚馬什人（Chumash）曾駕這種船從加州聖芭芭拉（Santa Barbara）前往海峽群島（Channel Islands）。[15]蒙哈斯那艘船上的人似乎是馬雅武士——他們從原本主人手中奪來這艘斯堪地那維亞人的船。雖然蒙哈斯這幅畫獲得的關注不及武士神廟金髮武士的壁畫，但其實它輪廓鮮明的船板是更有說服力的證據，說明諾斯人可能到過奇琴伊察。

風常會阻止諾斯人的船隻抵達原本的目的地。紅鬍子艾瑞克率二十五艘船啟航前往格陵蘭，結果只有十四艘抵達；「有些回頭，有些在海上迷航，」《格陵蘭人傳奇》這麼敘述。[16]也別忘了萊夫．艾瑞克森曾騰出空間、把一批船難船員載到格陵蘭後再回頭載他卸下的木材。諾斯人的船有可能被暴風吹離航道，被北大西洋環流的越洋洋流拉過來，在猶加敦半島泊岸。那可能是趟累人的旅程，但不是不可能，就算船受損、船員無法划行也不例外。還記得那艘橫渡太平洋、最後來到美國華盛頓州、只有三人生還的日本漁船嗎？

從非洲出發的航程也可能被風吹到大西洋的另一邊。西班牙修士阿隆索・彭斯（Alonso Ponce）曾在一五八八年沿猶加敦海岸旅行，來到「Xequechakan」鎮[17]（當時發音為「薛克查坎」，今「赫瑟查坎」〔Hecelchakán〕，位於墨西哥坎佩切州〔Campeche〕）。他問這個鎮名是怎麼來的，在地人解釋：「古時候有七十個摩爾人（*Moros*）（非洲黑人）乘船來到這個海岸，想必是航行途中遇上非常大的暴風雨。」他們的經驗證明，一旦風把船送到大西洋中央，洋流便可能把它一路帶到猶加敦半島來。

在地人繼續說：「其中有個人得到其他人服從和尊敬，其他人叫他『薛克』。」薛克？在地人解釋意思是「領主」或「酋長」，顯然是阿拉伯語「謝赫」（sheikh）的變體。由於馬雅人不識阿拉伯語，這個細節相當有說服力。當摩爾人請求回家，在地人把他們帶到「一片大草原、無人居住地區附近」的港口，而馬雅語稱那種地方為「查坎」（chakan）。於是，彭斯的資料提供者說，這個鎮就叫薛克查坎了。

彭斯的記述還提供另一項重要資訊，他告訴我們，摩爾人初來乍到時，「印地安人同情他們、收留他們、盡地主之誼。」但在地人一為訪客指引回家的路，摩爾人便恩將仇報，殺了其中幾個人。「印地安人見狀，便通知附近民眾，他們帶武器前來，殺了倒楣的摩爾人，包括摩爾人的酋長和首領。」這次經驗顯示，任何在猶加敦半島發生船難的人，都可能遭逢類似的命運。

如果諾斯人曾來到猶加敦半島，他們可能是航海前來，但也可能——雖然可能性小得多——是在別的地方被奴役而帶來猶加敦，也就是靠雙腳走到這裡。讓我們從發現維京一分錢的緬因戈達德角出發，探索經由陸路到奇琴伊察的可能路線。從緬因到墨西哥最可能走的路線是經由密西西比河谷。那是一段漫長艱辛的路程，而且沒有任何人——或任何物體——走完全程的證據留存至今。儘管如此，我們仍可確定在西元一千年之際，一張遍及北美洲各地的廣大路線網已然成形，有貨物、人員及資訊在其中流通，全球化於焉開始。

戈達德角位於緬因海岸中央一座海灘附近。那裡是豐富的考古場址，有個最深達十二吋（二十五公分）的廢棄物堆，即「貝塚」（midden）。一九七九年緬因州考古學家在那裡開挖時，原有的脈絡已經被破壞了。他們只能藉由比對類似文物或使用碳十四（carbon 14）檢測來判定物質的年代。貝塚裡的東西最早可溯至西元前兩千年，但九十%被找回的物質——共兩萬五千件文物——出自西元一〇〇〇－一六〇〇年期間。

這座貝塚裡的貝殼出奇地少，顯示在地人——不同於多數沿海民族——並未大量食用貝類。反倒是海豹和鱈魚骨頭數量繁多，表示這些才是當地的主食。而港海豹、灰海豹、海貂第十七顆牙齒的截面透露了更多：牠們是在六月到十月之間被宰殺的。這個發現的重點是：顯然每年夏天，美洲原住民都會在這裡盡情享用海豹海貂。

考古學家還發現了出自拉布拉多北部拉瑪灣的三十件工具和一百多片矽石薄片，[18]那些都是經由轉手貿易來到南方。（矽石是一種燧石，可用來起火或製造工具。）除了獨特的半透明外觀，拉瑪灣的矽石還有其他特徵。由於二氧化矽含量高，它可斷裂成整齊且符合預期的碎片，因此是製造附加於箭、矛等武器上之尖頭器（projectile point）的理想材料。這些在離拉布拉多甚遠之處發現的拉瑪灣矽石，年代至少可溯至西元前兩千年，[19]表示這種材料的長距離交易，很早就開始了。

除了拉瑪灣的矽石，戈達德角遺址還挖出十種包含其他矽石、流紋岩（rhyolite）和碧玉（jasper）的礦物，而那些物質產自美國和加拿大東北部各地。這種非本地物質多得出奇的情況——同時期其他遺址的外來文物則少得多[20]——顯示戈達德角是重要的貿易樞紐，而它串起的貿易網從大西洋岸一路延伸到安大略湖和賓夕凡尼亞。

西元一千年後，這個地區是晚期疏林時代（Late Woodland）民族的家園，他們在春天種植玉蜀黍，秋天回來收成。疏林時代的民族會輪流採收各種植物和獵捕不同動物，因此就有一名學者說他們是「機動農人」（mobile farmers）。[21]（在沙勒爾灣拿毛皮跟卡蒂亞交換紅布的阿爾岡昆人就是疏林民族。）[22]

任何從東北方進入俄亥俄、繼續前往密西西比河谷的團體不會馬上發現，而是漸漸察覺自己正離開一個地區、進入下一個地區。[23]離密蘇里河與密西西比河匯流處愈來愈近，他們應該就會發現在地人常吃玉米了。對密西西比流域的居民來說，玉米是最重要的主食，他們密集耕作，且一年到頭照顧玉米田。

這裡的小村落乍看與東北方大同小異，都是一些小房子聚集在一起。但在密集玉米耕作於西元九〇〇年左右開始後，密西西比河谷開始出現較大的聚落，有開闊的廣場和有脊背的高土墩，有時還有神廟坐落其上。

豆子在西元一千年左右傳入密西西比河谷，[24]進一步推動人口成長。（構成美洲原住民飲食核心的三種作物——玉米、豆、南瓜[25]——要到一三〇〇年才會齊、固定一起種植。）居民不會光仰賴玉米、豆子和藜（白藜）等耕作物，他們也獵捕鹿和其他動物。[26]

人口成長促使村落規模增長。其中一個最大的聚落位於今伊利諾州東聖路易鎮的卡霍基亞（Cahokia）遺址。[27]卡霍基亞聚落在一〇五〇年大幅擴張，使研究該遺址的考古學家提摩西．鮑克塔特（Timothy R. Pauketat）用「大霹靂」（Big Bang）來形容那一年的變化。大霹靂後，約有兩萬人住在這座城市或近郊，使卡霍基亞成為一四九二年以前美國本土最大的城市綜合區，規模約為同時期奇琴伊察的一半。

全盛時期，卡霍基亞城面積達五到六平方哩（十三到十六平方公里）。城市中央屹立著一座龐大的土墩，名為僧侶墩（Monks Mound），約有一百呎（三十公尺）高。村子南邊，居民用土填出大廣場（Great Plaza）長一千兩百呎、寬九百呎（三百六十五／二百七十五公尺）的平坦表面。

僧侶墩裡面有各種剩餘食物、破損陶器、菸草種子——所有一邊建造土墩一邊大快朵頤剩下的東西。各不相同的土墩是卡霍基亞考古學文化的顯著特徵，[28]而它們是如此碩大，並非個別家庭能夠打造。能把更大的勞動力組織起來，是卡霍基亞為城市的徵兆之一。

兩百座土墩散布遺址各處，原本頂端都有脊背，但很多在一二五〇年卡霍基亞遭遺棄、農人陸續來此犁地栽種的幾百年間失去這個外觀特色。除了土墩，卡霍基亞遺址也有一大片用木桿垂直搭建的柵欄、六座亦有木桿圍繞的環形瞭望台，以及數千間住所。

最具特色的卡霍基亞文物叫「胖圓石」（chunkey stone）。[29]在印地安那、威斯康辛、北卡羅萊納、佛羅里達等地不同美洲原住民語言中流傳，這個詞在十九世紀初由路易斯和克拉克（Lewis and Clark）記錄下來。多虧這項十九世紀的研究，現在我們才知道這種遊戲要怎麼玩。一塊胖圓石跟冰上曲棍球的球餅差不多大，呈圓盤狀，兩側都有凹陷。參賽者先讓石頭在地上滾動，然後朝凹口投擲九呎長（二．七五公尺）的矛來讓圓盤停下來。矛落得離滾石愈近，參賽者獲得的分數愈高。玩這種遊戲的風險很高。失敗者有時會賠上性命。胖圓石不只是消遣，更創造了統治者與被統治者之間的忠誠。

卡霍基亞顯然是階級社會。遺址上的一項土方工程，即「七十二號土墩」（Mound 72），內有兩具男屍。一具躺在兩萬顆貝珠上，[30]另一具則置於正下方一個貌似擔架的木架上。因為貝珠含蓋了長約六呎（一．八公尺）的鳥形區域，考古學家斷定貝珠之前必是用來裝飾上面男人穿的某件衣物——最可能是斗篷。這兩個男人附近還埋了一組七名成年人，他們的身體完好無缺，很可能是統治者的親屬或其他達官顯要。

七十二號土墩有多處大型墓穴，其中一處有兩百名死者。一個坑裡有一群四人，頭和手都被砍斷；另一個坑裡有五十三名婦女，其中五十二名年紀在十五歲和二十五歲之間，一名——可能是大老婆嗎？——三十多歲。還有一個坑埋有三十九名被棍棒毆打過、可能是活埋的死者。這些不幸的人是誰呢？想必是囚犯、奴隸或其他下層階級成員，他們最終都淪為祭品。

不論你如何認定坑裡死者的身分，那兩位有貝珠斗篷的男士顯然階級高於他們。那兩人的陪葬品還包括一支鍍銅的棍棒，一堆兩蒲式耳（bushel，約三十六公升）的雲母、七百支箭、一支胖圓石用的矛、十五塊胖圓石，以及許多直徑超過一吋（二．五公分）的海螺珠子。

上述物品中，有一些，例如箭和胖圓石，可能是在地製造，但其他就是經由長距離貿易到來了。雲母，一種有光澤的層狀礦物，是來自北卡羅萊納的阿帕拉契山脈，銅的產地則是蘇必略湖。初期美洲原住民社會固然也交易銅和貝殼，但卡霍基亞人顯然大量從墨西哥灣進口海螺和蛾螺（whelk）殼。具卡霍基亞特色、把貝殼完好裝在裡面的陶器，則在卡霍基亞北方遺址出土，[31]那裡曾是貨物北送的轉運中心。

一開始，考古學家認為卡霍基亞的貿易網沒有延伸到美國本土以外。但令他們訝異的是，一件明顯具有墨西哥血統的物品——一種用綠金色黑曜石製成的刮擦工具——在今奧克拉荷馬州的史皮羅（Spiro）出土。[32]這個遺址的居民是在一二五〇年前後開始堆建土墩，並密集種植玉米。黑曜石是一種玻璃質的火山岩，能製造絕佳的切削工具，在不使用金屬刀具的社會尤具價值。雖然鋒利，黑曜石質地脆而易碎。史皮羅刮擦工具的X射線光譜儀分析顯示它出自墨西哥帕丘卡（Pachuca）附近。這種黑曜石非常罕見，[33]一如東北方的拉瑪矽石，它也在廣大的地區進行交易，包括瓜地馬拉和宏都拉斯。

考古學很少確切告訴我們一個社會如何或在哪些方面影響另一個社會。長久以來一直有學者懷疑卡霍基亞人和馬雅是否有直接接觸。畢竟，是原產於墨西哥的玉米在卡霍基亞密集耕作，才撐起一〇五〇年的大霹靂，而卡霍基亞的開闊廣場和土墩，以及其衛星城鎮，都像極了馬雅城市。

仔細檢視卡霍基亞人的屍體，產生了一項驚人發現：許多遺體，包括一些埋在七十二號土墩的遺體，前門牙底部都有一到四個刻痕，只要張嘴就看得到。由於只有中美洲人會這樣改造牙齒，[34]很可能是有中美洲人造訪卡霍基亞客死異鄉，或有卡霍基亞人造訪馬雅地區，給牙齒刻個凹痕才打道回府。還有一個跡象顯示雙方可能有所接觸：陶器裡有巧克力的遺跡，[35]但考古學家仍未排除近代汙染的可能性。

在一四九二年後流傳的資訊更加深卡霍基亞和馬雅地區有廣泛接觸的印象。十九世紀的觀察家記錄了不同美洲原住民群體的起源神話，許多群體都自稱是一對男性雙胞胎，或一位統治者及其「另我」化身成的同父異母兄弟的後代。這種信仰呼應了馬雅著名口傳史詩《波波烏爾》（Popol Vuh）裡的雙胞胎英雄神話（一五五〇年代才用文字記錄下來）。[36]七十二號土墩頂端那兩具男屍似乎是一對孿生統治者，而隼形的貝珠斗篷暗示卡霍基亞居民相信他們的統治者有能力飛翔。

若卡霍基亞和馬雅世界之間真有聯繫，那就表示有這麼一條沿著密西西比河到格蘭河

（Rio Grande）、再越過墨西哥灣抵達猶加敦半島的路線存在。

查科峽谷的居民知道另一條到奇琴伊察的路線。查科峽谷位於今新墨西哥州的四角落地區，以往是個進步的農業社區，和馬雅關係密切。和卡霍基亞人生活在同一時代，古普韋布洛人（Ancestral Puebloans）打造了三處現今遊客如織的聯合國世界遺產（UNESCO World Heritage site）：維德台地（Mesa Verde）、查科峽谷、謝伊峽谷（Canyon de Chelly）；觀光客蜂擁而至純粹是因為這三地坐擁聳立千呎（三百公尺）的峽壁，真的美不勝收。

而這些遺址包含許多未解的謎。人人同意普韋布洛道路系統是工程奇蹟，但沒有人知道古普韋布洛人為什麼要這樣設計。兩條各寬三十呎（九公尺）的道路從查科峽谷向南北延伸三十哩（五十公里）。兩條路在地上未必隨時可見，在空照圖卻一覽無遺。[37]每當碰到山丘或大岩石，路會直接從上面越過去。令人費解地，建造者並未移除障礙，而是建造坡道、台階、樓梯作為道路的一部分。那些垂直的升降是如此陡峭，很難想像兩條路是開來運輸用的。它們有什麼象徵意義嗎？是否反映了這樣的信仰：你在履行儀式時必須走直線？

古普韋布洛人擅長用裁切精確的石頭建造東西。在謝伊峽谷，他們運用了和馬雅人一樣的技術來築牆，並且在牆面塗灰泥。把大塊砂岩嵌入砂漿中，再拿仔細挑選過的平坦岩石覆蓋牆的兩側，這就是所謂「核心－鑲板」（core-and-veneer）建造術。

查科有可住數百人的大屋子、大地穴（kiva，圓形的地下儲藏室）和廣闊的廣場。其總人口僅數千，遠少於卡霍基亞的兩萬。查科最大的屋子叫普韋布洛博尼托（Pueblo Bonito），[38]木材年輪測定顯示是從八六〇年開始建造、一一二八年結束。那年之後，普韋布洛人就遷往他處了。

普韋布洛博尼托大宅有八百個房間，包含眾多數層樓的岩石結構。學者至今仍在辯論這種大屋子的用途：[39]是作為貿易站使用？或者是給統治者和其家人的住所？不論答案是什麼，它們無疑是建來震撼人心的，而至今依舊令人嘆為觀止。

骨骼分析顯示，查科峽谷的居民來自不同地區。一個群體住在像普韋布洛博尼托那樣的大屋子，另一個群體則住在小屋子的社區，兩者建築工法截然不同。居民也有不同的埋葬風格。看起來這個遺址極可能是本地原住民族，也是科羅拉多西南部移民的家，[40]後者是在九世紀末到十世紀初搬過去的。普韋布洛博尼托裡有單一具遺骨的牙齒故意刻出凹痕，[41]表示當時有來自馬雅地區的訪客。這符合全球化的慣例：先有貨品交易，才有人員流動；而隨著貿易擴張，不管新顧客住在哪裡，商人都會過去建立僑民社區。

古普韋布洛人是精通貿易的商人，且能充裕地供應一件馬雅人喜愛的物品——綠松石（turquoise）。他們用綠松石交易有鮮豔羽毛的熱帶鳥類，如鸚鵡和金剛鸚鵡（macaw），拿鮮紅色的羽毛裝飾留存至今的繡帷。[42]有時他們僅帶回羽毛，有時則把活鳥帶回來拔毛。古普韋布洛人非常尊敬金剛鸚鵡，會幫牠們辦正式的葬禮。但挖掘出來的金剛鸚鵡骨骸顯示營養不良且日照不足，[43]表示古普韋布洛人固然尊敬這種鳥類，還是把牠們關在籠子裡。

大約十年前，研究人員在查科峽谷發現另一項令人訝異的中美洲進口物資：巧克力。考古學家在一座廢棄物貝塚裡發現陶製儲藏罐的破損碎片，年代在一〇〇〇至一一二五年間。不知道罐子原本裝什麼，科學家用高效液相層析（High-performance liquid chromatography）鑑定出巧克力的招牌化學物質：可可鹼（theobromine）。[44]巧克力會被陶器碎片吸收進去，表示巧克力原為液態，後來才乾涸。（巧克力最早是在西元前一九〇〇年前後於厄瓜多培植出來。[45]）巧克力的加工過程複雜，需要多個步驟：[46]栽培者一打開豆莢就得讓種子發芽（否則吃起來就不像巧克力），在陽光下曝曬一、兩個星期再烘烤（理由相同），最後再把沒用的殼去掉。

雖然這項研究由好時巧克力（Hershey Chocolate）贊助，但馬雅人攝取的——並出口到查科遺址、在那些罐子裡被發現的——巧克力，味道一點也不像好時巧克力棒。馬雅人喝的巧克力沒加糖，還增添辣椒等香料；他們還會在兩個杯子倒來倒去倒到起泡，像印度火車站的茶攤販那樣。巧克力如同一種興奮劑，非常適合儀式使用。考古學家相信馬雅地區的儀式專家會陪同巧克力北行，以便教導古普韋布洛人製作巧克力飲品。這種推測言之成理。一旦貿易達到相當額度，就得有人負責管理，而僑民可教在地人如何製作巧克力。

巧克力、金剛鸚鵡和其他熱帶鳥類的發現證明有貿易路線連結查科和兩千多哩（三千六百公里）外的奇琴伊察。當然，有些民族前往馬雅中心的距離短得多。西元一千年前後，托爾特克人從墨西哥城西北五十哩外的圖拉遷徙到奇琴伊察，可能搭船渡過墨西哥灣，也可能經由陸路。

我們知道托爾特克人有此一行，是因為奇琴伊察的建築在他們抵達後丕變。兩種迥異的建築風格並存於這個遺址：較早的風格可溯至西元九五〇年前，較晚的則在九五〇年後。在新移民抵達前，舊奇琴伊察牆壁的典型工法是和查科一樣的核心－鑲板法。舊奇琴伊察的建構擁有和同地區其他馬雅城市一模一樣的特色，但新奇琴伊察的建築，例如武士神廟，就展現了托爾特克建築的強烈影響。

學者稱這種風格為「國際風」（international）。國際風包含許多來自圖拉的元素，例如有柱子的建築和分成好幾區塊的壁畫。有趣的是，托爾特克故鄉圖拉的建築也吸收了馬雅的精髓，顯示兩座城市有雙向交流。在奇琴伊察前所未見的還有查克穆爾（chacmool）雕像：人形斜倚，肚子充當淺盤放置祭神的供品。

地圖3.2

馬雅的世界

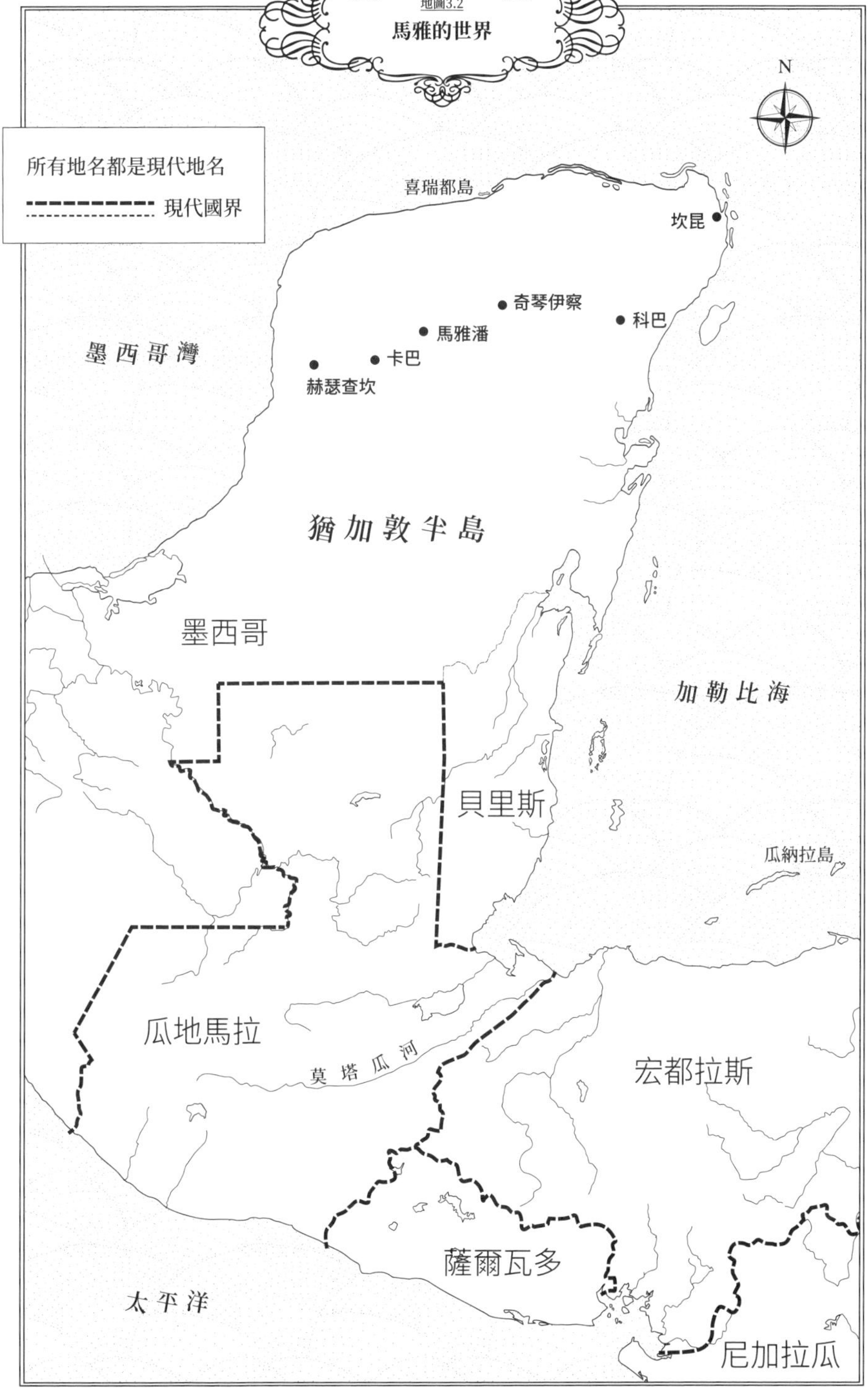
N
所有地名都是現代地名
現代國界
喜瑞都島
坎昆
奇琴伊察
科巴
馬雅潘
卡巴
赫瑟查坎
墨西哥灣
猶加敦半島
墨西哥
加勒比海
貝里斯
瓜納拉島
瓜地馬拉
莫塔瓜河
宏都拉斯
薩爾瓦多
太平洋
尼加拉瓜

約五十處用馬雅語言所刻的碑文顯示舊奇琴是在西元八六四到八九七年之間興建。接著，隨著馬雅人腹地南遷，碑文也戛然而止。

奇琴伊察不再出現馬雅語言碑文的時間點，與八〇〇－九二五年一場波及馬雅各地區的危機重疊。那個時期叫「古典終結期」（Terminal Classic）。多個馬雅王國的統治者固然一直相互征戰，但在那個時期，戰事顯然更趨激烈。大規模玉蜀黍耕種耗盡了土壤裡的氮，使土壤普遍不如先前肥沃，偏偏城市人口又成長到危險新高。從九〇〇年前後開始，長期乾旱襲擊，全區城市開始萎縮——不是因為居民撤離，就是因為居民死亡。

奇琴伊察建設趨緩與馬雅心臟地帶衰敗同時發生，但在那之後，奇琴伊察東山再起。諸如卡斯蒂猶和武士神廟等重要建築都是在九五〇及一一〇〇年之間建造。

有沒有可能是氣候變遷導致奇琴伊察的沒落和重生呢？如我們所見，西元九〇〇年是卡霍基亞和查科文化人口成長之始，而有些人認為這些事態發展與中世紀氣候異常有關——那在歐洲始於九五〇年前後，持續到一二五〇年。至今學者仍不清楚在歐洲經歷中世紀溫暖時期的同時，美洲可能經歷何種氣候變化。不過馬雅社會在其心臟地帶，即熱帶低地地區之衰退，以及奇琴伊察在九〇〇及九五〇年間的建築空窗期，確實表明當時有很長一段時間降雨稀少。[47]

當奇琴伊察再次從艱困時期崛起，統治者發起一項大規模建築計畫。一如查科居民，馬雅人也精心打造道路系統，而那些架高、筆直的路面不像單純作為運輸使用。馬雅人從來沒有用輪子做交通工具，就算他們已經知道這種東西，也做了一些有輪子的玩具。有人懷疑是不是低地熱帶雨林的地形不適合用輪子運輸，但住在諸如東南亞等類似地區的民眾，皆已廣泛應用輪子。[48]不管理由是什麼，馬雅人的道路顯然是為了步行而設。

一條用白色碎石灰石鋪成、長九百呎（二百七十四公尺）的道路，連接了新奇琴和北方一個灰岩坑（sinkhole）形成的池子。猶加敦馬雅人稱這種路叫「沙白」（sakbeh），意為「白色道路」，「銀河」也是用這個詞。[49]馬雅人相信銀河連結了土地和祖先與神明所在的界域，而長途步行會讓儀式更有效。最長的一條沙白從科巴（Coba）綿延六十多哩（一百公里）穿過猶加敦叢林。怪就怪在這條路於奇琴伊察西南方十二哩（十九公里）處戛然而止，沒有進到城裡。

整座猶加敦半島的地質狀況大約在六千五百萬年前，一顆小行星墜入墨西哥灣時形成。（那次碰撞讓大氣層蒙上厚厚一層灰，致使地球許多動物絕種，包括所有恐龍。）衝擊在墨西哥灣引發的震波連續攻打猶加敦半島的巨大石灰岩結構，因此這個地區坐擁數百萬個地下隧道和水池。一旦地下隧道的「天花板」崩塌，便形成積水的灰岩坑，又名天然井

（cenote），而這些洞穴互此串連，形成數百哩長的網絡。

奇琴伊察的「聖井」（Sacred Cenote）[50]是個大橢圓形，最寬約一八七呎（五十七公尺）。有關聖井的最早敘述來自迭戈．德．蘭達主教（Bishop Diego de Landa），十六世紀中葉觀察力最敏銳的早期西班牙修士之一。（他也是破壞數百本馬雅書籍的兇手，導致只有四本留存至今。[51]）蘭達指出馬雅人會把獻祭的人扔進那座井裡祈雨，[52]「也會扔進許多其他要供奉的珍貴寶石和他們非常重視的東西，」因為馬雅人相信天然井和地下洞穴是通往世界的入口。

約三百年後，蘭達的報告吸引心懷熱望的考古學家愛德華．赫伯特．湯普森（Edward Herbert Thompson）關注。[53]他在一八八五年首次造訪奇琴伊察，一九〇四年帶著充足的資金回來挖掘聖井。第一具挖出的骨骸，便印證了蘭達的人祭說法。有些遺骨是年輕女性（身體檢查無法判定是不是處女），其他則是成年男性和孩童。聖井裡發現的許多玉石和金屬物品都被劈成碎片，據推測是先在儀式期間破壞才被扔下。

經過三年挖掘，湯普森還想取出那些從打撈機金屬鋸齒縫隙溜掉的小物件。他休息一段時間，學會潛水，再回到奇琴伊察，在那裡組裝了幫浦來給自己供應空氣。然後湯普森全副武裝噗通跳下水，沉到淤泥層，那裡混濁到連用水底手電筒也什麼都看不見。一次，湯普森忘記調整閥門就上來，導致聽力永久喪失，此後便沒有再潛水了。

雖然具爭議性（他的技術當然不符合現代科學挖掘標準），但他的打撈作業確實取得大量資料，目前收藏於哈佛大學。聖井氧氣不足的積水保存了物質，例如在多數環境都會腐爛的紡織碎片、科巴樹脂和橡膠等等。（類似這種氧氣不足的環境也保存了被掩埋的維京船隻裡的紡織品和鳥類羽毛。）馬雅人會燒科巴樹，那會散發宜人的香氣，也會燒橡膠，那會製造黑色、刺鼻的煙霧。兩種都能提升儀式的感官體驗。

在聖井裡撈出這些東西之所以意義重大，不在於那證實了馬雅的活人獻祭——就算那對湯普森是新鮮事，但如今已廣為人知——而是那透露了奇琴伊察和其他地方有貿易往來。除了證實馬雅人和北方查科峽谷的居民有交易，這項發現也讓我們可以推測馬雅人是從什麼時候開始和南方鄰居做起生意來。

西元九〇〇年之前，馬雅人沒有用金屬製造過奢侈品。他們最有價值的東西都是用瓜地馬拉莫塔瓜河谷（Motagua River Valley）出產、有光澤的翠玉（嚴格來說是翡翠）製造。馬雅人珍視金剛鸚鵡、長尾鳥（quetzal，即鳳尾綠咬鵑，今瓜地馬拉國鳥）羽毛及海菊蛤（Spondylus）外殼的深色色澤。當時最重要的貿易品出現在墨西哥卡卡斯拉（Cacaxtla）一座神廟裡於西元七〇〇－八〇〇年間所繪的「商人之神」畫中：海龜殼、書本、紡織品、橡膠和鹽，其中鹽是馬雅人在猶加敦海岸採收。

根據馬雅傳說，商人之神L（他的名字尚未被譯解出來，但是以「L」的子音開頭）是玉蜀黍神的敵人，玉蜀黍神每年都會挾著夏天的降雨回來擊退L神。[54] L神據說是在夜間行動——是因為晚上比較涼快？躲避盜賊？避免遭到監視？這些看似都有可能，也都符合這位神明陰暗的性格設定。馬雅統治者自認與農業同一陣線，覺得農業才純潔，會避免說自己在進行商業事務，就算實際上他們非常重視來自外域的貨物，甚至親自參與長途貿易旅行。

如果我們可依據聖井發現的東西來更新這幅商人之神L的畫，我們勢必得加入金屬製品，因為西元九〇〇年以後，馬雅人就開始從哥斯大黎加、巴拿馬和哥倫比亞進口金、銅製品了。

中美洲從來沒有出現過奇琴伊察或卡霍基亞這等規模的大城。居住在頂多千人的村落，中美洲的居民靠捕魚、獵捕本地動物，並偶爾耕種樹薯、桃椰子（peach palm）和玉蜀黍等作物維生。他們也經商，用雨林原生的硬木雕成大型獨木舟，沿著太平洋岸及加勒比海岸來回旅行。

奇琴伊察的聖井裡有銅和金做的小金屬鈴，[55]以及裝飾精美的金製圓盤，而馬雅藝術家會在圓盤上描繪獻祭者心臟被摘除的情況。聖井出土物品原產地的南界是哥倫比亞。聖井或墨西哥其他地方都沒有發現在南美洲更南邊製造的物品，顯示安地斯文化區和馬雅人在一四九二年以前沒有直接貿易。

雖然沒有人交易實體物品，金屬工匠仍從南美洲沿太平洋岸往北走，把製造那些物品的技能帶到墨西哥西部。安地斯山脈有悠久的冶金傳統。[56]大約從西元前兩千年開始，秘魯的安地斯金屬加工者就從他們在河床發現的岩石裡提取礦砂了——先是金，再來是銅，最後是銀（從來沒有提煉過鐵）。數千年來，隨著技術一再精進，他們學會敲打、摺疊、穿孔，和把金屬片焊接起來。技術先由安地斯冶金家傳承給他人，最後輾轉傳至猶加敦半島，由猶加敦的工匠精巧製作那些投入聖井的金屬品。

金屬工匠也帶來脫蠟鑄造（lost-wax casting）的技術；這也是起源於安地斯山脈。金屬工匠先用蜂蠟製作他們想要的物件、做一個黏土模子封住蜂蠟、拿到火上加熱，蠟流失後，再將熔化的液態金屬澆入模具裡。蠟遇熱會融化而流失，故名「脫蠟」。當地人用脫蠟工法製造小鈴鐺，而奇琴伊察的聖井裡就發現了許多小鈴鐺。鈴鐺占了墨西哥西部金屬製造的六成左右。居民珍視鈴鐺是因為每當統治者配戴鈴鐺行走時，鈴鐺都會叮噹、叮噹響，營造出配得上王族的聲音。[57]這種知識技能的交換構成了——套用今天的術語——智慧財產權的國際貿易。

相對於世界其他區域經歷全球化的過程，安地斯山脈與墨西哥之間的知識流動顯得令人費解。一般而言，若有一條新路線誕生，物品的流動會比製造物品的工藝專家來得早。

但考慮到安地斯社會只有特定社會群體可使用特定金屬的狀況，便可以理解安地斯人為何轉移的是知識而非物品了。社會頂層的民眾——統治者、親戚、高階祭司——擁有金、銀、銅製和混合三者的物品，最貧窮的成員則完全沒有金屬製品。[58]流動的工匠可能握有如何處理金屬的知識技能，身上卻沒有高品質的金銀製品。唯有王室可能把這種禮物送往北方，但他們似乎對馬雅毫無所悉。

儘管與遠方墨西哥鄰居沒有直接接觸，安地斯人卻在家鄉區域四處貿易。北秘魯的居民拿銅和砷做實驗，創造出第一批青銅，[59]而青銅在八五〇－九〇〇年開始經常使用。安地斯民眾也是在這時候學會怎麼從礦砂提取不同金屬。通風爐（draft furnace）把燃料和礦砂一起加熱，燒出帶銅的爐渣，而那可以跟金、銀、錫、砷混合製成不同種類的青銅。誠如西班牙觀察者在十六世紀指出，這些青銅合金除了色澤不一，也有不同的味道和氣味。[60]

西元一千年前後，現今秘魯、玻利維亞、智利北部和阿根廷的安地斯區域有數個考古學文化共存。經常使用砷青銅這點，[61]讓安地斯社會有別於全球各地其他使用金屬的社會。砷青銅優於其他青銅之處包括它較不易破裂、質地較硬，也比較慢生鏽。砷在加工時會揮發有毒的氣體，[62]但一旦金屬成型，便不會再構成危險。（因為吸入砷對身體有害，今天幾乎沒有人再使用砷青銅了。）

一些安地斯民族會用砷青銅製作一種別具特色的在地產品：作為象徵用的錢。當地人有時會拿全新的真斧頭交換東西，有時則從青銅薄板切下斧頭狀的薄片，綁成一捆一捆。類似的斧幣[63]——也是砷青銅製，也綁成一捆一捆——也在墨西哥西部發現，年代約在西元一二〇〇年。在安地斯山流通的是一種斧幣，在墨西哥則是另一種；兩種不是互通的交易媒介。應該是安地斯的金屬工匠把製造斧幣的知識傳到北方了。

砷青銅也在瓦里（Wari）[64]考古文化的核心地區，即今秘魯中部發現。西元一千年時，瓦里文明掌控了安地斯地區最廣大的領土。時間早於印加，瓦里文明許多習俗跟印加一樣。瓦里人是第一支使用結繩記事（quipu）的民族：將彩色的線段繞在細繩上來顯示數量或商品類別；所有記事都還沒有被譯解出來。安地斯人沒有書寫系統；唯獨墨西哥出現過美洲原住民的文字系統。

瓦里人和印加人都使用精心設計的道路系統。不同於馬雅的白色道路，這些不是儀式道路，而是沿著土地的輪廓前進，聯絡重要聚落——這個功能特別重要，因為住在不同海拔的居民仰賴彼此供應糧食。

早在西班牙人抵達前，安地斯民族就建立了龐大的貿易網，從哥倫比亞進口綠松石和綠寶石、智利進口青金石（lapis lazuli）、亞馬遜河支流馬拉尼翁河（Marañón River）進口金磚。雖有金屬製造的技術北傳，但他們從來沒有和馬雅人直接貿易。

一如以往，地理學扮演要角。巴拿馬的濃密叢林是陸路上的巨大地理障礙；甚至到今天，那裡仍是拉丁美洲唯一沒有重要公路穿越之地，從巴拿馬到哥倫比亞的貨物運送幾乎都是靠貨櫃船。在安地斯山脈，駱馬商隊載運許多貨物通過有充足青草供駱馬食用的高地。[65]駱馬可以在山區上上下下，最遠抵達秘魯海岸，但因為海平面缺乏草地，牠們無法沿海岸旅行太久。唯一能沿海岸移動的方式是乘船。

但往北的海上航程也不容易。電腦模擬發現從厄瓜多航行到墨西哥西部要兩個月，但回程則要五個月，[66]包括一整個月因洋流之故，必須在深海——看不到岸的地方——航行。洋流也會對沒有帆的獨木舟構成名副其實的挑戰，偏偏和歐洲人接觸前，當地人只划獨木舟。

獨木舟既沿著太平洋岸北行，也沿著奇琴伊察附近的加勒比海岸上上下下。海港喜瑞都島（Isla Cerritos）位於猶加敦半島北岸，距奇琴伊察五十六哩（九十公里）。該港口在西元九〇〇年前後開始使用，儼然就是迷你版的奇琴伊察，廣場、球場、列柱、神廟建築，應有盡有。考古學家已挖掘出黑曜石、有金屬光澤的陶器、綠松石、翡翠、銅器、金飾等，全都是搭船來的。[67]喜瑞都島連結了奇琴伊察和墨西哥北部及西部、美國西南部、巴拿馬和哥斯大黎加，而它的規模顯示沿海貿易對猶加敦的馬雅居民有多重要。

奇琴伊察城在西元一一〇〇年前後開始衰落，[68]在那一年後，就沒有任何重要歷史遺跡興建，城市更在一二〇〇年以後遭到遺棄。一如諸多往例，考古學家無法確定原因，但懷疑乾旱是元凶。不過聖井的敬神儀式仍持續進行，有一個名喚伊察人（Itza）的群體在一二二〇年代從猶加敦西岸搬來奇琴伊察，也賦予此城「伊察」之名，奇琴伊察意即「伊察的井口」。

伊察人在十三世紀末離開奇琴伊察遷往馬雅潘（Mayapán），殺盡馬雅潘所有統治者，除了一個碰巧出城去宏都拉斯西部做貿易考察的王子。這個同樣來自西班牙蘭達主教的資訊，顯示了貿易的重要性。貿易考察團有皇族王子加入，而非把交易全權委託給商人。別忘了，馬雅人也崇拜神祕的商人之神L，象徵他們也相當尊敬商業。

馬雅潘與奇琴伊察截然不同。沒有球場也沒有街道，該城市住了約一萬五千人，全擠在一塊面積約二．五平方哩（六．五平方公里）的地區。當地有一項優勢是天然井為城牆裡的居民提供了可靠的水源，哪怕遭到圍城也不虞匱乏。

一三二五年後，一股新勢力在墨西哥北部崛起：阿茲特克人（Aztec），而墨西哥的政治中心也從猶加敦半島轉移到阿茲特克首都、就位於現今墨西哥城外的特諾奇蒂特蘭

（Tenochtitlan）。墨西哥各地的道路系統已重新建置來服務這個新中心。由於阿茲特克人在十五世紀一統墨西哥，他們大部分的領土──但不包括猶加敦半島──都在首都被攻克、蒙特蘇馬（Montezuma）被殺害後淪入西班牙人之手。

十六世紀，西班牙人抵達猶加敦半島時，遭遇了十二、三支戰鬥團體。西班牙人必須先打敗他們，才能宣稱拿下全部馬雅地區的主權。這場征服耗時數百年。即便在西班牙人統治下，馬雅人仍繼續住在猶加敦和熱帶低地區（至今仍是他們的家園），說多種傳承自古典馬雅語的方言。譯解馬雅語方面的重大突破出現在一九七〇年代，語言學家發現，這些馬雅口語方言的詞彙和語法可能有助於他們理解遺跡上的碑文。

在馬雅人離開奇琴伊察數個世紀後，海洋對他們仍相當重要。一五〇二年，克里斯多福．哥倫布、其子費迪南（Ferdinand）及其手下在宏都拉斯北方四十三哩（七十公里）的瓜納哈島（Guanaja）附近遇到一艘馬雅人的獨木舟。費迪南在父親的傳記中描述父親所見之物：「跟其他印地安人的獨木舟一樣，是用一棵樹的樹幹做成，」這艘獨木舟由二十五名槳手划動，長如一艘「威尼斯帆船」，或許足足有六十五呎（二十公尺）。馬雅人是把巨大象耳樹（guanacaste）的樹幹挖空做成獨木舟。除了船員，那艘獨木舟還載運女人、小孩、財物、各種貨品，以及包括根菜類、穀物、玉米酒精之類的食物。費迪南沒有記錄那艘馬雅獨木舟要往哪裡去，但很可能是沿著海岸旅行，或是打算前往古巴或其他加勒比海島嶼。

哥倫布了解這種巨型獨木舟有多重要：那「在同一瞬間」……展示了「那個國度的所有產物。」他沒收了「最值錢、最美觀的東西」：刺繡和塗色的棉布、木劍、「鋼鐵一般鋒利的燧石」（可能是黑曜石）刀，和銅鈴。

對於他們看到的種種，西班牙人不是什麼都了解。有些船員把銅誤認成金。哥倫布不識可可豆——他說那些是「杏仁」——但他確實注意到對方有多慎重地對待可可豆：「那跟其他東西一起帶上船的時候，掉了幾顆在地板上，所有印地安人都蹲下來撿，彷彿遺失什麼貴重物品似的。」[69]哥倫布是敏銳的觀察家：的確，每一顆可可豆都彌足珍貴。

在獨木舟上的物品中，哥倫布列舉了「小斧頭：與其他印地安人所用的石斧類似，不過是由高品質的銅製造。」[70]那就是墨西哥的斧幣，到哥倫布時代仍在流通。

費迪南出色的紀錄提醒我們一個常遭遺忘的重點：早在西班牙人到來以前，美洲居民已經建構複雜的道路網。西元一千年時，路網以奇琴伊察為中心，向北延伸至查科峽谷和卡霍基亞，南抵哥倫比亞。這張路網是有彈性的。每當有新城市興起，例如西元一千年後的奇琴伊察或一〇五〇年後的卡霍基亞，在地人就會開闢新路線，或尋找可與新中心聯繫的海上航道。

一四九二年哥倫布抵達之際，奇琴伊察不再是美洲貿易網的中心；阿茲特克首都特諾奇蒂特蘭已取而代之。哥倫布沒有開創新的泛美公路系統，他只是加入「橫渡大西洋」的新環節，把美洲既有的路線和歐洲的路線連結起來罷了。反觀諾斯人從斯堪地那維亞的家鄉進入東歐時，則是開創了全新的道路系統，下一章將詳盡說明。

第四章

歐洲的奴隸[1]

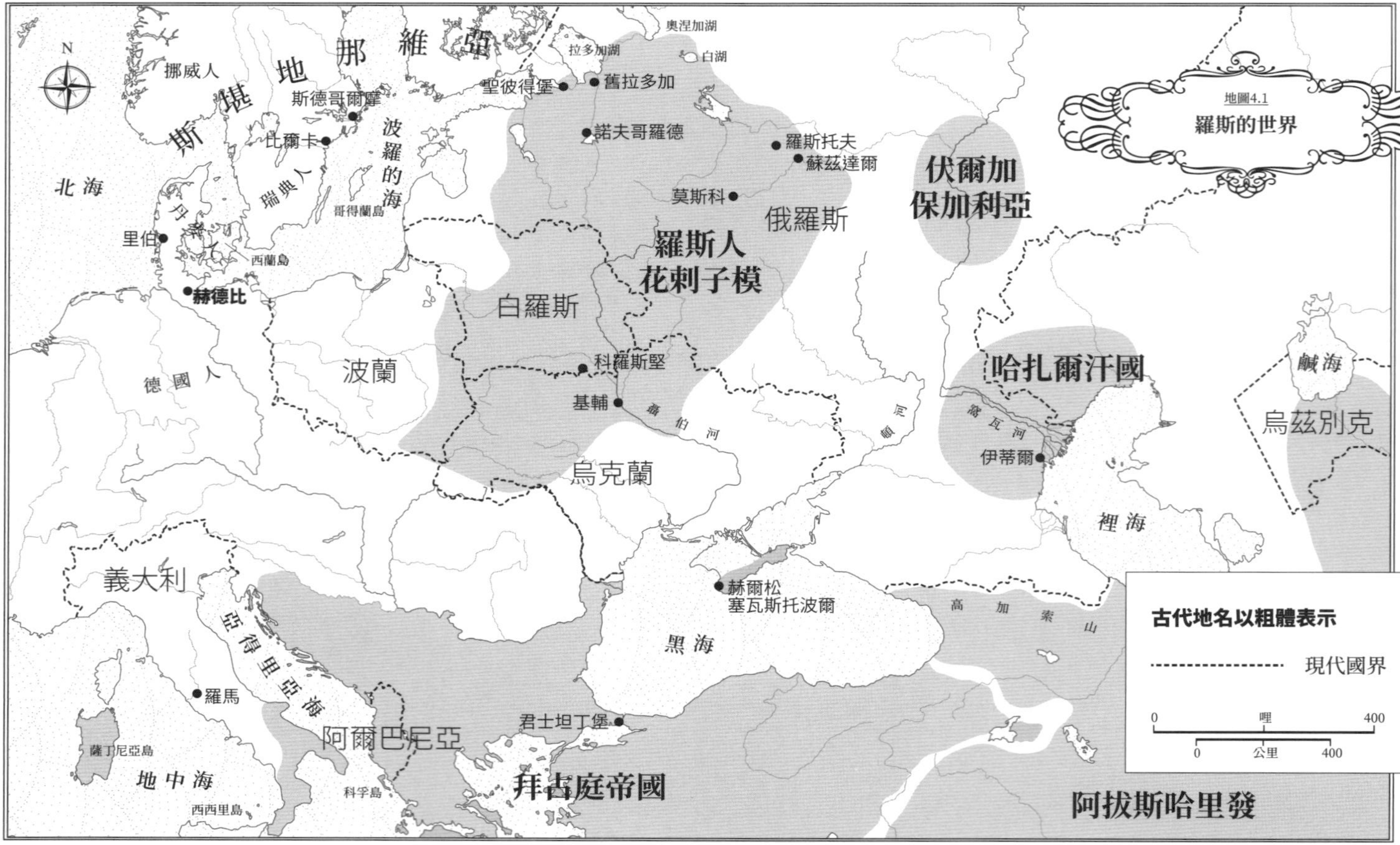
地圖4.1
羅斯的世界
N
斯堪地那維亞
挪威人
斯德哥爾摩
比爾卡
瑞典人
波羅的海
哥得蘭島
北海
丹麥人
里伯
西蘭島
赫德比
拉多加湖
奧涅加湖
白湖
聖彼得堡
舊拉多加
諾夫哥羅德
羅斯托夫
蘇茲達爾
莫斯科
俄羅斯
羅斯人
花剌子模
白羅斯
波蘭
德國人
科羅斯堅
基輔
聶伯河
頓河
烏克蘭
伏爾加
保加利亞
哈扎爾汗國
窩瓦河
伊蒂爾
鹹海
烏茲別克
裡海
義大利
亞得里亞海
羅馬
薩丁尼亞島
地中海
西西里島
阿爾巴尼亞
科孚島
君士坦丁堡
拜占庭帝國
赫爾松
塞瓦斯托波爾
黑海
高加索山
阿拔斯哈里發
古代地名以粗體表示
現代國界
0
哩
400
0
公里
400

離開一地、前往另一地的諾斯人不是只有萊夫·艾瑞克森那些前往美洲的人而已。西元一千年左右，還有其他斯堪地那維亞人航向東方、越過波羅的海，在東歐開啟影響更深遠的新路線。今天我們叫他們羅斯人（Rus）：賦予「俄羅斯」（Russia）之名的流浪者。他們多為男性，和在地女性通婚、建立永久聚居地、學說斯拉夫語，最後完全融入當地社會。[2]在東歐找到穩定的皮毛和奴隸來源，羅斯人自我定位為中間人，將商品賣給中亞的拜占庭和穆斯林消費者來獲取厚利。

羅斯人運回斯堪地那維亞的金銀固然改變了家鄉的經濟，但他們對東歐造成的衝擊更大。西元十世紀期間，羅斯人建立了一個貿易聯盟，掌控一片人口稀少且分屬不同部落的廣大地區。九八八或九八九年時，該聯盟領袖，即羅斯統治者弗拉基米爾王子決定皈依拜占庭東正教，更重畫了基督世界的地圖，將東歐及俄羅斯囊括其中。[3]（當時基督教兩大分支是拜占庭東正教和羅馬天主教；新教要到一五二〇年代宗教改革後才成形。）弗拉基米爾皈依時，基督世界尚未完全成形：羅馬要到一二〇四年第四次十字軍運動後才取代君士坦丁堡成為基督世界的中心。這是一次全球化的重大發展，思想的流動，及後續新宗教地區之形成，深刻影響了每一個人，就連待在家裡的人也不例外。

第一批遷往東歐的北歐移民和前往美洲的諾斯人崇拜同樣的傳統神明：強大威猛的雷神

索爾、其父戰神奧丁，及掌管生育的女神弗蕾雅。同時代的人稱這些旅人為「羅斯」：這個詞源自芬蘭語，指瑞典，原意是「划船」或「划槳手」。雖然早期斯堪地那維亞學者把羅斯人描繪成單純的斯堪地那維亞人，一九八九年前的蘇維埃學者則將他們視同於斯拉夫人，但羅斯人不是單一種族。混雜了諾斯人、盎格魯撒克遜人、法蘭克人和斯拉夫人等多支北方民族，[4]他們聯手成立戰團，但也以一樣快的速度解散。

就像往西航向美洲的諾斯人，往東尋找劫掠目標的羅斯首領擁有——且不時利用——略高於本地人口的組織優越性。住在東歐森林裡的民眾會釣魚、設陷阱捕捉動物，並四處尋找某些植物，包括他們會在春天栽種、秋天回來收成的作物。他們以小團體行動，生活簡單。有些較小的羅斯人團體，特別是在窩瓦河（Volga）北部盆地一帶，會和在地人打成一片，平和地交易毛皮。在其他地區，羅斯人會動用武力取得毛皮和奴隸。較大的羅斯人團體會一再於小規模戰鬥中擊敗當地人，最後開始收取「貢金」，說白了就是保護費。一般而言，在地人會一年上繳一、兩次毛皮和奴隸給他們的羅斯領主。

羅斯人抵達東歐河谷的情況，與歐洲殖民者在十七、十八世紀殖民北美類似，只是美洲殖民者握有高得多的技術優勢。[5]但兩場邂逅結果截然不同：美洲殖民者創建的社會剝奪了美洲原住民的權利，羅斯人則和當地民族通婚，採用當地民族的語言和習俗。

到了八世紀末、九世紀初，羅斯戰團的領袖已經從毛皮和奴隸交易賺到足夠的錢，開始把收益送回斯堪地那維亞。這些從東歐貿易獲利的首領在家鄉興建城鎮，使得這種經過計畫的城鎮在瑞典、挪威、丹麥等地迅速崛起。[6]第一批因支援東歐貿易而生的城市包括赫德比（Hedeby）、里伯（Ribe）和比爾卡（Birka）。規模最大的赫德比位於今丹麥與德國交界，人口在一千與一千五百人之間。規模稍小的里伯位於丹麥西部沿海，它屹立至今，是斯堪地那維亞最古老的城市。

比爾卡位於瑞典東部沿海、斯德哥爾摩西方約二十哩（三十六公里），成為欲前往東歐者的主要起點。從那裡，羅斯人只要東行百哩（一百六十公里）即可抵達俄羅斯洛瓦季河（Lovat River）畔的舊拉多加（Staraya Ladoga）。當地人口包含不同族群：芬蘭人、波羅的海各民族、斯拉夫人和斯堪地那維亞人。考古學家在農田周邊發現松鼠、燕子及河狸的骨骸，透露早期羅斯人在農耕的同時也會誘捕動物取其毛皮。

骨骸和鹿角做成的梳子證實羅斯人來過這裡。穆斯林觀察家指出羅斯人很少洗澡，但常梳頭髮。在舊拉多加及其鄰近城鎮發現的梳子幾乎一模一樣，暗示有一群斯堪地那維亞工匠在各聚落間流動，為羅斯居民製造梳子。一如安地斯山的金屬工匠，這些斯堪地那維亞人是在聽聞外地有機會後，遷徙到新的地區去發揮所長。

在貿易初始階段，羅斯人並未試圖占領特定地區。例如羅斯人曾在白湖（White Lake）附近的一個聚居地上建了只有六到十間房屋而沒有防禦工事的小型聚落。個別羅斯人團體進入東歐是為追逐自己的利益，並非聽令於哪一位統治者。久而久之，他們逐漸形成較大的單位。[7]

羅斯人進入東歐是因為歐洲和中東需要大量的毛皮。不來梅的亞當，也就是那位在一〇七六年把丹麥王告訴他的文蘭事蹟記錄下來的史學家，曾哀嘆德國人對「怪異皮毛」的渴望：「那股臭味已將我們的世界灌滿傲慢的致命劇毒……不管對錯，我們就是嚮往貂皮大衣，彷彿那是至高的幸福。」[8]就連在較溫暖的氣候，十世紀一位駐巴格達的觀察家指出，統治者也累積了數千件獸皮長袍。[9]

奴隸的需求也很高，特別是在當時歐洲及中東的最大城市：拜占庭帝國首都君士坦丁堡、阿拔斯哈里發首都巴格達（位於今伊拉克）。[10]君士坦丁堡和巴格達居民會用財富來購買奴隸：幾乎都是襲擊鄰近社會擄來的人民。

十世紀初，名叫伊本・魯斯塔（Ibn Rusta）的穆斯林觀察家指出，羅斯人「待奴隸很好，給他們穿漂亮衣服，因為對羅斯人來說，奴隸就是商品。」[11]丹麥西蘭島（Zealand）貯存的黃金正是斯堪地那維亞海盜透過交易奴隸而積累的，不來梅的亞當對此發表了評論；

他說：維京人「不信任彼此，一旦其中一人抓住另一人，就會無情地把他賣去當奴隸。」有太多奴隸來自東歐，使希臘語「Slav」（sklabos）一詞的意義在十一世紀的某個時候從原意「斯拉夫人」轉而納入廣義的「奴隸」，[12]不論是不是斯拉夫民族。

從奴隸和毛皮交易獲利後，羅斯的戰團領導人募得更多追隨者，供他們吃、穿，也分一部分戰利品答謝他們。新的領土也給雄心勃勃的男人翻身的機會。一旦發跡致富，他們就能吸引自己的隨員，成為首領。

羅斯人主要是划小型、有槳的獨木舟進入東歐，那種船夠輕，可從一條河扛到下一條河去。高山不會構成阻礙。東歐的河川都流經相對平緩的地勢，讓羅斯人可以在水量不足或太湍急的地方上岸，搬船行走。

聶伯河是唯一一條暢通到底的航道，但它也有危險的激流。[13]最危險的一段位於基輔附近，羅斯人必須通過才能抵達黑海。那裡，聶伯河在短短三十八·五哩（六十二公里）內驟降一百零八呎（三十三公尺）。一位拜占庭觀察家指出，在特別困難的一段，羅斯人必須帶著他們「戴著鐐銬的奴隸」[14]上岸走六哩路，才能回到船上。

對於羅斯人最早的文字描述出自伊本·胡爾達茲比赫（Ibn Khurradadhbih, 820-911）之手。這位波斯官員認為羅斯人是住在「薩卡里巴」（Saqaliba）[15]地區的金髮民族。（薩卡里巴是阿拉伯語通稱，泛指所有來自北歐和東歐的民族，也是阿拉伯語意指「奴隸」的其中一個詞語的起源。）「他們帶著河狸皮、黑狐皮和劍，從薩卡里巴最遠的那端來到黑海。」[16]河狸和狐狸的毛皮因為軟毛濃密，要價最高。

伊本·胡爾達茲比赫並未提到奴隸，但確實評論了羅斯人的劍有多麼先進。羅斯人能俘虜奴隸、向東歐居民強索毛皮，利劍功不可沒，[17]因此劍在市場裡的價格也很高。

考古學家所挖出的羅斯人的劍可分成兩類：一類是用當地鑄鐵鍛造、含有許多雜質；另一類則是用在坩堝煉成的鋼錠製造。有好幾份阿拉伯史料形容用鐵煉鋼的複雜技術。它們透露舉世聞名的大馬士革鋼（Damascus steel）其實不是在敘利亞煉製。羅斯人會從其他地方進口他們使用的坩堝鋼，包括阿富汗。[18]

有些品質最好，也就是含碳量最高的劍，劍上有「沃夫布雷」（Ulfberht）之名，很可能是製造鐵匠的名字，而那在字首「U」之前、字尾「t」之後，以及「h」和「t」之間各有個「+」號，至今尚無人能解釋箇中涵意。大約有一百支「沃夫布雷」留存至今，但品質不均；[19]有些含碳量高、劍刃鋒利，有些含碳量低而鈍得多。西元一千年後，鑄劍師仍繼續製造結合「Ulfberht」字母和「+」號的劍，但拼錯的比率更高，顯示珍貴的沃夫布雷品牌屢遭剽竊。

配備鋼劍和匕首，羅斯人沿著東歐不同河流南行，最後抵達黑海。接著他們從黑海開闢新的陸上路線，到今天的塞瓦斯托波爾（Sevastopol），當時稱赫爾松（Cherson）。順聶伯河而下的行程歷時約二十天。

十世紀時，赫爾松是拜占庭重要的前哨基地，有棋盤式的街道和氣勢宏偉的城牆。住在北方牧草地的牧人會把他們的馬羊趕到市集，市集裡有拜占庭商人提供絲綢、玻璃器皿、上釉陶器、金屬器皿、葡萄酒和橄欖油，漁民販售當日漁獲。[20]住在森林的人則會賣毛皮、蜂蜜和蜂蠟。蜂蠟製成的蠟燭是中世紀世界最高品質的照明用具；油比較便宜，但會散發難聞的氣味，動物油脂做的蠟燭也是。

這樣的市集是販賣毛皮和奴隸的絕佳地點，而赫爾松直接位在羅斯人往君士坦丁堡的路線上，再航行六天、越過黑海就到了。欲前往巴格達的羅斯人則有兩條路線可選：從黑海走陸路通過哈扎爾人領土往裡海，或是順著窩瓦河南下到達重要的貿易中心伊蒂爾（Itil）。

在伊蒂爾，伊本．胡爾達茲比赫於著作《路線與領土之書》（*Book of Routes and Realms*）中解釋，羅斯人會冒充基督徒，因為阿拔斯的律法允許「經書子民」（Peoples of the book）——即基督徒和猶太人——繳低於其他非穆斯林的稅。[21]這表示當時至少有一些羅斯人知道基督教，但還沒有皈依。

一份出自九二二年的目擊者記述，比其他史料包含更多有關羅斯人傳統宗教習俗的資訊。應保加利亞統治者之請，阿拔斯哈里發派出伊斯蘭知識豐富的伊本・法德蘭（Ibn Fadlan）前往該地。不負盛名，法德蘭扣人心弦，又令人毛骨悚然地細述了羅斯人幫「某位偉大人物」舉行葬禮時發生的多人雜交和活人獻祭。在窩瓦河中游的某個城鎮，伊本・法德蘭遇到一群羅斯商人，正把他們的首領，連同陪葬的「奴隸少女」一起燒成灰燼。

那位首領的遺屬徵求志願者陪葬，一個奴隸少女答應了（法德蘭沒有解釋為什麼），時候一到，女孩便喝下一杯酒，然後「六個男人進入氈帳，全都跟女孩性交。」伊本・法德蘭未做評斷。他說他無動於衷地在旁觀看。或許他不明白自己正在觀看一場宗教生育儀式：[22]由諾斯戰神奧丁的虔誠信徒和生育女神弗蕾雅進行性行為。

接著，一位「一臉陰沉、體型肥胖、不年輕也不老」的女祭司協助準備焚燒用的葬船。伊本・法德蘭叫她「死亡天使」，概述了她的職責：「她要負責縫製首領的服裝，把他妥善打理好，也是她要負責殺死女性奴隸。」四個男人把女孩帶到死者旁邊，把她壓住。死亡天使「拿一條繩子環繞女孩的頸子，把兩端交給其中兩個男人拉。她拿著一把寬刃的匕首上前，開始刺她的肋間，拔了又刺、拔了又刺，那兩個男人則勒緊繩子，到她斷氣為止。」然後跟死者最親的家屬把船和首領及奴隸少女的屍體放在柴堆上，點火。斯堪地那維亞的喪葬習俗不一；在這個例子，羅斯人把載滿亡者供品的船燒毀，但考古學家也發現埋在墓裡、連同陪葬品都完好如初的船隻。[23]

羅斯商人會請求神明協助經商。伊本·法德蘭指出，每名商人一抵達窩瓦河注入裡海處附近的伊蒂爾貿易站，都會捐獻。他會拜倒在一尊被眾多小雕像圍繞的大型木雕神像前，祈禱：「神啊，我從遙遠的地方來，帶來某某數量的女性奴隸，和某某數量的貂皮。」

接著商人向神祈求：「我祈望祢賜予我一個擁有許多第納爾（dinar，拜占庭帝國領土流通的貨幣）和迪拉姆（dirham，阿拉伯地區的貨幣）的富商，我想要他跟我買什麼，他就跟我買什麼，而且不會討價還價。」[24]第納爾是金幣，迪拉姆是銀幣；兩者都可以熔化來製作臂環和頸環。伊本·法德蘭指出，羅斯人的首領每賺到一萬枚迪拉姆銀幣，就會送給妻子一只頸環。

硬幣可以透露過去種種，特別是沒什麼文字紀錄的社會，這時的東歐和斯堪地那維亞就是如此。若非有硬幣存在，我們就不會知道君士坦丁堡和伊斯蘭世界曾因進口毛皮和奴隸，而把大量財富轉給羅斯人。北歐和東歐已有數百份貯藏出土，其中有些包含上萬枚硬幣。羅斯人用陶、玻璃、金屬或樺樹皮製成的容器充當臨時保險箱，來把銀幣埋在地下，[25]但不知何故，他們把許多這樣的存款一直留在地下沒有取用，直到考古學家挖掘出來。

在斯堪地那維亞發現數量最多的一堆硬幣是在西元八七〇年後的某個時間埋於瑞典的哥得蘭島（Gotland）上。該島位於波羅的海、斯德哥爾摩南方約一百二十五哩（兩百公里）。一群考古學家在一九九九年發現一筆貯藏物內含一萬四千二百九十五枚硬幣（鑄造年代從五三九到八七一年）和四百八十六只熔化硬幣製成的臂環。[26]首領會賞硬幣和臂環給追隨者。這些銀製品總重一百四十七磅（六十七公斤）。其中有些硬幣完好無損，其他則被切碎了。

銀一旦熔化，不再具有硬幣的形狀，要判斷特定物件的價值，就只能靠稱重了。為此，羅斯人採用了伊斯蘭世界的一種新工具：天平。斯堪地那維亞和東歐各地都有天平出土——早期技術轉移的鐵證。這些新天平並未取代任何工人；之前斯堪地那維亞沒有人稱過銀的重量。事實證明天平大受歡迎，因為它們提供了一項迫切需要的新服務，就像今天的行動電話一樣。

後來，羅斯人慢慢不再熔化硬幣來製造臂環了。同樣在哥得蘭島發現、年代較晚（埋於九九一年後）的一筆貯藏物反映出羅斯人愈來愈信任硬幣。那裡面一只臂環也沒有，而有一千九百一十一枚銀幣：其中一千二百九十八枚刻有阿拉伯文、五百九十一枚來自德國、十一枚來自伏爾加保加利亞（Volga Bulgars，伏爾加即窩瓦）、六枚英國、三枚拜占庭、兩枚波西米亞。這些硬幣是彌足珍貴的媒介，讓人一睹羅斯人有哪些主要貿易夥伴——這是文獻上見不到的資訊。對羅斯人來說，伊斯蘭世界比西歐重要得多。九五〇年左右，脫離阿拔斯王朝的中亞薩曼帝國（Samanid empire），取代阿拔斯人成為最純銀幣的鑄造者。[27]

從伊斯蘭世界轉移到斯堪地那維亞及羅斯人地盤的財富有多巨大呢？先讓我們看看已經出土、鑄於六七〇到一〇九〇年間的迪拉姆銀幣數量有多驚人：瑞典出土八萬枚、波蘭三萬七；俄羅斯、白羅斯和烏克蘭共二十萬七千。近來一份調查報告將已被發現、鑄於九世紀和十世紀的伊斯蘭銀幣總數定在四十萬。[28]當然，這些只是考古學家已經掘出的硬幣；原本被埋藏的數量一定是四十萬的好幾倍——少說有一百萬——因為從那時以後，很多硬幣都被熔化或失落了。

一百萬枚硬幣可以買到多少奴隸呢？整個十一世紀十萬名，大約每年一千名。[29]

西元十世紀末，伊斯蘭世界開始蒙受全區性的白銀短缺。因此，透過羅斯人毛皮和奴隸交易進入斯堪地那維亞的銀量逐漸減少。有些較小的貯藏物包含鑄於十世紀末和十一世紀初的銀幣，但沒有年分在一〇一三年以後的。

斯堪地那維亞出土的硬幣裡也有英國幣，這提醒我們，在七九三年首次進犯不列顛群島後，諾斯人仍持續突擊當地。忠於其日常腳本，諾斯人一在不列顛群島征服不同地點，就會索取保護費。掌控英國中部大塊地區後，諾斯人在一個稱為「丹洛」（Danelaw，意即「丹麥法」）的地區實施丹麥法律。[30]

在八五〇年代到一〇六〇年代的兩百年間，諾斯人和英國人都不曾持久稱霸，不過諾斯王克努特大帝（Cnut the Great）曾差一點一統丹麥、挪威和英國。他在一〇一六年打敗英國，一〇一八年向英國臣民強索八二五〇〇磅的銀來獎賞追隨者。（當時的磅比現在輕一點，所以這僅略重於三萬公斤。）一〇二八年，克努特自封「統轄英國、丹麥、挪威全境與瑞典部分地區之王」。但在他於一〇三五年過世後，英國王權回到懺悔者愛德華（Edward the Confessor）手上，自此，英國的治理便與丹麥、挪威分開。

瑞典哥得蘭島的一批貯藏物內有二十四枚出自西班牙的硬幣，[31]證實維京人曾遠赴歐洲最南端的地中海活動。考古學家極具獨創性地解釋了諾斯人去過南方的薄弱證據。例如，大西洋馬德拉島（Madeira）的一處遺址發現年代約在九〇〇－一〇三六年間的老鼠骨頭。因為那種老鼠的DNA鑑定和斯堪地那維亞及德國老鼠的DNA很接近，考古學家斷定在葡萄牙人於十五世紀抵達馬德拉島之前，斯堪地那維亞人已經去過了。

文字紀錄也記載了諾斯人往西西里的航程：[32]在西元九〇〇年前後抵達。在驅逐在位君主後，他們的後代魯傑羅二世（一一三〇－一一五四在位）在十二世紀以諾曼國王的身分統治西西里島，並以資助基督徒及穆斯林的藝術家和學者聞名。伊德里西就是在魯傑羅二世宮裡的銀質圓桌上製作那幅直徑兩碼（兩公尺）的歐亞非地圖。

在硬幣出口的高峰期，有些南向發展的羅斯人，最後在君士坦丁堡當傭兵。他們是「瓦蘭吉亞人」（Varangian）——一個從九五〇年開始出現的古諾斯詞彙、原意為「立誓者」，引申為斯堪地那維亞人。拜占庭皇帝有一支獨立的瓦蘭吉亞護衛隊，以凶猛殘暴著稱。其中兩名隊員可能曾用古諾斯盧恩文在聖索菲亞大教堂的陽台上刻了塗鴉（有些專家懷疑其真實性就是了）。[33]

其他斯堪地那維亞人則是單純進行冒險和追求財富。其中一位名叫「遠行者英格瓦」（Ingvar the Far Traveler）的典型戰團領袖有一部屬於他自己的傳奇——故事詳盡敘述多場與龍和巨人的戰鬥。[34]英格瓦一行人順聶伯河而下、渡黑海、穿越高加索山、最後抵達裡海。渴望擁有自己的領土當國王，他在傳說裡才二十郎當，表示在戰團社會的激烈混戰中，年輕人也能出頭。

後來英格瓦和他的半數手下接連病倒，而他二十五歲就在中亞某地過世，最可能是在現代烏茲別克的花剌子模地區（Khwarazm）。[35]這是諾斯人抵達的極東點。臨終前，英格瓦交代追隨者「把我的屍體帶回瑞典」，而這個要求說明了瑞典中部為什麼會有二十六座他的追隨者的盧恩石墳墓。

西元一千年左右，掠奪的首領逐漸減少，收稅的君主則愈來愈多。國王賞賜追隨者土地，而非贓物。征服者威廉就是早期的一例，他的祖先在十世紀初以海盜之姿來到法國，收取保護費，最終成為諾曼英格蘭國王——舉世聞名的「貝葉掛毯」（Bayeux Tapestry）就描繪了這些事件。

一〇六六年威廉侵略英國，象徵維京時代就此落幕。事實上，威廉在英國所施行的變革，也在許多斯堪地那維亞人的轄地發生：統治者賞給追隨者特定土地，而農業收入夠高，也讓新地主有餘裕支付財產稅。

在弗拉基米爾王子，也就是為羅斯人選擇基督教的那位領袖掌權之際，羅斯人的轄地上發生了同樣重要的轉變。許多早期的戰團被一種新的統治結構取代：領導權由某個有群眾魅力的氏族的多名成員共享。這裡我們不必靠硬幣來解開到底發生過什麼事，因為我們有一份詳盡的資料可以參考：《往年紀事》（*Russian Primary Chronicle*）。[36]那在一〇五〇年至一一一三年的某個時間寫成，提供羅斯王子（譯註：如後文解釋，此處及後文的王子〔prince〕是某個轄地的領導人，未獨攬大權，史學家稱為「prince」，可視情況譯為諸侯、王爵、君長、大公等，本書為便於閱讀統一譯為「王子」，但不是指「國王的兒子」）的編年史。

八六〇－八六二年的詞條解釋第一批羅斯王子是如何掌權的。住東歐的斯堪地那維亞人「走海路去找瓦蘭吉亞羅斯人，」邀請三位兄弟過來管理他們。三兄弟建立留里克王朝（Rurikid dynasty）。值得注意的是，《往年紀事》明確把這些跨海而來的新領主視為外國人。留里克兄弟的到來並未終止戰團時代。後任統治者接替前任統治者的過程依舊混亂且競爭激烈。每當一位留里克統治者死亡，就會爆發一場混戰，直到下一個勝利者崛起為止。

言詞尖刻的義大利使者克雷莫納的利烏特普蘭德（Liudprand of Cremona, 920-972）告訴我們，羅斯人在九四一年建立了一支強悍的海軍。被德國奧托王朝（Ottonian dynasty）國王派往君士坦丁堡，利烏特普蘭德在九四一年羅斯人攻城時並不在場，但他的繼父告訴他伊戈爾王子（Prince Igor，九一二年掌權的羅斯領導者）曾率領多達一千艘船的艦隊前來。

為捍衛首都，拜占庭皇帝翻修整建了十五艘戰艦，讓它們可以發射拜占庭最強大的武器：希臘火（Greek fire）。[37]關於希臘火的原料，拜占庭保密了好幾百年：那含有石油，且一如現代汽油彈（napalm），在碰水後還會繼續燃燒。拜占庭戰艦一噴希臘火，羅斯人就只有跳船游泳上岸才能活命了。

君士坦丁堡令克雷莫納的利烏特普蘭德印象深刻，覺得這就是同時代最先進的城市了

（他從沒去過巴格達）。君士坦丁堡的奇景包括環繞君士坦丁七世（Constantine VII，九一三－九五九在位）王座旁的機械鳥和獅子。各形各色的鳥唱著不同的旋律，鍍金的獅子「看似在保衛他（君士坦丁），尾巴鞭地、張著大口發出怒吼，舌頭不同顫動。」利烏特普蘭德對王座特別著迷，那運用一種隱藏裝置升到天花板（或許是滑輪）。

九四五年，羅斯人和拜占庭人簽訂協約。羅斯領導人伊戈爾仍須和親人商議，顯見他仍未成為獨攬大權的君主。正因羅斯領導人和別人分享權力，史學家稱他們「王子」（prince）而非「國王」（king）。這部協約也揭露已經有些羅斯人受洗為基督徒，不再只是為了減稅而裝成基督徒。[38]

伊戈爾的領土和當時如法蘭西等農業君主國，在一個方面顯著不同：羅斯王子們只有足夠的官員課商業稅，收不了農業稅。課商業稅需要在所有運輸中心部署官員，這是相對簡單直接的工作，反觀收取農業稅則需要組織更龐大、行之有年的官僚體系。

儘管在君士坦丁堡吃敗仗，一般而言，留里克人在突擊拜占庭方面相當成功，不過他們並未掌控聶伯河谷地。九四五年，以基輔東側為根據地的德瑞福里亞人（Derevlian）挺身對抗羅斯人，拒絕納貢，更殺害伊戈爾。伊戈爾的遺孀奧爾嘉（Olga）為報夫仇，領導一場成功的軍事戰役，[39]或殺或擄，摧毀德瑞福里亞的首都——今烏克蘭西部克羅斯坦

（Korosten）的挖掘結果證實了這件事。

奧爾嘉也改變了羅斯人收取貢品的方式。不再每年冬天派官員親訪個別部落收取不同產品的一部分，她命令民眾前往當地的貿易站直接向官員繳交毛皮和其他林產品，這是鞏固羅斯君權的一大步，因為那讓王子有了穩定、規律的收入來源。

奧爾嘉是率先皈依基督的留里克人之一。她在九四五至九六一年擔任攝政王，輔佐伊戈爾之子、尚年幼而無法獨當一面的史維亞托拉斯夫（Sviatoslav）時，選擇在君士坦丁堡受洗。《往年紀事》寫到拜占庭皇帝君士坦丁向她求婚。她的拒絕巧妙高明：「您才為我施洗，喚我為女兒，怎麼可以娶我呢？您也知道，這是違反基督教義的。」君士坦丁顯然沒有見怪，很快打退堂鼓：「奧爾嘉啊，妳智高一籌。」這兩位當事人或許沒有真的說過這些話，但奧爾嘉皈依的無疑是拜占庭形式的基督教，而她當然沒有嫁給君士坦丁。

奧爾嘉請求君士坦丁派傳教士到羅斯地區教民眾如何信仰基督，但他拒絕。她轉而請求德王奧托一世，也被打回票。[40]這個順序顯示羅斯人是先向拜占庭人、後向奧托人求助，當時奧爾嘉有些基輔臣民已經是基督徒——十世紀中葉的墓地裡，下葬女性的脖子都掛著十字架，足以證明這點。當史維亞托拉斯夫於九六三年即位，奧爾嘉便不再干政，[41]而史維亞托拉斯夫一世不肯皈依基督。

諾夫哥羅德（Novgorod）和基輔成為史維亞托拉斯夫轄地最重要的城市。位於北邊的諾夫哥羅德易守；第一座城堡，或「克林姆林」（kremlin），在西元一千年前後建於城牆上。南邊，坐落於聶伯河西岸高堤上的基輔，因地處南北貿易要衝而迅速發展。西元一千年時，已有好幾千人住在那裡。

一如許多先前的戰團領袖，史維亞托拉斯夫指名死後要由哪個兒子繼任統治者。他指定母親為奴隸的弗拉基米爾統治諾夫哥羅德，其同父異母的兄弟亞羅波爾克（Iaropolk）則接管基輔。儘管如此，同樣一如往例，他規劃的政權和平轉移並未實現。其子嗣間爆發激烈的權力鬥爭。九八〇年，歷經八年戰事，弗拉基米爾與一批斯堪地那維亞傭兵侵入基輔，殺了他同父異母的兄弟，取得基輔的掌控權。[42]

就在那時，由於政權岌岌可危，弗拉基米爾不得不考慮皈依基督——他從祖母奧爾嘉那裡認識的宗教。身為無自由的女管家之子，他渴望獲得正統，而且必須克服手足相殘的惡名。此外弗拉基米爾還有其他問題。他掌權的同時，也遭遇一場金融危機：全歐洲在西元一千年後的白銀短缺。弗拉基米爾亦面臨羅斯人最重要的收入流，即奴隸交易的收益銳減。

為祈求支援，弗拉基米爾打造了六尊傳統羅斯神明的雕像，包括雷電之神霹隆（Perun）。但弗拉基米爾了解，因為他的臣民沒有共同信仰，所以缺乏共有的身分認同，這會削弱他對他們的掌控。政治對手很容易透過崇拜其他神明來團結支持者，進而挑戰弗拉基米爾的統治。

弗拉基米爾開始尋找可博得臣民忠誠的大型宗教。只要他選對宗教、要求臣民皈依，便可以禁止崇拜其他神明、杜絕任何可能對政權構成的挑戰。

不只有弗拉基米爾這麼做。其他君主也派特使了解鄰居的宗教習俗。這些君主在為轄地選擇宗教時，對特定宗教的教義幾乎一無所悉，或許只聽某一位傳教士所言。但這些統治者仍付出相當大的心力考慮該為自己及臣民採納哪一種宗教。

正確的選擇收穫良多。除了崇拜較強大的神明及加入較大教會之利，他們也希望和其他同信仰的統治者結盟。各地接觸日益頻繁，除了帶動西元一千年前後的改宗趨勢，也催生出與現今貿易及防禦集團有驚人雷同的大型宗教集團。

根據《往年紀事》，弗拉基米爾在西元九八六年接待了四個鄰國派來的特使：信猶太教的哈扎爾人（Khazar）、穆斯林的保加利亞人、羅馬基督教的德國奧托王朝統治者，君士坦丁堡的拜占庭基督徒。

如弗拉基米爾在給哈扎爾特使的答覆中透露，他對猶太教有些了解。哈扎爾人掌控了頓河（Don）上游和窩瓦河下游之間的廣大地區，可能在一百年前皈依猶太教，而猶太教顯然為哈扎爾人提供了拜占庭基督徒與阿拔斯伊斯蘭之間的緩衝，[43]因為基督和伊斯蘭教義都承認猶太教是合法宗教。然而，改宗猶太教會是怪異的選擇，附近沒有強大的猶太盟友（儘管伊拉克北部、葉門、北非有些早期統治者皆改宗猶太教）。事實上，除了哈札爾，歐亞大陸沒有其他猶太國家。

哈扎爾是二元君主國。國王叫「貝格」（beg），負責政府的日常運作，第二位統治者則稱「可汗」（kaghan），是儀式的領袖。哈扎爾人的國王——非可汗——可能在西元八〇〇年到八一〇年之間皈依猶太教，但國王的改宗沒有對臣民造成影響。[44]

八三七到八三八年，可能正值某位可汗改宗之際，哈扎爾的鑄幣廠發行了三種新型新硬幣。[45]摩西迪拉姆（Moses dirham）是當中最有名的，雖然只有七枚流傳至今。銀製、刻阿拉伯文，那些硬幣幾乎和阿拔斯發行的迪拉姆一模一樣。唯一的差別在於上面說「摩西是神的使者」，而非「穆罕默德是神的使者。」

哈扎爾人改宗猶太教的過程是漸進且非全面性；波斯地理學者伊本·法齊赫（Ibn al-Faqih）在九〇二或九〇三年寫到：「所有哈扎爾人都是猶太人，但他們最近才猶太化。」[46]考古學家找不到平民信奉猶太教的證據。徹底翻查數千塊有各種塗鴉和圖畫的泥磚，他們遍尋不著燈台（menorah）或其他猶太教的象徵。

史學家有時就是會面臨這種文獻上說一回事，卻缺乏考古紀錄佐證的情況。如果書面紀錄正確，哈扎爾人所建立的國度，就是在西元七〇年古以色列聖殿被毀與一九四八年現代以色列建立這將近一千九百年間，世上最大的猶太國家。

哈扎爾人顯然恪守教義：《往年紀事》作者指出，一群哈扎爾人曾於九八六年前後試圖以這些動人的觀點說服弗拉基米爾：猶太教義包括「行割禮、不吃豬肉、不吃野兔、守安息日。」野兔肉的禁忌是典型的猶太飲食規範，而哈扎爾人不吃兔肉之事貌似可信。考古學家發現許多野兔腳做成的生育護身符，暗示哈扎爾人崇敬野兔。[47]

哈扎爾的使者解釋，他們身為猶太人，卻未住在故土耶路撒冷是因為「神對我們的先祖發怒，將我們散布在異教徒之間贖我們的罪。」聞此言，弗拉基米爾立刻拒絕他們的提議：「假如神愛你們和你們的信仰，你們就不會分散在異地了。你們希望我們也接受這種命運嗎？」弗拉基米爾的答覆顯示他知道耶路撒冷已非猶太人統治（當時控制該城的埃及法蒂瑪王朝〔Fatimid dynasty〕是什葉派穆斯林）。[48]

弗拉基米爾不想皈依勢力正在衰退的宗教。他打算找一個比他還強大的盟友。次年，當他派代表前往數個有特使拉攏他信教的國家時，完全沒考慮派人去哈札爾人那邊。

下一個候選人，伏爾加保加利亞人，勢力強大得多。九八六年時，保加利亞特使向弗拉基米爾說明，穆罕默德「教導他們實行割禮、不吃豬肉、不喝酒。」特使繼續說，死後，穆罕默德答應給每一個男信徒「七十個白皙女子。他可以從中選一個做他的妻子，而穆罕默德會賦予她所有女人的魅力。穆罕默德答應，那名女子可以滿足所有欲望。」依阿拉伯語的字面意義，這裡的「白皙」（fair）指明亮的潔白眼睛（相對於奇黑的瞳孔），[49]阿拉伯人相信唯有最美的處女才擁有這種特質。

《往年紀事》親基督教的作者之所以刻意這般描述天堂的性愉悅，意在毀謗。他還補充，伏爾加保加利亞人「還說到其他沒辦法據實寫下的惡事。」當保加利亞特使力勸弗拉基米爾改宗伊斯蘭，羅斯王子斷然拒絕，解釋說：「飲酒是羅斯人的樂趣。沒有那種樂趣，我們活不下去。」

《往年紀事》的重點相當明確：哈札爾猶太人和保加利亞穆斯林都不夠強大，無法在弗拉基米爾改宗後給予真正的效益。

第三名代表是來自信仰羅馬基督教的德國奧托王朝。他們掌控了包括羅馬在內的義大利部分地區，並握有教宗任命權。這些德國人傳達了教宗的觀點：「貴國就像我國，但你們的信仰不像我們的信仰。」這段去頭截尾的對話想必是後來才嵌進《往年紀事》的，[50]因為那暗示羅馬教會與君士坦丁教會之間有裂痕存在。事實上，九八六年時，兩派教會仍歸一統。《往年紀事》並未如實精確地描述事件。[51]弗拉基米爾改宗的紀錄顯然經過切割，尷尬地分配到紀事的不同年代。尤以德國的羅馬基督徒最可能是後來插補的，東正教、伊斯蘭、猶太教太工整的三足鼎立主題，也引人懷疑。

但就算這個紀事從頭到尾都是為了解釋已發生的事件而編故事——若非採用近鄰拜占庭的宗教，弗拉基米爾還可能接受誰的宗教呢？——那仍顯示西元一千年過後不久，也就是《往年紀事》著述之際，民間流傳著什麼樣的宗教資訊。而我們的確有外來的佐證——一份伊斯蘭紀錄——說有個名叫「弗拉基米爾」的羅斯統治者派遣親屬到花剌子模，向統治者洽詢有關伊斯蘭的資訊。[52]這個外部消息來源顯示弗拉基米爾積極向鄰國打聽不同信仰的資訊，斟酌該皈依哪一個。

《往年紀事》對拜占庭教會的教義著墨相當多：由一名學者完整敘述創世、耶穌被釘十字架和審判日。雖名為「哲學家的話」（Philosopher's Speech），[53]這段明顯是後來由編輯補上的。不過，這仍構成一件重要事實的基礎：只要基督文本尚未被譯成斯拉夫文，所有新宗教教義都必須經由口語傳播。聽完學者講話、問了幾個問題後，弗拉基米爾回答：「我再考慮一下，」再度延緩替轄地選擇宗教的決定。

西元九八七年，在和貴族及城裡耆老商量後，弗拉基米爾派出十人顧問團，先後赴伏爾加保加利亞、德國和君士坦丁堡。他們拒絕了伏爾加保加利亞人的伊斯蘭和德國人的羅馬基督教。

君士坦丁堡卻令他們大為折服。一訪聖索菲亞大教堂後，他們回報：「我們不知道自己究竟身在天堂還是塵世。塵世沒有如此輝煌，如此壯麗，令人難以言喻。我們只知道那裡的神住在人間，而人們的儀式比其他國家合宜。我們真的忘不了那裡的美。」雖然他們一致建議選擇拜占庭基督教，弗拉基米爾還是舉棋不定。

《往年紀事》將弗拉基米爾皈依拜占庭基督教的決定敘述成四起連續事件。首先是他的軍隊在赫爾松打敗覬覦拜占庭王位的巴爾達斯・福卡斯（Bardas Phokas）部隊；再來，他失明了；再來，他受洗、視力恢復；最後，他娶了拜占庭統治者巴西爾二世（Basil II）的妹妹安娜（Anna）為妻。

當時，不論拜占庭或德國的觀察家都沒有把弗拉基米爾改宗基督視為什麼大事；對他們而言，這是拜占庭人和羅斯人之間無關緊要的地方事務。

然而，從今天事後諸葛的角度來看，弗拉基米爾皈依是基督世界形成的關鍵一步。弗拉基米爾的領土有五百萬人，住在面積超過四十萬平方哩（一百萬平方公里）的地區——足足有法國的兩倍。隨著弗拉基米爾改信基督，東歐便轉頭面對拜占庭——而非耶路撒冷、羅馬或麥加了。羅斯人繼續在經濟及文化上維繫與西歐的連結，[54]但現在只有一個宗教典儀中心，而那位於拜占庭。

每當有像弗拉基米爾這樣的統治者決定皈依新的宗教，宗教集團的邊界就會驟然移動。下頁表格中整理了在西元一千年前後為其領土選擇宗教的一些統治者。幾乎每一個例子，統治者都選擇和一或多個鄰居同一陣線；與他們信仰一致的民族成了他們的軍事盟友和首要貿易夥伴。雖然仍繼續和其他信仰的統治者接觸，但他們與同宗教者的連結更緊密，也常覺得世界分裂成數個宗教集團。

此後，人們不再只有「來自哪裡」這一種身分認同。他們（包括每一個待在家裡的人）開始把他們土生土長的地區視為宗教集團的一部分，因此也開始把更廣大的一群人視為一體，而這正是全球化的關鍵步驟。

改宗者不是全都皈依基督。弗拉基米爾領土的東方，鹹海（Aral Sea）附近，是突厥烏古斯（Oghuz）部落的領土。[55]伊本・法德蘭在九二一至九二二年越過這片土地時發現，烏古斯人認定騰格里（Tengri）是天國至高力量，並常請示薩滿（shaman）。他也觀察到那裡天氣異常寒冷——[56]表示正當歐洲進入中世紀暖化期之際，這個區域的氣候反而轉涼。到了十世紀末，許多烏古斯人已定居鹹海東岸，而他們的首領塞爾柱・伊本・杜卡克（Seljuk ibn Duqaq）改宗伊斯蘭。一項史料指出塞爾柱這麼解釋改宗的理由：「既然我們嚮往（住在）

西元一千年前後的改宗

時間（西元）	民族	統治者	改信宗教
十世紀初	哈扎爾	姓名不詳	猶太教
十世紀初	伏爾加保加利亞	姓名不詳	伊斯蘭
955	喀喇汗	薩圖克・博格拉汗（Satuq Bugra Khan）	伊斯蘭
960 前後	丹麥	藍牙哈拉爾（Harald Bluetooth）	羅馬基督教
985	塞爾柱	塞爾柱・伊本・杜卡克（Seljuk ibn Duqaq）	伊斯蘭
988-989	羅斯	弗拉基米爾	拜占庭東正教
990-999	挪威	奧拉夫一世及二世（Olav Tryggvason / Olav Haraldsson）	羅馬基督教
991	波蘭	梅什科一世（Mieszko I）	羅馬基督教
999-1000	冰島	全體居民大會（Althing Assembly）	羅馬基督教
1000 後	迦納	姓名不詳	伊斯蘭

資料出處：溫羅斯（Anders Winroth）：《斯堪地那維亞之改宗》（*Conversion of Scandinavia*）；卡普洛尼（Andreas Kaplony）：〈突厥人之改宗〉（The Conversion of the Turks），刊載於《中亞伊斯蘭化》（*Islamisation de l'Asie Centrale*）；羅森韋因（Barbara H. Rosenwein）：《中世紀簡史》（*A Short History of the Middle Ages*）；高登（Peter B. Golden）：〈喀喇汗人和早期伊斯蘭〉（The Karakhanids and Early Islam），刊載於《劍橋內亞史》（*The Cambridge History of Early Inner Asia*）。

那個國家，若不加入該國民眾的信仰、和他們簽訂條約（或順應他們的習俗）……我們就永遠是支弱小、孤立的民族。」[57]

塞爾柱的追隨者用他的名字作為部落名稱，之後通稱為塞爾柱人。雖然關於這支民族早期歷史的現存史料很少，但塞爾柱．伊本．杜卡克之所以改宗伊斯蘭，是因為他跟弗拉基米爾一樣，想要變得更強大。在他於西元一千年改宗時，他的人民只是中亞眾多部落的一支，但到十一世紀中葉，在他多位孫兒的領導下，塞爾柱王朝成了世界數一數二的伊斯蘭強權。

數位斯堪地那維亞的統治者都在這個時候改宗基督。一如弗拉基米爾，丹麥王藍牙哈拉爾（Harald Bluetooth, 910-985）並非從小就是基督徒。他在九六〇年代一統丹麥，並暫時控制挪威。明白基督一神論會是凝聚新王國的力量，他做了改宗的決定。（英特爾和易利信工程師給他們的新技術取名為「藍牙」，就是因為那統合了電腦和手機，就像哈拉爾一統丹麥和挪威。）

一旦某位統治者改宗大型宗教，他便可接觸到能協助他治理人民的神職人員。神職人員會讀、會寫、會算術，因此可幫諸如弗拉基米爾等君主獲取更大的掌控權。這些技能在西元一千年左右變得愈來愈重要，尤其統治者需要識字的官員幫助他們草擬文件，也需要會算術的幕僚計算他們收到的稅。

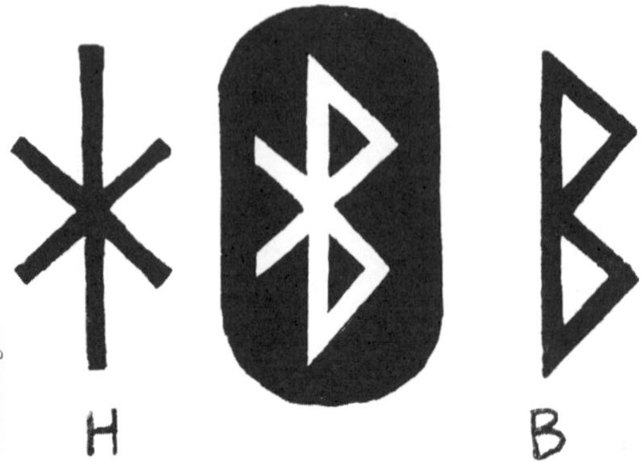

瑞典電訊傳播工程師結合盧恩文的兩個字母：H 和 B，創造出藍牙的標誌。H 和 B 就是丹麥王藍牙哈拉爾姓名（Harald Bluetooth）的首字母。

弗拉基米爾於九八八或九八九年受洗沒多久，他的臣民便在聶伯河接受大規模洗禮。[58]在他皈依後的一百年內，只有皇親國戚固定在教堂結婚。在主教所在地以外的羅斯地區，老百姓較慢才接受新宗教的教義。他們一年只跟政府官員接觸一、兩次，上繳毛皮。[59]因為集體受洗的民眾並未獲得宗教指引，他們繼續崇拜傳統神明。

弗拉基米爾在領土多個地方任命主教。基輔等同於大主教管轄區（archdiocese），劃歸君士坦丁堡的宗主教（patriarch）管轄。聶伯河中游一帶是新宗教的核心區，在基輔方圓一百五十哩（二百五十公里）內最為活躍。[60]

有些基督儀式極具吸引力。弗拉基米爾掘出他的兩個親兄弟奧格列（Oleg）和亞羅波爾克——昔日王位競爭者——的屍體，讓他們的遺體受洗。這不是標準的基督儀式——其實教會禁止這樣的做法。但弗拉基米爾仍選擇用他及臣民覺得合理的方式紀念死者。

弗拉基米爾受洗只是基督化過程的第一步。基督化過程通常要花好幾百年完成，而在每一個統治者改宗新信仰的國家，情況都是如此。弗拉基米爾的臣民必須放棄原有的習俗、吸收新宗教教義、接受主教和神職人員的宗教領導，才能成為徹頭徹尾的基督徒。十二世紀時，較小的堡壘型城鎮和較近期征服的地方陸續改宗，到十三世紀，完整的教區才成形。大批拜占庭工匠到羅斯人地盤各處興建新教堂，最終，全體居民接受基督教義。這是在西元一千年運作的全球化：統治者一改宗，就連待在農田的人民也必須採用那個教會的宗教常規，哪怕教會中心離他們的家園甚遠。

弗拉基米爾改宗時，拜占庭教會的勢力遠比羅馬梵蒂岡來得龐大。但不到兩百年，羅馬教會便取代拜占庭在基督世界稱霸，教宗的影響力也變得遠高於拜占庭教會在君士坦丁堡的宗主教。西元一〇〇〇—一二〇〇年間，西歐經歷巨幅成長，拜占庭帝國卻逐漸失去領土。[61]這些變遷改變了梵蒂岡與君士坦丁堡的關係。而羅馬一成為基督教的中心，便不再失去這個地位。

西元四世紀，在獲得羅馬皇帝承認後，基督教會以五大城市為中心：安提阿（Antioch）、亞歷山卓（Alexandria，即亞歷山大港）、耶路撒冷、君士坦丁堡、羅馬。前四座城市的最高階神職人員頭銜均為宗主教，羅馬的主教則稱教宗。四位宗主教與羅馬教宗平起平坐，沒有哪個人是基督教會的最高領袖。

在亞歷山卓、安提阿和耶路撒冷陸續在六三〇及六四〇年代落入穆斯林統治後，當地的宗主教仍繼續帶領其信眾。[62]但因為羅馬教宗和君士坦丁堡的宗主教是在非穆斯林地區主持基督教會，他們成為最有權勢的兩位基督神職人員。當弗拉基米爾改宗東正教時，羅馬和拜占庭教會的某些慣例已不相同。東正教的禮儀用希臘語宣讀；羅馬教會則用拉丁語；東邊的教士習慣蓄鬍，西邊的則不然。東邊的會眾在聖餐式時吃發酵過的麵包，西邊的會眾則吃未發酵的麵包。[63]

一〇五三年，南義大利的諾曼統治者（祖先是諾斯人）攻擊附近的拜占庭土地，教宗覺得這是提升地位的大好機會，便下令反攻，結果淪為階下囚。也許有人認為既然有諾曼人這個共同敵人，羅馬和拜占庭會團結一致，但實情恰恰相反。

一〇五四年獲釋後，教宗寄了兩封信給君士坦丁堡的宗主教（其中一封長達一萬七千字）。駁斥羅馬和君士坦丁堡地位相等的觀念，教宗堅稱羅馬教會是母教會，耶路撒冷、安提阿、亞歷山卓、君士坦丁堡都是她的女兒。[64]隨著雙方強硬派的脣槍舌戰愈演愈烈，教宗便將東方宗主教逐出教會，宗主教以牙還牙，將教宗使者逐出教會。然而，儘管手段激烈，當時的觀察家並不認為一〇五四年的分裂會成定局。[65]

兩教會發生衝突之際，拜占庭帝國正大量流失領土。一〇七一年，塞爾柱人在今土耳其東部的曼齊刻爾特戰役（Battle of Manzikert）打敗拜占庭，並繼續攻下拜占庭帝國在安那托利亞（Anatolia）的糧倉地區。同樣極具破壞力的是同一年諾曼人攻下義大利東岸的巴里城（Bari），導致拜占庭失去所有義大利南部的領土。

儘管如此，在那個時候，君士坦丁堡的東正教仍是基督世界的焦點。羅馬教會則深陷衝突泥淖：德王亨利四世（Henry IV）堅決反對教宗格里高利七世（Pope Gregory VII）擴權，進而在一〇八四年興兵進犯羅馬，廢黜格里高利七世，任命新教宗——史學家稱之「對立教宗」（antipope）。

歷經一百二十年（一〇八四年到一二〇四年），基督教世界的中心才從君士坦丁堡轉移到羅馬。這個轉變發生在羅斯領導者並未涉入西歐事務之時。相關事件太複雜、牽涉人等太多，我們不妨著眼於兩個關鍵發展來理解已經發生的事。首先，我們要看看君士坦丁堡，了解是什麼讓城市居民對僑居的義大利人如此憤慨。然後我們要轉向一幅更大的畫面，看看十字軍是如何鞏固羅馬的地位，並使君士坦丁堡瀕臨滅亡。

義大利社群在君士坦丁堡的歷史闡明了全球化的另一面向：一群為數可觀的外國人前往某城市做生意、建立家庭（通常與在地女性一起），而讓周遭每一個人大為反感。紛擾從一〇八一年，也就是拜占庭在曼齊刻爾特吃敗仗的十年後開始。那時，拜占庭皇帝請求君士坦丁堡的威尼斯商人協助在阿爾巴尼亞對抗諾曼人。

當時，數個義大利共和國極度繁榮且軍容壯盛，威尼斯人更是其中最富裕的。[66]為換得他們協助，拜占庭皇帝賦予威尼斯商人在帝國各地做生意的權利，此外還免除他們一切商業稅。[67]

後來拜占庭皇帝知道自己給威尼斯人太多好處了，但每當他們試著削減特權，威尼斯人便發動攻擊，迫使皇帝退讓。希望培植威尼斯人的對手，皇帝允許來自比薩（Pisa）和熱那亞（Genoa）的商人在君士坦丁堡緊鄰威尼斯人地盤之處，建立自個兒的住宅區。他也減輕他們的賦稅，只是沒有像威尼斯人那麼優渥。

威尼斯商人的行為，與現今在自由貿易區裡緊抓優惠稅率不放的商人無異。他們組成的貿易企業規模遠大於拜占庭人所經營的。當移居君士坦丁堡的威尼斯人口接近一萬大關，拜占庭皇帝曼努埃爾（Manuel）在一一四八年授予他們城裡一塊更大的地區。

沒過多久，有特權的威尼斯人和忿恨不平的當地人之間便頻頻爆發街頭衝突。一一四九年在科孚島，一起市場爭執演變成大規模戰鬥。拜占庭海軍設法驅離了威尼斯人，但威尼斯人轉進附近島嶼的一個港口，占領皇帝珍視的戰艦。一上船，他們便舉行一場模擬加冕典禮，找來一個衣索比亞人扮演皇帝。這齣滑稽短劇有明顯的種族歧視意涵，因為拜占庭皇帝曼努埃爾以膚色黝黑著稱。[68]

隨著比薩人、熱那亞人和威尼斯人之間的關係陷入緊張，情況持續惡化。一一七一年，威尼斯人進入熱那亞僑民區胡作非為。[69]拜占庭皇帝出手，逮捕了城裡所有威尼斯人（包括婦孺在內），並沒收他們的財產。

緊張持續升溫，終於在十年後爆炸。當時君士坦丁堡約有六萬名義大利人，大多來自比薩和熱那亞（威尼斯人不是在十年前逃離，就是還在獄中）。在這場皇帝與王位競爭者的鬥爭期間，一群在地居民暴動鬧事，殺害了數千名義大利人，史稱「拉丁大屠殺」（Massacre of the Latins）。

儘管城市居民和外客都是基督徒，東正教的教士卻鼓勵信徒鎖定說義大利語的天主教神職人員。群眾砍掉教宗代理人的頭顱後，把它綁在一隻狗的尾巴上，讓狗拉著穿過大街小巷。拜占庭賣了四千個倖存的義大利人給塞爾柱突厥人當奴隸。「拉丁大屠殺」畫下君士坦丁堡居民和外來商人關係的新低點，也讓拜占庭和羅馬教會劍拔弩張。

這些事件顯示早期全球化的力量有多快改變人民的生活，造就繁榮，也引發深刻的怨恨。不到百年光景，君士坦丁堡的義大利社群已迅速膨脹至六萬人。義大利商人享減稅之利，聚積了遠比拜占庭商人更高的財富。他們傲慢自大，令君士坦丁堡居民退避三舍，最終激起公憤而慘遭殺害——雖然同屬基督徒。「拉丁大屠殺」是窮人攻擊富人——或許可稱為「百分之一的人」（one percenter）——的典型例子。

但真正摧毀君士坦丁堡的是外部事件：十字軍運動與導致拉丁大屠殺的事件同時發生。自一〇五四年以來，羅馬和拜占庭教會一直在明爭暗鬥，但教宗烏爾班二世（Urban II）在一〇八八年一上台，便和拜占庭皇帝聯絡，看能否促成妥協方案。他希望鞏固自己的地位，抗衡對立教宗的力量。拜占庭皇帝阿歷克塞一世（Alexios I）感到同情，於是從兩個教會找了幾名教士組成協調會來討論雙方的差異。[70]

然後，七年後，即一〇九五年，拜占庭皇帝商請烏爾班二世協助抵抗穆斯林大敵，烏爾班答應了。教宗前往法國克萊蒙（Clermont）促請一批教會領導人派兵收復當時已由塞爾柱穆斯林統治的耶路撒冷，回歸基督統治。[71]

他的請求有人響應，但那些人並未組成一支強大或一統的軍隊。其中一支分隊——「平民十字軍」（People's Crusade）是由普通男女組成，他們走陸路長途跋涉前往君士坦丁堡。

旅途中，通過德國萊茵河谷時，他們鎖定住在美茵茲（Mainz）、科隆（Cologne）、斯拜耳（Speyer）、沃姆斯（Worms）等地的猶太人為目標，上演一齣反猶太的鬧劇，恣意殺害、強迫改宗。

第一次十字軍運動約有五萬人從歐洲出發，結果只有一萬人抵達耶路撒冷，而在那一萬人當中，只有一千五百人（多為貴族）配備全套騎士盔甲而能上場打仗。雖居於劣勢，他們卻打了勝仗。對西歐列強，特別是教宗烏爾班二世而言，攻克耶路撒冷就是贏得一場重要的象徵性勝利。

在基督教統治耶路撒冷的八十八年間，歐洲勢力努力保有城市周圍區域的掌控權。當一支穆斯林地方強權攻下聖地東北的埃德薩地區（Edessa），歐洲人在一一四七年發動第二次十字軍運動，但無法收復任何失土。這批十字軍也無法遏制傑出將領薩拉丁（Saladin）崛起，他推翻了埃及的法蒂瑪王朝、建立新朝代，並且與塞爾柱人結盟。一一八七年，薩拉丁的軍隊奪回耶路撒冷。

為回應耶路撒冷失陷，歐洲人發動第三次十字軍運動。法國人和英國人的分隊——「獅子心理查」（Richard the Lionheart）也在陣中——繞過君士坦丁堡抵達耶路撒冷，但無力收復。

西歐與拜占庭的關係在第四次十字軍運動期間跌落谷底。此次東征是教宗依諾增爵三世

地圖4.2

十字軍運動

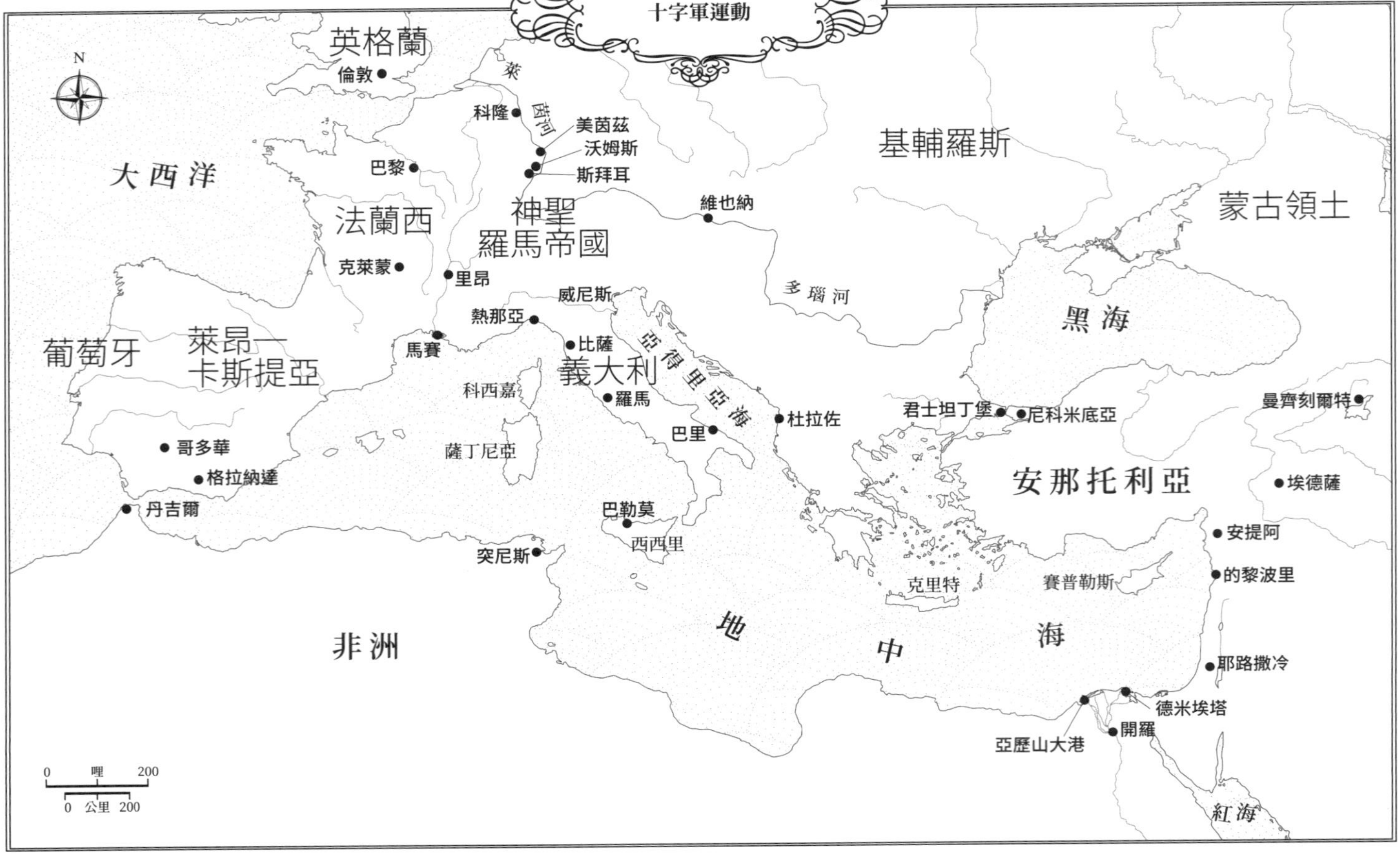
英格蘭
倫敦
N
大西洋
萊茵河
科隆
美茵茲
沃姆斯
斯拜耳
巴黎
法蘭西
神聖羅馬帝國
克萊蒙
里昂
基輔羅斯
維也納
蒙古領土
多瑙河
黑海
威尼斯
熱那亞
馬賽
比薩
葡萄牙
萊昂—卡斯提亞
義大利
亞得里亞海
羅馬
科西嘉
薩丁尼亞
杜拉佐
巴里
君士坦丁堡
尼科米底亞
曼齊刻爾特
安那托利亞
埃德薩
哥多華
格拉納達
丹吉爾
巴勒莫
西西里
突尼斯
安提阿
的黎波里
克里特
賽普勒斯
非洲
地中海
耶路撒冷
德米埃塔
開羅
亞歷山大港
紅海
0 哩 200
0 公里 200

（Innocent III）在一二〇一年發動。紛爭是這樣開始的：第四次十字軍運動的領袖向威尼斯人貸款，結果無力償還，遂決定洗劫君士坦丁堡。這批十字軍搗毀聖索菲亞大教堂的聖壇，瓜分寶石和貴金屬。

在一二〇四年劫掠君士坦丁堡後，這批十字軍沒有轉進耶路撒冷，反倒廢黜拜占庭皇帝，換上西方人擔任，並強行建立名為「拉丁帝國」（Latin Empire）的新政體，延續到一二六一年。拜占庭帝國元氣大傷，再也無法恢復先前的強盛。到了十五世紀初，帝國只能掌控君士坦丁堡，而該城隨後在一四五三年被鄂圖曼土耳其的穆斯林軍隊攻下。君士坦丁堡失陷，重劃了基督和伊斯蘭土地的界線，而那條界線一路延續至今：基督統治者控制的土地主要在地中海北岸，穆斯林控制的土地位於地中海南岸，以及聖地。

至於今日基督教在歐洲之所以分成東正教和羅馬天主教地區，則和弗拉基米爾皈依拜占庭基督教，以及羅馬教會在往後數百年的興起息息相關。同一段時間，即西元一〇〇〇－一二〇〇年間，伊斯蘭世界也大幅擴張，我們將在下一章討論。

第五章

世界最富有的人[1]

地圖5.1

非洲貿易路線

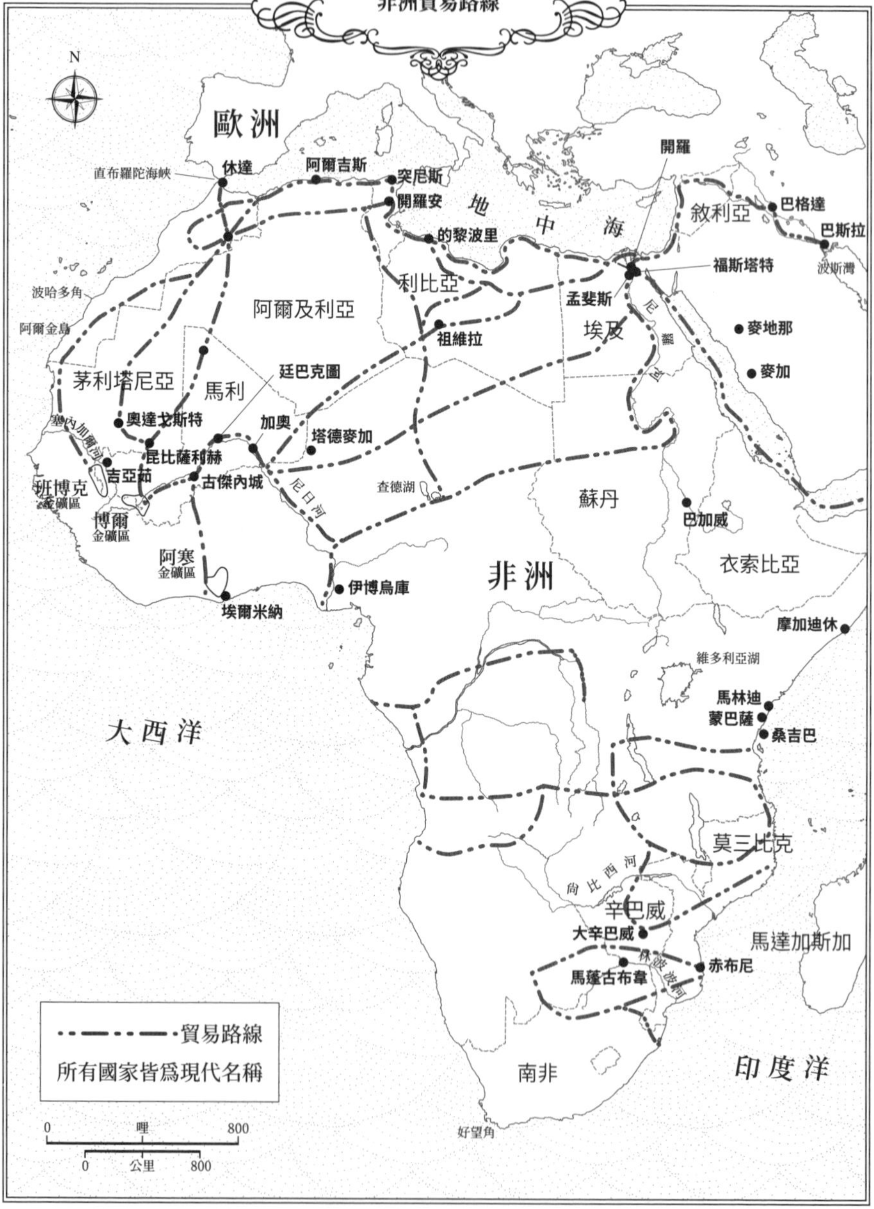
N
歐洲
直布羅陀海峽
休達
阿爾吉斯
突尼斯
開羅安
地中海
的黎波里
開羅
敘利亞
巴格達
巴斯拉
波斯灣
福斯塔特
孟斐斯
波哈多角
阿爾金島
阿爾及利亞
利比亞
埃及
尼羅河
祖維拉
麥地那
麥加
茅利塔尼亞
馬利
廷巴克圖
奧達戈斯特
塞內加爾河
加奧
塔德麥加
昆比薩利赫
吉亞茹
古傑內城
班博克
金礦區
博爾
金礦區
尼日河
查德湖
蘇丹
巴加威
衣索比亞
阿寒
金礦區
埃爾米納
伊博烏庫
非洲
摩加迪休
維多利亞湖
馬林迪
蒙巴薩
桑吉巴
大西洋
莫三比克
尚比西河
辛巴威
大辛巴威
馬達加斯加
林波波河
馬蓬古布韋
赤布尼
南非
印度洋
好望角
貿易路線
所有國家皆爲現代名稱
0
哩
800
0
公里
800

西元一千年時，一如今天，只要你夠聰慧、夠敏銳，附近有個有錢有勢的鄰居就是商機。如同東歐的羅斯人，東非和西非的統治者及商人都已察覺，跟住在巴格達及其他伊斯蘭大城的消費者做生意，具有商業優勢——他們會大量採購奴隸和黃金。而憑藉奴隸和黃金的獲利，非洲人可以進口玻璃珠、中國和伊朗的陶瓷，以及絲織品和棉織品。

這些非洲與外界地區的新連結，也帶來影響深遠的宗教變革。隨著非洲統治者、商人和市井小民信奉伊斯蘭，這種新宗教沿著非洲東岸向南傳播，也沿著塞內加爾河和尼日河在西非擴展。這樣的伊斯蘭化不單純是穆斯林來非洲聚居的產物，那會發生也是因為非洲人，多半是生意人，選擇和更大的伊斯蘭世界為伍，而他們的決定使地方居民暴露於全球化的力量。

不妨看看在西非發現的最早文獻：一〇一一年寫於貿易城鎮塔德麥加（Tadmekka）的紀錄。那是用尖銳的金屬工具在一塊大圓石刻下這句阿拉伯文：「此由穆罕默德之子哈桑（al-Hasan）書寫，他承認，世上只有上帝一位神，而穆罕默德是上帝的僕人和使者。」[2]這句標準的信仰宣言是伊斯蘭的第一條教義。

另一段碑文刻在附近一座面向城鎮的懸崖上。那說明塔德麥加是以麥加（Mecca）命名：「塔德麥加鎮將永遠存在一個地位堪比麥加的市場。」塔德麥加之奇特就在於它有許多阿拉伯碑文，有的刻在大圓石，有的刻在墓碑。從阿拉伯字母的外觀看來，著作者應是當地居民，而非僑民。這類碑文顯示早在西元一千年前後，伊斯蘭就已擴張到廣大的西非及東非土地。當地人認同伊斯蘭的時間點，和歐亞非大陸各處居民改宗普世宗教的時間點一致。

塔德麥加的碑文強烈地提醒我們，在連結非洲與其他大陸的貿易中，非洲人扮演著關鍵的角色——就算現存史料大多是由外人撰寫。雖然前一個世代的史學家認為是阿拉伯人把商業和進步帶到非洲，但現代史學家斷然駁斥這種觀點，因為那忽視了非洲人的主動精神。[3]

非洲人在促進伊斯蘭世界和非洲之間的貿易上起了關鍵作用。一四九二年以前，進入歐洲和亞洲的黃金，約有三分之二來自西非。[4]而在八〇〇年至一八〇〇年離開非洲前往伊斯蘭世界的奴隸人數之多，不亞於乘船越過大西洋的奴隸總數。

雖然非洲奴隸交易很早就開始——無疑不遲於古羅馬時代——但要到十世紀中葉，我們才較清楚其運作方式。相關資訊出現在波斯人布祖格（Buzurg）所著、以波斯灣為背景的一系列船員故事。[5]其中一篇故事敘述一連串極不合情理，想必是虛構的事件，但由於場面逼真，我們仍能從中獲悉有關奴隸價格、市場位置和改宗伊斯蘭的豐富資訊。

故事從一艘船離開阿曼港、被風吹離航線開始。船漂到非洲東岸、莫三比克中部的索法拉港（Sofala）。隨著故事開展，敘事者解釋：「看到這個地方，就知道我們來到食人族津芝（Zanj）（東非居民）的土地了。來到這裡，我們大概必死無疑。」結果出乎意料，當地國王熱烈歡迎這些外來商人，准許他們買賣物品且什麼稅都不必繳。做完交易後，船長送給國王豐厚的禮物，感謝他促進奴隸交易。

但隨後故事出現意想不到的轉折。當國王上船送別時，敘事者心想：「在阿曼的拍賣市場，這位國王可以賣到三十第納爾、七名同伴一百六十第納爾。他們身上穿的衣服則價值二十第納爾。」（一份現代研究認為西元八〇〇到一一〇〇年間一名奴隸平均可售二十到三十第納爾，與故事裡的價格範圍不謀而合。）[6]於是船長下令立刻啟航，以便把國王一行人載到阿曼奴隸市場販賣。

船長對轉售國王及其隨員的價值評估，令現代讀者不寒而慄：這可不是評估一批象牙、黃金，或其他常見的東非出口物資啊！船長對於販賣人類同胞毫無罪惡感，更毫不內疚地背叛助他取得奴隸的統治者。

沒錯，事後回顧，我們很容易譴責奴隸交易的獲利者——在這個故事裡是阿曼船長和被挾持之前的非洲國王。但我們必須了解，在前工業世界，由於不時需要勞力，奴隸交易幾乎無所不在。要到一七五〇年代才有第一批廢奴論者勇於出聲。[7]在人類歷史的多數時候，奴隸買賣都是大生意。

在船抵達阿曼、船長到奴隸市場把前國王賣掉後，兩人便各奔前程，看似永遠不會再碰頭。

幾年後，這位船長的船又漂到同一個東非港口，划獨木舟的在地人再次引領船員去見統治者。船長擔心他會因拐走國王而受懲罰，但一進宮廷，他大吃一驚：他在阿曼奴隸市場賣掉的國王，赫然就在眼前。令船長更加訝異的是，國王待他及船員十分親切，允許他們自由做生意。

在船離開前，國王解釋了幾年前發生的事。他在阿曼被賣掉以後，被帶到距巴格達最近的港口巴斯拉，他的主人允許他研讀伊斯蘭教義。後來他被賣第二次，來到巴格達，在那裡學會說阿拉伯語、讀完《可蘭經》、逃跑，加入一群中亞朝聖者，一路走到麥加。他從麥加去到開羅，從開羅沿著尼羅河南下回到他的王國。回到家以後他發現，雖然失蹤甚久，仍沒有人取代他的位置，所以他可以繼續擔任國王。（沒錯，這絕對是虛構的！）

國王原諒了船長，熱情慫恿他回來做生意，而且要帶穆斯林商人一起來。不過這次國王的確選擇在陸地上送別，並語帶諷刺地說：「要我陪你上船，門都沒有。」[8]

這個故事有什麼隱含的寓意嗎？參與奴隸生意是可以的，但你要老實對待其他參與者，尤其如果對方碰巧是穆斯林的話。

雖是非洲來的奴隸，這位國王卻能研讀《可蘭經》、學說阿拉伯語、加入往麥加的朝聖團體。在這方面，虛構的故事與現實相符。非洲掮客確實會把奴隸從撒哈拉以南的非洲內陸帶到東非沿海港口，賣給外國奴隸商人轉運至中東。關於奴隸市場的描述很少，其中一段這麼形容一個位於巴格達北方八十哩（一百二十五公里）的市場：那是一面開闊的廣場、道路向外延伸，「房子都有上層樓和房間，以及販售奴隸的店面。」[9]

那位虛構國王在索法拉的故鄉是季風吹拂非洲東岸的極南點。再往南，貨物就得經由陸路或在沿海划小船運送，這就是那裡比較少貿易城鎮的原因。

從西元九〇〇年開始，在索法拉港正西方、越過今南非邊界之處，有一連數個聚落在現今辛巴威的林波波河畔（Limpopo River）崛起，規模一個大過一個，其中馬蓬古布韋（Mapungubwe）人口有五千人，居民靠照顧牛群和農耕維生。財力雄厚者會用金、銅飾品和鐵工具，最貧窮的人則只能拿石頭和骨頭製的工具。

這些地方會繁榮起來是因為當地人順林波波河而下，到達東方四百哩（六百四十公里）外的赤布尼（Chibuene）海港，連上了印度洋貿易。他們在赤布尼拿奴隸、黃金、象牙、獸皮交易不同進口貨物，包括從開羅帶來的小玻璃珠——他們會拿來當貨幣使用，或熔化後做成更大的珠子。[10]一開始，這種進出口貿易可能只有少數人參與，但時間一久，隨著貿易擴張，當地工人也開始提供黃金給遠方的消費者，感受到全球化的效應了。

東非沿岸最大的黃金產地是大辛巴威（Great Zimbabwe），那位於索法拉往內陸一點的地方，尚比西河（Zambezi）南岸。大辛巴威的現代遺址包含數棟在西元一〇〇〇－一三〇〇年間，用花崗岩砌成的建築。其中一棟橢圓建築（Elliptical Building）直徑達二百九十二呎（八十九公尺），牆壁則有十七呎（五公尺）厚、三十二呎（近十公尺）高。那是西元一五〇〇年以前非洲撒哈拉以南最大的石造建築，足以證明黃金貿易造就多大的財富。遺址還發現八尊有老鷹身體和人類嘴脣、腳趾的石雕，刻的或許是在死者與生者之間飛行的使者。

大辛巴威後來每年產出一噸黃金，[11]成為坐擁一萬人口的繁忙城市，也是沿海貿易的重鎮——遺址出土的中國青瓷器碎片和有手寫痕跡的伊朗盤子足以證明這點。遺址也發現了數萬顆珠子，[12]表示是非洲人對進口物資的需求——而不只是外界對黃金和奴隸的渴望——驅動了貿易。

如上述船長與奴隸王國的故事所暗示，穆斯林歡迎所有人民皈依，也認為在上帝眼中人人平等，包括奴隸——就算社會上不是如此。伊斯蘭世界的男性奴隸負責運貨和划船，但也管理商店，甚至照顧主人的私人藏書室。雖然《可蘭經》禁止這麼做，但奴隸商人仍會把小男孩去勢，因為管理閨房的閹奴需求量極大。男性奴隸，特別是中亞出身者，也會進入不同軍事強權的部隊服役。

在伊拉克南部巴斯拉附近，也有大批男奴擔任非軍事職務；西元六〇〇－九〇〇年間，他們努力排空沼澤裡的水、清除表面的硝酸鹽層和硝石，讓底下的土壤可用於耕種。六九〇年代曾發生兩次為時不長的暴動，八七〇年代的那一次則持續超過十年。那些反叛分子對阿拔斯帝國的統治構成重大挑戰，[13]一方面是因為人數眾多，一方面是因為他們占領的地區瘧疾肆虐，不易派兵討伐。

八七〇年代的叛亂史稱「津芝叛亂」（Zanj Rebellion），[14]涉及數萬名奴隸，多數來自東非（阿拉伯文「zanj」既指非洲東部地區，亦指其居民）。[15]奴隸的領導人是一位伊朗出身、受過高等教育的學者。挺身抗議本身嚴酷的工作環境，這些奴隸享受了大約十五年的自治，[16]才遭到中央政府——歷盡艱辛地——鎮壓。西元九〇〇年後便不再有奴隸叛亂發生，或許是因為主人不再分派那麼繁重的工作給那麼多無人監督的奴隸了。

我們可以從一本給奴隸買主的手冊上獲悉許多與伊斯蘭世界蓄奴有關的資訊。手冊的作者是名叫伊本・布蘭（Ibn Butlan）的基督徒醫生。[17]身為衛生學和養生飲食專家，他會讀敘利亞文、希臘文和母語阿拉伯文。住在巴格達的他還寫過一篇諷刺文章，滑稽地模仿江湖郎中。[18]那本手冊寫於一〇五〇年代，目標是運用他對世界地理和人體解剖學的了解，幫助讀者買到他們所能買到最好的奴隸。讀者可藉此仔細檢查準奴隸，判斷他們到底在哪裡出生。

伊本・布蘭支持這個（承襲自古希臘的）伊斯蘭觀點：環境會深刻影響人體的運作。在他看來，最好的奴隸來自東方（印度、阿富汗、巴基斯坦）：很少生病、體格好、甚至性情也好。西邊來的奴隸（敘利亞、埃及、北非）體弱多病，因為那裡氣候沒那麼好，所以營養失調。北方來的男性奴隸——包括羅斯人和其他斯拉夫人——身強體壯壽命長，但北方女性不會生小孩，因為他相信她們不會來經。南方來的奴隸跟北方的截然不同：他們壽命短，因為從小就營養不良，而且一天到晚拉肚子。

這類思想往往會塑造刻板印象，而伊本・布蘭的著作亦不令人失望。他曾引用一句諺語：「如有一名津芝奴隸從天空掉到地上，他唯一擁有的特質是節奏感。」

不同於古羅馬或後來美國南部的法律制度，伊斯蘭律法提供奴隸多條解放的途徑。穆斯林法學家對基本原則觀念一致，但對許多細節看法不同。[19]穆斯林可以擁有非穆斯林和已被奴役的穆斯林為奴，但不被允許奴役自由的穆斯林（雖然他們不時這麼做）。

雖然蓄奴非常普遍，但自穆罕默德時代以來的穆斯林領導者皆鼓勵解放奴隸。[20]伊斯蘭律法允許主人和女性奴隸交媾，但若因此有了後代，就必須承認後代為婚生子女。而主人若未在生前放孩子的母親自由，他死後，孩子的母親即恢復自由身。這種鼓勵解放奴隸的措施會造成一種整體效應：奴隸人口需要不斷補充新血。這就是伊斯蘭世界持續那麼大量進口奴隸，且持續那麼久的原因。

伊斯蘭世界的三大奴隸來源是非洲、東歐和中亞。[21]顯而易見地，被人帶出家鄉、到中東奴隸市場販賣的男男女女和孩童，是親身經歷了全球化的奴隸貿易。但留在家鄉的人同樣受到同胞離去的影響。有許多和穆斯林奴隸商人接觸過的民眾改宗伊斯蘭，進而促成伊斯蘭深入西非和東非傳播。

在巴格達，以及伊斯蘭世界各地，女性奴隸人數多於男性，而伊本·布蘭對女性奴隸之著墨也遠多於男性。他歸納了她們的外型、氣味和生育能力。他也提到哪些群體適合臨時婚姻契約。這是一種合法的變通方案，允許男人娶他欲共度良宵的娼妓為妻，哪怕只有短短幾個鐘頭，分手時便離婚。這般大費周章有其必要，因為伊斯蘭律法規定，唯有已婚夫妻，或主人和女性奴隸之間，才能發生性關係。

在討論巴加威（Bagawi）邊界地區（今蘇丹及衣索比亞之間）出身的女性時，布蘭納入一個驚人的細節。她們是優良的臨時婚姻奴隸，只要「她們在年輕時進口、沒有人傷害過她們，因為那個國家實行切除術，也就是拿剃刀完全割除覆蓋陰戶的外皮，直到見骨。」除了描述奴隸家鄉盛行的女陰切割，伊本·布蘭也聲稱奴隸交易商會對男性奴隸進行侵入性手術，摘除他們的膝蓋骨以防逃走。

伊本．布蘭讚揚某些群體個性討喜、願意服侍主人、善於養育子女。但他以這句警告替他的專著做結語：「總而言之：亞美尼亞奴隸是白人之中最糟的，正如津芝是黑人中最糟的。」伊本．布蘭的例子提醒我們：全球化固然常加快資訊流通，但流通的資訊未必正確。謬誤的資訊也可能傳播千萬里。

伊本．布蘭這本著作提供前所未有的視野，讓我們一睹西元一千年時來到巴格達這個伊斯蘭世界奴隸首要配銷中心的奴隸，分別出自哪些地方。他列出諸如查德湖（Lake Chad）地區、衣索比亞東北、衣索比亞中部、現今蘇丹的努比亞（Nubia）、北非和東非等非洲來源地。奴隸也來自非洲以外地區，如印度、巴基斯坦、阿富汗、中亞、裡海、現今土耳其、亞美尼亞和阿拉伯半島。幾乎所有奴隸產地都位於阿拔斯帝國邊界附近的非穆斯林土地，這十分合理。奴隸販子一取得奴隸，就會經由最短的距離帶到市場轉賣。

西元一五〇〇年以前的跨撒哈拉奴隸貿易，規模就已相當巨大，但我們很難查出確切的數字，因為這件事情不像橫渡大西洋的奴隸貿易有資料記載——把奴隸載往美洲的船隻會把奴隸列在乘客名單上，史學家能夠算出從十六世紀初奴隸交易開始，到一八三三年大英帝國廢奴為止，共有一千兩百五十萬名奴隸橫渡大西洋。

要估計徒步越過撒哈拉沙漠的奴隸人數，是極度困難的事。西元一千年時，最廣為使用的跨撒哈拉奴隸路線，是從西非到地中海地區。最早的一條路連結了位於撒哈拉北緣、現今利比亞境內的祖維拉鎮（Zuwila）和查德湖地區。在西元三〇〇年前，北非人會用有輪子的交通工具，包括雙輪車（chariot）來跨越撒哈拉。三〇〇到六〇〇年間，民眾開始馴養駱駝。[22]採用駱駝運輸後，商隊便可改行多條路線穿越沙漠，因為駱駝不需要「道路」。

究竟有多少奴隸跨越撒哈拉，相關史料少之又少。偶爾會有某位目擊者提供一個數字。例如在一三五三年，知名旅人伊本・巴圖塔（Ibn Battuta）在返回摩洛哥家鄉途中看到一支商隊穿越撒哈拉，他數了數，其中有六百名女性奴隸。[23]在這種大型隊伍中旅行的風險很高，因為奴隸販子只會配給最少量的糧食和飲水，最輕微的不幸也可能招致多人死亡。[24]穿越沙漠的奴隸可能有五分之一死在路上。

芝加哥大學教授拉爾夫・奧斯丁（Ralph A. Austen）把像這樣的片段資訊拼湊起來，估計在六五〇到一六〇〇年間，每年約有五千五百名奴隸越過撒哈拉前往北非和中東。九〇〇到一一〇〇年間，數字可能達到每年八千七百名，[25]堪稱伊斯蘭奴隸貿易的高峰。配合奧斯丁的研究，近年一項估計認為從六五〇到一九〇〇年，被人帶出撒哈拉以南非洲的奴隸總數落在一千一百七十五萬人，[26]只比據估計在一五〇〇到一八五〇年間橫渡大西洋的一千兩百五十萬名奴隸少一點點。

哈里發軍隊在西元七世紀征服北非，使奴隸賣出非洲一事成為常態，自然也增加了被販賣的人數。一份早期的阿拉伯史料指出，在祖維拉，「拿幾小塊紅布就可以買到」奴隸。今天，紅布在我們看來或許稀鬆平常，但以往對於沒見過彩色布料的人，卻有莫大的吸引力，不論北非或北美都是如此（還記得斯卡林人有多熱衷於和諾斯人交易紅布嗎？）。

穿越西非的路線是奴隸前往北非和開羅的首要管道。九世紀時，商隊開闢了一條貫穿撒哈拉、連接沙漠北端錫吉勒馬薩鎮（Sijilmasa，位於今摩洛哥）和尼日河谷的路線。阿拉伯地理學家指出錫吉勒馬薩位於「一塊光禿禿的曠野」，原為商人的小聚集地，而他們一年只有特定時間會碰面。後來，隨著當地統治者透過向商人徵稅而發達，「那裡成了城鎮」。拜全球化所賜，小聚居地成了較大的城鎮，最後發展為城市。

隨著道路從錫吉勒馬薩開闢，說阿拉伯語的商人和傳教士更頻繁地越過撒哈拉進入沙漠以南的非洲。結果，有更多在地統治者改宗伊斯蘭。

一位阿拉伯地理學家描述了是什麼樣的情況促使位於上塞內加爾河谷地（Upper Senegal River Valley）的馬拉爾（Malal）國王改宗。面對長期乾旱，那位國王殺光牛群獻祭，雨還是不下。他對一位穆斯林訪客哀嘆狀況，訪客回答：「噢，國王，如果您相信穆罕默德的先知使命（上帝保佑他、賜他平靜），如果您接受所有伊斯蘭宗教律法，我會祝願您擺脫困境，願上帝的慈悲籠罩貴國所有人民。」聞此，國王「便接受伊斯蘭、成為虔誠的穆斯林，」而訪客「讓他背了《可蘭經》的幾個簡單段落，教他宗教責任與常規。」

穆斯林訪客請國王等到下一個星期五的伊斯蘭安息日。兩個男人一直祈禱到天亮，「上帝讓豐沛雨水降落他們身上。」於是，國王立刻下令毀去國內所有偶像，並驅逐所有「巫師」。國王成為世人口中的穆斯林，他在王國裡的後裔和貴族也跟著皈依，但「老百姓仍維持多神信仰」[27]——在這段展現伊斯蘭力量的敘述中，這個細節別具意義。

以上就是關於伊斯蘭在早年西非資訊最豐富的紀錄，而其著述者是一位從沒去過非洲的穆斯林學者。駐西班牙哥多華（Cordoba）的巴克禮（al-Bakri）蒐集了許多自非洲歸來的旅人和商人的證詞，他也引用了瓦拉格（al-Warraq）在九五五年撰寫、現已失傳的資料。就那個時代而言，巴克禮的資訊新得令人驚訝。他還納入一個在一〇六三年登基的迦納國王的名字，距離他完成著作才五年。

巴克禮的著作堪稱「路線與地域」（routes and realms）寫作的典範，描述在西元一千年派上用場的人物和地方——特別是新的商用路線。他沿襲了九世紀時伊本．胡爾達茲比赫（Ibn Khurradadhbih）的模式。胡爾達茲比赫的母語是波斯語，但用阿拉伯文寫作，曾在伊朗賈巴爾區（Jabal）擔任郵政和情報官。（他後來可能搬到阿拔斯首都巴格達擔任通訊部長。）[28]

生活時代比巴克禮早兩個世紀，胡爾達茲比赫見證了阿拔斯哈里發的顛峰。從北非一路延伸到中亞，阿拔斯的領土廣大到連官員都不見得清楚到每一個地點的直達路線。而萬一發生緊急情況或暴動（其實經常發生），他們得迅速派軍隊過去。伊本·胡爾達茲比赫的職責是提供哈里發及其官員最新的地理資訊。

胡爾達茲比赫把他的發現整理起來，提供「一份闡明地球路線與地域的概要，並加以描述，說明它們有多遠，或有多近，哪些地方是耕地，哪些是荒原，還有各地之間的距離，包括通往世界遙遠盡頭的中繼站。」他明白，要安排行程，就需要從一點到另一點的精確距離，因此他的「路線」提供從一鎮旅行到另一鎮所需的時間。[29]「地域」則指他給予每一個地方的描述：當地的產品、居民、居民的習俗和信仰。[30]

這種「路線與地域」的著作描述住在世界不同地方的民族，而就歐亞非大陸的民族而言，這類著作提供的資訊，比西元一千年時的其他史料都多。這就是我那麼常引用阿拉伯觀察家的原因。他們提供關於羅斯人的關鍵資訊可補《往年紀事》之不足，而他們對非洲人的觀察又更重要了，因為十五世紀晚期以前，記述撒哈拉以南非洲的史料可說付之闕如。

在伊本·胡爾達茲比赫的時代，巴格達是世界數一數二的知識重鎮；唯一可與之媲美的中國唐朝首都長安雖有學校、藏書室和知識菁英，但中國學者幾乎全神貫注於歷史超過一千年的華語傳統。相形之下，阿拉伯語是相對新的語言，且在穆罕默德於西元六三二年去世前，幾乎沒有寫下文本。

由於對其他社會的學問深感興趣，阿拔斯的第二位哈里發，七五四－七七五年在位的曼蘇爾（Mansur）出資贊助將希臘文、拉丁文、梵文、波斯文有關地理、醫學、數學、物理學和邏輯的著作翻譯成阿拉伯文[31]。西元八〇〇年後，巴格達的工廠開始用中國的製造技術生產大量紙張——另一個早年的技術轉移例子。[32]巴格達的學者不光是翻譯，還做了大量註解，超越希臘人的研究成果。他們的努力永久保存了古典世界的學識。文藝復興時期義大利的譯者能夠復原若干古希臘文本，全是因為它們轉為阿拉伯文留存下來。

多虧先前的翻譯運動，巴克禮才能擄獲一群受過教育而想要更了解全世界的讀者。路線與地域的文類為他提供絕佳的模板來整理他蒐集的資訊。一如伊本．胡爾達茲比赫，巴克禮並未自稱去過他寫到的地方。

巴克禮解釋，在因乾旱解除而改宗伊斯蘭後，馬拉爾國王能夠繼續統治他的王國。在稍早的時代，當伊斯蘭世界一統於單一統治者時，任何改宗的國王都必須接受在位的哈里發為其精神及政治領袖。「哈里發」的意思是「繼任者」，[33]泛指伊斯蘭社會所有在穆罕默德之後的領導人。

在穆罕默德於六三二年過世後，沒有人知道該由誰繼承他的位置，因為他的兒子沒有一個活到成年。只有女兒法蒂瑪（Fatima）活得比他久，但身為女性，她不得領導新的社群。遜尼派（Sumni）認為穆斯林全體應從穆罕默德的部落古萊什（Quraysh）選擇新任領導人，什葉派（Shi'ite）則相信穆罕默德的堂弟，也是法蒂瑪的丈夫阿里（Ali），以及他的後代，擁有特別領導權。

第三個較小的團體：哈瓦利吉派（Kharijite），[34]在六五〇至六六〇年代與穆斯林分道揚鑣。認為穆斯林的領導人必須符合虔誠的標準，他們接受穆罕默德和前兩位哈里發的統治，但不接受第三位哈里發，也不接受後來成為第四位哈里發的阿里。

哈瓦利吉派還有個次級團體叫伊巴德派（Ibadi），他們比哈瓦利吉派願意和其他穆斯林妥協，說服馬拉爾國王改宗的訪客很可能就是伊巴德派。身為成功的商人，伊巴德派是第一批旅行到的黎波里（Tripoli）以南的傳教士，一邊拓展貿易網，一邊積極說服非洲人改宗。

穆罕默德過世沒多久，哈里發的軍隊便征服橫跨中東和北非的偌大領土。現今很多人認為軍隊會強迫被征服的民族改宗——這是「以武傳教」（conversion by the sword）的刻板印象——但史實並非如此。因為穆斯林繳的稅比非穆斯林來得少，多數統治者並不希望新征服土地上的居民改宗。他們需要非穆斯林多繳點稅。例如在伊朗就歷經數百年才有過半人口皈依伊斯蘭。在穆斯林統治的前兩百年，即六二二－八二二年，有四十％人口改宗，[35]到了西元一千年，約有八成人口改宗。在西元一千年以後，伊斯蘭已遠遠超過伊朗，傳播到非洲和中亞了。

由於會把掠奪物資分贓賞給部隊，伊斯蘭軍隊在征服新土地上一帆風順，但哈里發並未成功創造持久的結構來榨取人民的稅收。阿拔斯統治者在指派總督管理廣大轄區時，有時會授予他們遼闊的領地，等於讓他們實質獨立。經由這樣的安排，總督有權以任何他喜歡的方式在所轄領土收稅，只要每年上繳某個比例給哈里發即可。但如果他沒照規矩來，哈里發除了派兵討伐別無他法。但哈里發不見得能這麼做，尤其如果他需要軍隊來抗衡王位競爭者的話。很多時候當一位哈里發駕崩，他的兒子——甚至兄弟——就會陷入爭奪戰，直到有人擊敗所有對手為止。

艾哈邁德．伊本．突倫（Ahmad ibn Tulun）就是率先脫離阿拔斯的總督之一。他的父親是突厥人，以奴隸身分在阿拔斯擔任士兵。由於無法吸引足夠志願者加入軍隊，阿拔斯從中亞徵募了數千突厥士兵，有些是支薪的傭兵，有些是買斷的軍事奴隸。入伍從軍後，兩個團體都領薪水，也都可以晉升高階職務。

身為受僱士兵，伊本．突倫在伊拉克長大，後以初級軍官身分派駐埃及。他最終升任福斯塔特（Fustat，開羅的前身）總督，[36]負責收取埃及全境賦稅。[37]他打造的清真寺有氣勢磅礴的庭院和別具一格的尖塔，至今仍是開羅大受歡迎的景點。伊本．突倫從來沒有按時上繳稅收（他在一千多年前哄騙哈里發的故事，現今開羅居民仍津津樂道），但哈里發軟弱無力，無法對他採取行動。

伊本．突倫的關鍵力量來源是軍隊：軍隊是他召募的，因此效忠於他——而非哈里發。除了兩萬四千名來自突厥中亞的軍事奴隸，他的軍隊還有從尼羅河流域南部及西非過來的四萬兩千名奴隸及自由人。此外還有「希臘人」——這裡是通稱，泛指所有住在拜占庭領土的人——[38]進他的軍隊服役。伊本．突倫統治到他於八八四年過世，死後由兒子接任。九〇五年，阿拔斯暫時收復埃及掌控權。

但到了九四五年，阿拔斯哈里發失去整個帝國的掌控權。布維西部落（Buyid）出身的三兄弟建立實力雄厚的軍隊，接管了阿拔斯心臟地帶最重要的幾個城市，包括巴格達。哈里發稱三兄弟其中一人為「指揮官中的指揮官，」一把所有軍事權威讓給他，而布維西統治者把哈里發囚禁在他巴格達的宮殿。[39]

一〇五五年塞爾柱人攻下巴格達，接替布維西人繼續俘虜哈里發。這項安排讓阿拔斯統治者得以繼續擔任名義上的哈里發，直到一二五八年蒙古人進犯巴格達、殺死最後一位哈里發為止，但他們既無自己的軍隊，亦無實權。不論誰俘虜哈里發，都會成為巴格達的實質統治者。而先前由阿拔斯統治的諸多地區，獨立統治者紛紛掌握權力。

這些後阿拔斯的統治者包括布維西人、塞爾柱人和其他王朝。幾乎所有意欲脫離阿拔斯哈里發自立門戶的挑戰者都是穆斯林，唯一的例外是試圖復興古伊朗的祆教而未果。

傑出英國伊斯蘭史學家休．甘迺迪（Hugh Kennedy）創造的「穆斯林聯邦」（Muslim commonwealth）一詞總結了西元九四五年後阿拔斯哈里發國的政治和宗教概況。與今日英國君主類似，哈里發沒有政治或軍事實權，但仍是穆斯林社群具象徵性的名義領袖，全伊斯蘭世界帶領禱告的人都會在星期五禱告上提到他。而聯邦元首的地位也讓他有權調解遜尼和什葉派穆斯林之間的紛爭。

就算政治分歧，住在穆斯林聯邦不同地區的每一個人都信仰伊斯蘭、都接受穆罕默德的權威，都讀阿拉伯文的《可蘭經》，也盡可能參與麥加朝覲。巴格達仍是最重要的學術中心。

這個時候，開羅正逐漸崛起為大城，劃下北非史上的一大轉捩點。乍看下，由於戰略位置重要，選擇尼羅河三角洲作為埃及首都是自然不過的事。但除了孟斐斯（Memphis）外，埃及以往的首都皆遠在開羅以南。伊斯蘭之傳播與跨非洲新貿易路線之建立促成了開羅之繁盛。不管經由陸路或海路，貿易路線都會匯聚在尼羅河注入地中海之處。載滿西非貨物的商隊和船隻會沿著地中海岸旅行；沿著非洲東岸北送的貨物，則會從波斯灣的港口，經由陸路運到開羅來。

開羅在西元九六九年正式建城，法蒂瑪王朝——以穆罕默德女兒法蒂瑪為名的什葉派王朝——從原本位於現今阿爾及利亞的根據地遷到福斯塔特來。他們在那裡建造名為「夸西拉」（al-Qahira）的全新城市，「夸西拉」意為「勝利」，[40]就是「開羅」（Cairo）這個英文字的源頭。最早的法蒂瑪城牆甚至有部分屹立至今，而福斯塔特是現今尼羅河畔、面對吉薩（Giza，吉薩金字塔及人面獅身像所在地）的地區名。

來開羅的觀光客可以沿著一條連結兩端城門的街道漫步。這條街上你會見到在西元一千年由法蒂瑪哈里發哈基姆（al-Hakim）所建的一座清真寺。[41]哈基姆以發布多道古怪的命令著稱，例如禁吃多種常吃的蔬菜，和禁止鞋匠幫女性製鞋，好讓她們待在家裡等等。很多人說他也曾摧毀耶路撒冷的聖墓教堂（Church of Holy Sepulcher），但據一位四十年後到訪的穆斯林形容，損害其實微乎其微。因為穆罕默德「六二二年旅程」（抵達麥地那，為伊斯蘭曆法之始）的四百週年紀念落在哈基姆當政期間，他發布大量敕令準備可能來臨的審判日——穆斯林欣然歡迎之一日，因為那將解放等待、受苦中的死者。一〇二一年，哈基姆出發

圖 1：一如伊斯蘭世界的慣例，製圖師伊德里西於一一五四年繪製的地圖集將南方置於頂。我們可從尼羅河的源頭（以連接一座山的三個點表示）得知，非洲在地中海上方。如果你把地圖倒過來看，可以辨識出歐洲在左、亞洲在右。西元一千年時，伊斯蘭的地理學家比誰都了解這個世界。

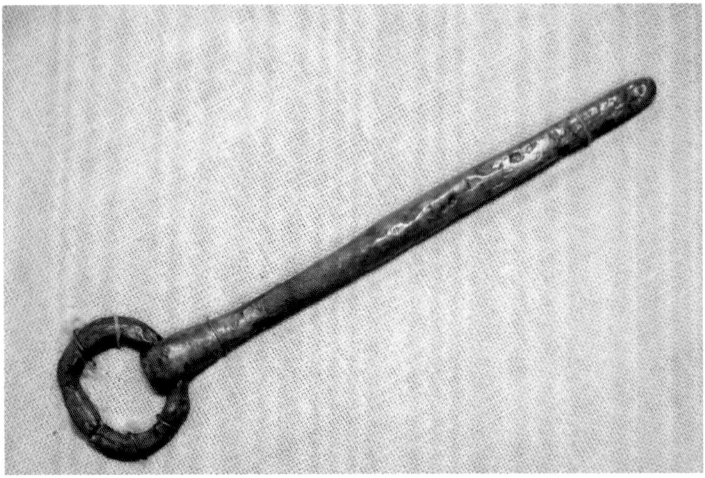

Parks Canada

圖 2：這只斗篷別針的發現證實維京人——而非加拿大東北部的原住民——曾於西元一千年抵達蘭塞奧茲牧草地。他們只待了十年。

Maine State Museum, MSM 72.73.1

圖 3：這枚在緬因州發現的銀幣是真的維京硬幣，上面刻了戴著王冠的奧拉夫三世（Olaf III）。在一〇六五至一〇八〇年間鑄造，此幣顯示維京人在放棄蘭塞奧茲牧草地的聚居地後，仍會回美洲取得木材。

圖 4：這座小教堂曾舉行一場婚禮，而在那場婚禮兩年後，諾斯人便撤出格陵蘭。西元一千年時，許多非歐洲民族都在格陵蘭開闢新的路線，其中，因紐特人的祖先圖勒人之所以能取代維京人，是因為擁有卓越的捕海豹技術。

圖 5：大英博物館廣受歡迎的收藏品劉易斯島棋組（Lewis Chessmen）是在一一五〇年用海象象牙雕刻的。當時，較高品質的非洲象牙都會直接流向亞洲更富裕的消費者，歐洲消費者只好湊合著用質地較粗糙的海象象牙。

圖 6：這是武士神廟的典型戰鬥場景，馬雅繪者用不同顏色來區別攻擊者與對手：攻擊者一身灰，對手的皮膚上有黑色橫線。圖畫上方，兩方爭奪一個村落；下方，兩個戰勝的灰色勇士走在俘虜後面。

圖 7：被俘虜的維京人？一名囚俘在水裡，雙臂被綁住，另一名囚俘的頭髮則被人抓住。兩人都有一頭金髮、淺色眼睛和白皮膚。這些出自武士神廟的繪畫提供極具説服力的證據：西元一千年前後，曾有諾斯人的船隻被風吹離航線，最遠漂到猶加敦半島。

圖 8：因為諾斯人把死者葬在完好無損的船上，我們確切知道維京船隻的樣貌，以及如何造成，圖中的高斯塔號即為一例。

圖 9：這幅馬雅壁畫來自奇琴伊察的蒙哈斯建築，畫了一艘有清楚木板的船隻，與高斯塔號類似。

Alamy

圖 10：奇琴伊察查克穆爾雕像的平坦腹部可能是做為放置祭品的平台使用，祭品可能包括獻祭者被挖出的心臟。這樣的雕像在西元九五〇年後於該遺址出現，是新國際建築風格的標記。

American Museum of Natural History, Anthropology, Catalog No. H/3239.

圖 11：這些是新墨西哥州查科峽谷出土的貯存器皿，考古學家在檢測其殘餘物質時赫然發現當地與馬雅人進行長距離巧克力貿易的證據。那驗出的微量可可鹼——可可豆的招牌化學物質——證明古普韋布洛人曾經從兩千五百哩（四千公里）外進口巧克力。

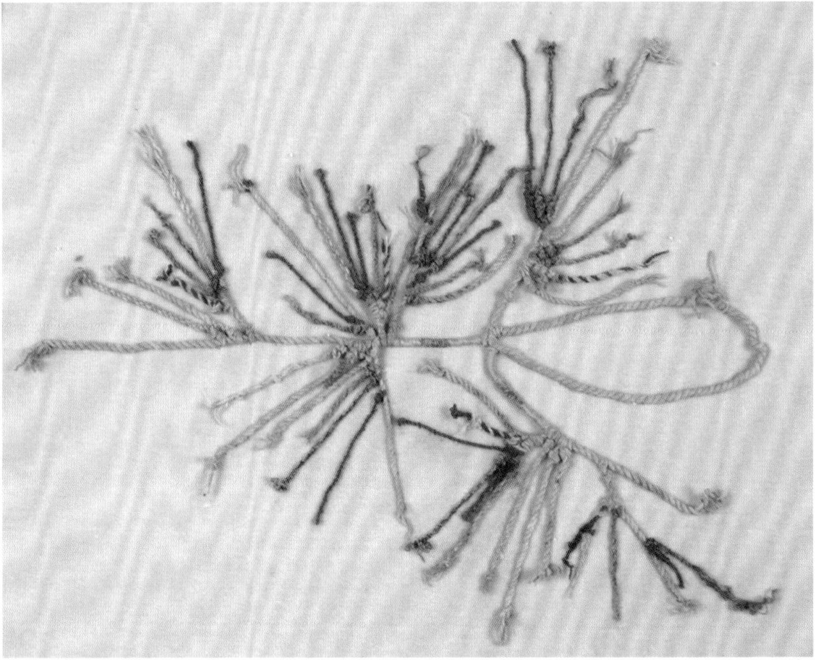

American Museum of Natural History, Anthropology, Catalog No. 41.2/6740.

圖 12：瓦里帝國（今秘魯）的統治者使用彩色絲線編成的繩結來記錄不同的物品數量，尤以稅額最有可能。五百年後，印加人也用類似的結繩紀錄來管理其複雜的經濟。

圖 13：約四十萬枚貯藏於北歐及東歐各地的銀幣，其中許多刻有阿拉伯文字，是中東人曾向歐洲戰團領袖購買斯拉夫和斯堪地奴隸的鐵證。那些領袖會把得來的一部分硬幣分送追隨者，或是把硬幣熔化製成臂環送給他們。

Alamy

Natalia Kolesnikova/AFP/Getty Images

圖 14：西元九八八或九八九年，弗拉基米爾王子選擇東正教作為羅斯王國的宗教，這是全球性宗教在西元一千年前後崛起的關鍵一步。一千多年後，二〇一六年，俄國總統弗拉基米爾．普亭（Vladimir Putin）在莫斯科新建的一尊高五十六呎（十七公尺）、與他同名的弗拉基米爾王子雕像旁發表演說。

Gian Pagnoni

圖 15：一〇一一年，居民在馬利一個貿易城鎮刻了這些阿拉伯文。其中一句說：「真主是唯一的神」；另一句則解釋為什麼這個地方小鎮要取名為麥加。西元一千年時，歐亞非大陸各地都有人放棄地方信仰，改宗伊斯蘭、基督教、佛教或印度教。

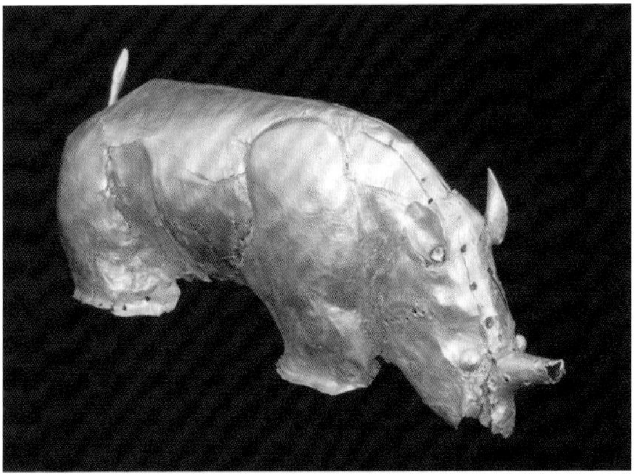

Heritage Images/Hulton Archive/Getty Images

圖 16：這隻長六吋（十五公分）的黃金犀牛偶然在馬蓬古布韋（今辛巴威與南非交界）出土，帶動考古學家發現一個重要的黃金出口社會。西元一千年及往後數個世紀，非洲人自行處理黃金的採礦、長途運輸及銷售。

Alamy

圖 17：馬利國王途經開羅前往麥加時，帶了一百頭駱駝載運現值八億美元的黃金。他家財萬貫的消息傳到西班牙，一位製圖師畫下我們所擁有唯一一幅曼薩·穆薩的畫像。

Alamy

圖 18：圖為阿富汗泊斯特（Bost）伽色尼王朝冬宮優美的拱門。一〇二七年時，馬哈茂德接待一位來自中國北方、信奉佛教的遼國使者，但他斷然拒絕其邦交提議，而劃出一條界線分隔佛教與穆斯林世界。

University of Edinburgh Library

圖 19：透過征服和精明的結盟，加茲尼的馬哈茂德鞏固了伊斯蘭在中亞的地位。這幅畫中，他穿著阿拔斯哈里發賜給他的長袍站在王座上，哈里發在九九九年時封他為「可靠的信仰支持者。」

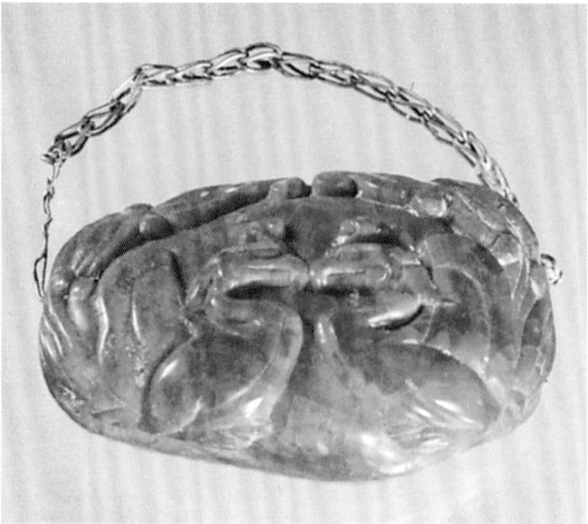

Cultural Relics Press, China

圖 20：一名遼國公主在一〇一八年下葬時握著這塊琥珀的抓手。琥珀雕了兩隻面對面的鳳。帝國工匠雕刻的琥珀多半產自四千哩（六千四百公里）外的北歐波羅的海地區。

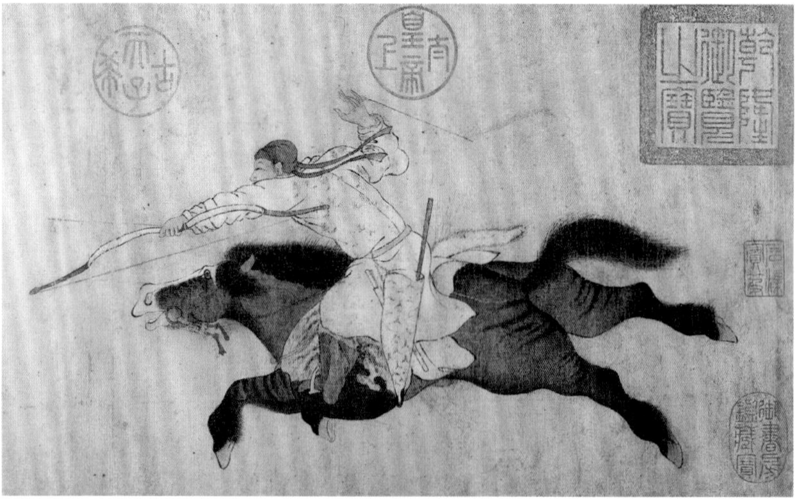

Edward Elliott Family Collection, Purchase, The Dillon Fund Gift, 1982, Metropolitan Museum of Art

圖 21：這幅中國繪畫生動呈現了一名準備再上箭的中亞騎士有多驍勇善戰。西元一千年時，中亞成了軍事奴隸的主要供給地之一，許多統治者買來當時最厲害的武器——成千上萬名訓練有素的弓箭手。

Alamy

圖 22：位於現今印尼的婆羅浮屠是世界最大的佛教寺廟，吸引東南亞各地的遊客前來，而很多人會搭船來此遺址。朝聖者要爬九層樓、走三哩路（四．八公里），才能抵達七十二座雕像矗立的頂端。

Alamy

圖 23：婆羅浮屠這面淺浮雕呈現一艘有舷外浮木的雙桅帆船，乃西元八百年後使用的船隻。不尋常的是，東南亞的造船工人沒有用釘子。他們用暗榫和繩索把木板綁在一起。這樣的船可載運六十萬只瓷盤。

National Library of Australia

圖 24：透過觀察海象、鳥和星辰，傳統的玻里尼西亞水手完全不用儀器就可橫渡太平洋。他們的船是用繩索把兩艘獨木舟跟木框捆紮在一起，再裝上一面船帆。

© RMN-Grand Palais/Art Resource NY

圖 25：這兩個容器都是在西元一千年製造，也在同一個波斯城市出土。左邊的壺為中國製，潔白光滑的表面是當時最先進的技術，波斯陶藝家紛紛仿效以保住市占率。他們固然仿得了壺嘴，卻做不出閃亮的光澤。

圖 26：在這位畫家詮釋的《源氏物語》場景中，源氏皇子與他同父異母的兄弟同坐讀一封信，跟前是兩罐參加製香競賽的作品。日本和中國廷臣皆使用進口香木，使芳香物成為非常普遍的消費品。

Geoff Steven; Our Place World Heritage Collection

圖 27：朝鮮曾是重要的國際出版中心，中國、日本和契丹買主都會來這裡找難找的文本，而當時的印刷方式是把紙張鋪在上了墨的雕版上拓印。海印寺共有八萬一千塊十三世紀製造的雕版，圖中，一名僧侶正在檢查其中一塊。

Alamy

圖 28：認為世界將在一〇五二年步入終點，輔佐年幼天皇的日本攝政王將他位於宇治（京都附近）的住家改建成佛寺來迎接末日。這座佛寺極受日本人景仰而成為十日圓硬幣的圖案。（宇治平等院）

進入沙漠，但一去不返，且屍體始終未尋獲。他的姊姊任攝政王輔佐她的姪子，讓法蒂瑪的統治延續下去。

開羅同一條街道上還有一棟建築，即「商棧」（wikala），內有旅社、清真寺、倉庫、商人使用的多樓層工坊和市場——很容易作為奴隸市場運作。不同於先前接受阿拔斯哈里發名義領導的朝代，法蒂瑪王朝自己主張哈里發頭銜，宣稱有權領導整個伊斯蘭社群。法蒂瑪王朝掌控了埃及地區。

當時開羅雖由什葉派法蒂瑪統治，仍有眾多基督和猶太人口。本・以斯拉（Ben Ezra）猶太教堂位於現今開羅的科普特博物館（Coptic Museum）附近，在名為「格尼札」（geniza）的圖書室中保存所有用希伯來字母撰寫的紙張（希伯來文被認為是上帝的語言），才能有超過二十萬份殘篇斷簡留存至今。

格尼札的資料顯示猶太人也蓄奴，只是有些做法與穆斯林不同。伊斯蘭律法允許男主人和女性奴隸同居，猶太人則禁止男主人和女奴同住一屋，除非有其他女性親戚也住屋內。格尼札隨機保存的資料也讓我們一睹實際生活，而非法律規定該怎麼做。買到男性奴隸，朋友會像兒子出生那樣互相祝賀，如有奴隸女孩過世，他們也會寫短信慰問主人。[42]

開羅在法蒂瑪統治下欣欣向榮，成為西元一千年時非洲最大的城市，人口在五十萬左右。[43]

從亞歷山大港，也就是離開羅最近的埃及港口，人們可以越過地中海到西西里和義大利，而有一大群來自義大利阿瑪菲海岸（Amalfi coast，在那不勒斯附近）的商人，搬到這個新首都居住。他們交易的一項主要貨品是從東非和西非取得的象牙。十一、十二世紀有許多雕刻精美的象牙盒等物件流傳至今。[44]

就像十字軍運動期間君士坦丁堡的威尼斯人，這些來自義大利阿瑪菲共和國的商人，在法蒂瑪統治的開羅也自住一區。九六〇年代，當拜占庭打敗賽普勒斯和克里特穆斯林統治者的消息傳到開羅，開羅隨即爆發數起針對基督徒的暴力。開羅的穆斯林居民視法蒂瑪以外的穆斯林國家為一體，純粹因為他們有一致的宗教認同，而這正是拜全球化之賜，先前的地方認同已拓展為區域認同的徵象。

九九六年，開羅居民對阿瑪菲商人施暴。[45]導火線是五月五日一場火災燒毀了法蒂瑪海軍十六艘新造船艦。[46]在地人歸咎於阿瑪菲商人，便燒了阿瑪菲商人的住家和倉庫，更殺害一百多個義大利人。此事恰好發生在一〇九六年第一次十字軍運動的一百年前，這場暴動證明開羅的穆斯林居民和君士坦丁堡的基督教居民一樣，強烈怨恨外國商人的財富。

西元一千年時，從非洲出口通過開羅的物資除了奴隸，還包括象牙、銅、青銅，以及最誘人的黃金。那個年代的一大祕辛是鑑定黃金的來源——不只是礦區位於哪裡，還有確定礦區由誰掌控，以及所產黃金由誰販售。因為知道這些，買方就可能質疑主導黃金交易的掮客，掮客會無所不用其極地阻止外人了解他們的運作方式。這些祕密保守了好幾百年。

迦納一位國王擁有的黃金之多，讓巴克禮投入相當大的篇幅介紹。國王戴著黃金裝飾的帽子，十名侍從揮舞著金盾和金劍。宮廷裡的年輕貴族拿黃金編髮辮。國王的馬披著繡上黃金的布，警衛犬的脖子「戴著金和銀製成的項圈，圈上釘著好幾顆金球和銀球。」聽來或許難以置信，但巴克禮對黃金的執著是發自內心的。他說，國王獨占了黃金的生產：他固然允許臣民採集砂金，但所有金磚都歸他所有，而他擁有一塊「跟大石頭一樣大」的金磚。

巴克禮說，國王在迦納的領土「包括一座平原上的兩個城鎮。其中一個是穆斯林居住，那裡占地廣大，擁有十二座清真寺，而穆斯林會去其中一座進行星期五禱告。」該鎮居民包括禱告召集人、律法專家和學者。儘管有些臣民和多位大臣信奉伊斯蘭，國王則不然。國王的軍隊有二十萬名士兵。統治著廣大的領土，國王需要識字的穆斯林出任官僚，就如同弗拉基米爾和歐洲其他新君主需要識字的基督教士一樣。

另一個相距七．五哩（十二公里）的城鎮是國王的家鄉，「這些民眾的巫師，即掌管宗教膜拜的人，」[47]在那裡極具影響力。（那裡有一間供訪客使用的清真寺。）民間信仰處置死者的方式和伊斯蘭信徒不同。穆斯林沒有陪葬品，在地宗教信徒埋葬國王時卻會連他的床鋪、毯子、墊子、武器、盛滿食物飲料的杯盤一起埋入，甚至還有「可供他食用的」男屍。如巴克禮的報告一樣看似不可能的是，考古學家發現尼日河流域的國王墳墓裡，都埋著他們的隨從。

但這位國王的首都到底位在哪裡呢？最有可能是茅利塔尼亞的昆比薩利赫（Koumbi Saleh）。二十世紀初的挖掘人員在那裡挖出阿拉伯碑文和一間清真寺的殘骸，顯示這裡曾有穆斯林居住，另外還有當時常見的貿易品，特別是珠子和玻璃重物。這裡可能就是巴克禮描述的穆斯林城鎮，而考古學家提出這個王國可能有多個首都，國王依季節輪流使用——這在非洲是普遍現象。[48]

巴克禮鑑定出迦納國王的黃金來自吉亞魯（Ghiyaru），[49]塞內加爾河畔的貿易站，對岸就是金礦區班布克（Bambuk）。但他沒說是誰開採金礦，或誰掌控黃金貿易。巴克禮說貿易站距離「尼羅河」十五哩（二十四公里），「有許多穆斯林」。

當然，尼羅河沒有流經西非任何一處。但因為托勒密（Ptolemy）相信尼羅河連接非洲所有聚落，巴克禮便依照這位希臘地理學家所言，把許多條河川都叫作尼羅河。[50]雖然他沒有提出塞內加爾河或尼日河之名，但巴克禮確實知道它們的路線：他正確地描述尼日河在加奧（Gao）附近轉了個大彎。[51]

迦納國王的賦稅政策奇特到巴克禮特別提出來：「每有載滿一驢子的鹽進入國土，國王就要收一枚金幣（第納爾），送出去則要收兩枚。」這個政策鼓勵撒哈拉南端塔加札鎮（Taghaza）的商人帶領載運大鹽磚的駱駝商隊進入迦納（本身不產鹽）並在當地銷售。我們也許納悶，既然國王想鼓勵鹽進口，為什麼要課鹽稅？他應該是需要這筆稅收吧。

迦納國王創新的收稅方式讓他得以受惠於商品的流動，而這正是西非統治者的主要收入來源。只要統治者控制進出城裡的門戶、僱用幾位市場監督者，就可以從貿易稅獲利。進入王國的貨物，稅率不盡相同：雖然大部分貨物課十%的稅，銅卻只收五%以鼓勵進口。迦納不產銅，但附近伊博烏庫（今奈及利亞東部）產地的居民產。他們會在銅裡添加錫，或鉛和錫，來製造兩種青銅。

年代可溯至西元一千年前後的伊博烏庫青銅塑造出人形、昆蟲、鳥和蛇。它們是脫蠟工序的驚人例子，不過製作者也可能是用當地灌木林所產的乳膠代替蠟來做成澆鑄青銅的模子。伊博烏庫出產最引人入勝的一些青銅器，飾有開羅出產的小玻璃珠——跟東非海岸馬蓬古布韋使用的玻璃珠一樣——顯示東非和西非的買家不約而同，都會大量購買進口的珠子。

伊博烏庫有兩大文物遺址。一塊皇家墓地內有三支象牙、踝飾等銅製品，以及一些鐵製品。另一處王室倉庫則保存了十萬多顆進口的玻璃珠和紅瑪瑙珠（最可能來自印度），[52]以及各種不同形狀大小的青銅器。這些物品的原料包括銅、錫、鉛，來自尼日河流域各地，是新貿易路線在西非縱橫交錯的明證。[53]

商品流動若遍及區域各地，既能造福當地人，也能嘉惠統治者。古傑內城考古遺址（位於現代傑內城東南方兩哩〔三公里〕處）的規模，象徵著尼日河在傑內與廷巴克圖（Timbuktu）兩城之間的財富。作為重要的黃金集散地，古傑內城有多個廢棄陶器的沉積層。其中一個有二十六呎（八公尺）深、含有一百五十萬片年代從西元前三百年到西元一四〇〇年不等的陶器碎片。非得有龐大的人口，才可能留下那麼多東西。[54]西元一千年前後，傑內城在年中雨量豐沛、難以長途行走或放牧動物時的人口達到兩萬人。我們知道該城居民來自許多不同地方，因為他們埋葬死者的方式多達四十種。一如在查科峽谷，有多樣的埋葬形式，就表示有多元人口同住一地，而這也是早期全球化的表現。

一片刻有阿拉伯文的屋瓦在西元九〇〇年前後的沉積層出土。（至今當地人仍使用類似屋瓦，且上面有一模一樣的阿拉伯詞語。）那一層底下仍有陶器破片，表示不是外人開啟西非的貿易；貿易在外人抵達一千多年前就開始了。

跨越非洲和伊斯蘭世界其他地區的商品也包括農作物，巴克禮在描述撒哈拉以南另一個黃金貿易重鎮奧達戈斯特（Awdaghust，今茅利塔尼亞泰達烏斯特〔Tegdaoust〕）時，就解釋了這件事。那裡的居民種植小麥、高粱、胡瓜，還從「遙遠的伊斯蘭領土」進口「棗子和葡萄乾」。棗子原生於伊拉克南部波斯灣附近，也從波斯灣進入非洲，高粱則是反方向從西非輸入伊斯蘭心臟地帶。在印度人掌握如何把蔗糖製成糖結晶的加工技術後，糖也從印度進入伊拉克，再從伊拉克進入埃及，而在埃及成為受歡迎的作物。糖在十一世紀傳遍歐洲，因為昂貴，一般作為香料少量使用，而非當甜味劑。[55]這些遠方傳入的新食材影響了每一個人，而不只是直接參與貿易的人。

在一〇五四年阿爾摩拉維德王朝（Almoravids，又譯穆拉比特王朝）征服西非後，像奧達戈斯特這樣的商業和農業重鎮仍持續繁榮昌盛。[56]阿爾摩拉維德王朝的創立者是撒哈拉沙漠北端柏柏爾部落（Berber）的成員。從麥加朝覲回來後，他決心要讓家鄉社會更遵從伊斯蘭律法，因此延聘一位曾在摩洛哥研究法律的宗教顧問。這位創立者開始領導部族發動襲擊，被打敗的鄰族都必須上繳財產的三分之一。[57]這對一項成長中的運動來說，是相當珍貴的收入來源。

阿爾摩拉維德王朝順利統一西非沿海和西班牙南部的民族。許多西非出口的黃金最終都到了西班牙，成為阿爾摩拉維德金幣。阿爾摩拉維德王朝統治了超過百年，最後被薩拉丁擊敗——也就是那位從十字軍手中奪回耶路撒冷的領導者。阿爾摩拉維德的統治有個重要的長期影響：那永久降低了哈瓦利吉派穆斯林的影響力，[58]就算該派傳教士自十世紀以來就活躍於西非，也曾促使馬拉爾國王改宗。

在阿爾摩拉維德王朝當政下，「三角貿易」儼然成形。歐洲人將珠子和紡織品等製造品帶到北非港口，從那裡進入內陸到達錫吉勒馬薩等貿易城鎮，轉給穿越撒哈拉的商隊帶到塔加札和南方其他城鎮。在塔加札，當地人會拿鹽交易珠子和紡織品，讓商隊載滿鹽磚離開。當商隊抵達終點，不產鹽的尼日河流域，便拿鹽交換黃金和奴隸。回程，他們把黃金和奴隸載到北方，[59]用黃金和奴隸換來更多珠子和紡織品，重啟循環。

塔加札的居民不僅提供鹽磚給南行的商隊，他們還設計了一項新的黃金製品——空白的硬幣——讓商隊載往北方。那叫「光禿第納爾」（bald dinar），巴克禮解釋，「因為那些是純金，沒有任何戳記。」國王會買這種空白硬幣，刻上文字，讓錢幣在自己的領土內流通。他們的政府可從硬幣較高面額和金屬實際價值的差額獲利，也就是「鑄幣利差」（seigniorage）。位於塔加札東南方的塔德麥加鎮（即非洲出現最早阿拉伯碑文的地點）已發現用來鑄造這種金幣的模子。[60]

考古學家尚未發現被商隊拋棄的黃金貨物，但在馬利及茅利塔尼亞邊界上的一個遺址，有商隊放棄運送的一噸（〇・九公噸）黃銅條和九磅（四公斤）的瑪瑙貝殼（cowrie）。[61]物主之所以在沙漠拋棄這些貨物，或許是因為他們的駱駝逃跑或死亡。那些貝殼原產於馬爾地夫（Maldives），被當成貨幣使用。它們證明西非需要印度洋貿易的貨物。[62]

巴克禮描述了一種來自西非的獨特物品，而那種物品進入歐亞的路徑耀眼地闡明了貿易路線在西元一千年後的擴張情況：一種不會著火的布料。「一個值得信賴的人」跟巴克禮提到有位「商人」帶了一條「用這種布料製成的手帕」給斐迪南（Ferdinand）——一〇六〇至一〇七〇年代統治西班牙西北部的君主。相信那條石棉手帕「原為一名耶穌門徒所有，」斐迪南把它當禮物獻給君士坦丁堡的拜占庭皇帝。巴克禮解釋，有其他人指出曾在巴格達見過一條不一樣的石棉手帕，而這也是非洲貨物沿新路線運送的例子。（沒有當時製造的石棉手帕留存至今，不過據傳查理曼曾把一條骯髒的石棉桌布扔進火裡，取出後變得潔白無瑕，令賓客大吃一驚。[63]）

巴克禮固然描寫了這類罕見的貨物——這符合「路線與地域」的寫作標準——但也承認黃金更加重要，他說：「奧達戈斯特的黃金是全世界最好、最純的。」他也提到一個名叫亞利斯納（Yarisna）的商人會輸出黃金到其他國家，但說得不多，因為金礦在哪裡開採及如何販售的細節仍是祕密。

其他作家也對黃金貿易的運作方式提出自己的見解。有些人描述了一種買賣雙方始終沒有見到面的「沉默交易」（silent trade）。最早描述這種交易的史學家是西元前五世紀的希羅多德（Herodotus）。[64]他說，迦太基人（Carthaginian）會把想交易的貨品放在海灘上，點火通知有黃金的交易對象。當地人會把黃金放在欲購之物旁邊，退回遠處，靜觀其變。如果迦太基人接受價碼，就會取走黃金，留下貨物。「雙方都非常誠實，」希羅多德這麼聲稱。[65]光這句話就足以懷疑他的解釋了！沉默交易不僅假設世界童叟無欺，還需要絕對安全——擱在那裡一整晚無人看管的金條，明早還在那裡。

十世紀阿拉伯作家馬蘇第（al-Masudi）寫到商人會從錫吉勒馬薩帶東西來，說那裡是撒拉哈北端的貿易中心，也是許多商隊展開旅程，前往「黃金國度」的起點。他對沉默交易的說法和希羅多德如出一轍，但做了這個引人好奇的補充：要是錫吉勒馬薩的賣方不滿意買方提出的黃金量，「希望增加，」[66]會讓黃金留在貨物旁邊，試著獲得更好的報價。

從未親眼見過真正交易情況的作家最可能訴諸沉默交易的神話。[67]其實，黃金交易涉及錯綜複雜的貿易網，包括負責與礦區主人直接洽談黃金價格，但對自己扮演的重要角色始終保密到家的掮客。甚至到十四世紀都還有觀察家訴說北方商人拜訪迦納數日，聘請當地人帶他們去見黃金礦工的故事。這位觀察家仍重複沉默交易的古老神話，顯示他也無法揭開中間人的神祕面紗。[68]

迦納王國在十一世紀步入衰落。數份阿拉伯史料指出阿爾摩拉維德王朝在一〇七六年征服迦納，但首都昆比薩利赫的出土文物證實，這座城市在那一天後仍持續繁榮了一個世紀。那段時間，這個地區也可能經歷了氣候變遷。[69]

湖底岩芯（lake core）的證據顯示，非洲西部撒哈拉以南薩赫勒地區（Sahel）的氣候，自一〇五〇年起降雨增加，一直持續到一三〇〇－一四〇〇年間的某個時候。雨水使草料供應充足，讓馬的數量持續成長（馬是在西元五〇〇－八〇〇年間從歐洲引進該區）。[70]馬改變了戰爭的性質。據巴克禮的說法，一〇五〇年以前，迦納國王和阿爾摩拉維德王朝的武裝戰士是騎駱駝，駱駝數量多達十萬頭。但一二〇〇年以後，統治者改成騎馬打仗。

約莫這時，開羅發生了一場政治劇變，一群名喚馬木路克（Mamluk，阿拉伯文數個意為「奴隸」的詞語之一）的軍事奴隸，在一二五〇年推翻埃宥比王朝（Ayyubid dynasty）的末位統治者，自立為王。由於從黃金和奴隸交易獲取可觀利益，馬木路克統治了好幾個世紀。

穿越撒哈拉的黃金貿易之所以在十四世紀中葉達到高峰，是因為歐洲對黃金需求龐大。數量難以預估，但在西元一千年前後，每年穿過撒哈拉北送的黃金可能有三、四噸之多（二．七至三．六公噸，今日市價約一億五千萬美元），且持續數個世紀之久。[71]

有個男人更是搭上黃金熱潮獲致鉅富——十四世紀初在位約二十五年的馬利國王曼薩・穆薩（Mansa Musa）。當他在一三二四年前往麥加途中經過開羅，他那由一百頭駱駝組成、載滿黃金的隊伍令開羅居民目眩神搖。「曼薩」意指「最高統治者」，穆薩是「摩西」（Moses）的阿拉伯語發音，所以他的名號意謂「摩西國王」。無人不為他的財富瞠目結舌。他和他的隨從出手闊綽，可說隻手讓開羅金價大跌。[72]同時代的人預估曼薩・穆薩此行帶了十三到十八噸（十二到十五公噸）的黃金，[73]堪稱當時世界最富有的人。

曼薩・穆薩跟兩位開羅居民聊了黃金交易的事，於是這兩位觀察家開始拼湊黃金交易的地點、內容及方式。

其中一位名叫杜卡里（al-Dukkali），住過馬利，他認為帶砂金給曼薩・穆薩的民族不是穆斯林。「假如曼薩・穆薩蘇丹想要，他大可擴展權威，將之納入領土，但這個王國的國王憑經驗得知，一旦他們征服某個產金城鎮，伊斯蘭傳播過去，宣禮員叫人禱告，黃金就會開始減產，乃至消失；反倒使鄰近非穆斯林國家產量增加。」正因這個特別的模式，馬利國王選擇讓產金區「繼續由非穆斯林民族掌控」。曼薩・穆薩的金礦為何位於伊斯蘭轄地之外，杜卡里的解釋太過扭曲，並不合理。

第二位也跟曼薩・穆薩親自交談過的消息人士是名叫札瓦威（al-Zawawi）的當地專

家，他對王國和礦工關係的了解，和杜卡里不一樣。照他的說法，在金礦工作的非穆斯林住在曼薩・穆薩的王國裡，要取得黃金，「必須鑿出跟男人身高差不多深的坑洞，然後在礦坑側面或底部採掘。」幫曼薩・穆薩開採的礦工會獲得一部分黃金作為報酬。

據札瓦威的說法，曼薩・穆薩也透過交易國內出產的銅來進口黃金。曼薩・穆薩政府只收銅稅（不同於更早的迦納國王，他沒有收鹽稅）。國王的代理人會把銅輸出到某個「非穆斯林黑人」的土地交換黃金，兩份黃金換三份銅。札瓦威的解釋合理得多。不論精確細節為何，曼薩・穆薩顯然和領土內外非穆斯林的礦工達成協議，讓他得以取得所需的黃金。

隨著黑死病在一三四七至一三四八年爆發，歐洲人口從七千五百萬銳減至五千五百萬，黃金需求也大幅降低。但曼薩・穆薩首富君主的名聲仍維繫不墜。一三七五年，住馬約卡島（Mallorca）的猶太製圖師亞伯拉罕・克雷斯克斯（Abraham Cresques）選擇採用曼薩・穆薩的敘述來繪製西非地圖。他的《加泰隆尼亞地圖集》（*Catalan Atlas*）是十五世紀末葡萄牙人探索世界——那時歐洲對黃金的需求已經恢復——之前，最先進的地圖集。

葡萄牙人是第一批沿著西非海岸航行的歐洲人，而那次航程是由航海者恩里克王子（Prince Henry the Navigator）帶頭。葡萄牙人不需建立新的貿易系統，因為已經有一個存在。那相當完整，有轉口港、掮客、市場情報來源（雖然就黃金而言了解貧乏）、後勤（服務駱駝商隊的村鎮），當然還有產品——有些在歐洲需求高，有些則在非洲當地需求高。十五世紀中葉，葡萄牙人利用了原已存在的黃金和奴隸貿易網。他們並未開啟全球化；全球化早已全力運作。

恩里克王子原本是派船前往北非沿岸，盼能收復諸如休達等淪入伊斯蘭統治的地中海城鎮。他害怕「熱帶」（Torrid Zone），[74]不希望水手沿西非海岸航行到太南邊。照古羅馬地理學家所描繪，那裡炎熱到去的人沒有一個能活著回來。

但當一艘葡萄牙船艦越過今茅利塔尼亞的波哈多角（Cape Bojador），於一四三四年毫無損害地返抵國門，恩里克王子知道「熱帶」並不存在，於是再派船艦南行去把非洲奴隸帶回葡萄牙。一四四四年他在里斯本辦了一場別開生面的遊行，向臣民展示俘虜的非洲人，而他的船隊繼續沿著西非海岸南行，拿歐洲馬交易奴隸。終其一生（他在一四六〇年去世），恩里克一共從非洲帶回一萬五千至兩萬名奴隸到葡萄牙。

葡萄牙人很快找出西非金礦的所在地。一四八二年，葡萄牙人在當時的採礦重鎮、今迦納西部的埃爾米納（El Mina，「The Mine」之意）建立貿易站，[75]自此黃金貿易進入新的紀元。十六世紀初，葡萄牙人每年從非洲運一千五百磅（七百公斤）黃金到里斯本。當時歐洲的年產量約為四噸（三．六公噸），而葡萄牙完全不產金。歐洲產的所有黃金可塞進一個兩公尺見方的方塊裡；量這麼少，意味黃金極易產生價格波動。[76]

一位名叫若昂．羅德里格斯（João Rodrigues）的葡萄牙商人解開了究竟是誰掌控非洲黃金貿易之謎。一四九三到一四九五年住在沿海城鎮阿爾金（Arguin）和塞內加爾河之間，他仔細研究了原住民的黃金貿易。他鑑定出有不同城鎮參與商隊貿易，解釋了鹽是如何穿越撒哈拉南抵廷巴克圖、觀察載滿北非貨物的船隻是從廷巴克圖逆流而上兩星期到達傑內（位於古傑內附近的較大城鎮），與做黃金生意的商人會合。「這些商人屬於萬加拉（Wangara）族，皮膚是紅色或棕色的。事實上，唯有這一族的人被允許進入礦區，因為他們被認為非常值得信賴。」[77]當時「萬加拉」一名已沿用數個世紀，而他們的群體認同範圍隨時間愈收愈緊。到十五世紀末，他們形成一種商人種姓，而據羅德里格斯描述，其成員的皮膚帶紅色和棕色。

鑑定出萬加拉人，讓羅德里格斯得以終止沉默交易的迷思。「有人說帶鹽去的商人不會見到其他人，而是把貨堆起來讓黑人帶走；而黑人會把黃金留在那裡。事實不是如此。」羅德里格斯明白沉默交易只是幌子，為的是保護萬加拉人的壟斷。

羅德里格斯也注意到奴隸在黃金貿易中扮演著重要的角色：「萬加拉人抵達傑內時，每一名商人會指派一、兩百個黑人奴隸把鹽從傑內扛到金礦區，再從金礦區把金子扛回來。他們什麼都扛在頭上，扛到頭都禿了。」萬加拉人靠奴隸的不幸而獲利：有些人一年可交易一萬盎司的黃金。

一四五〇到一五〇〇年間，共有八萬名非洲奴隸離開非洲到葡萄牙；一五〇〇到一六〇〇年間暴增至三十三萬七千。一六〇〇年以前，來自撒哈拉沙漠、紅海和印度洋的奴隸交易高於橫越大西洋的奴隸交易；[78]一六〇〇年以後，大西洋的奴隸交易取代了往北非和中東的交易。

羅德里格斯觀察到，在葡萄牙人沿西非海岸航行之際，已有一個錯綜複雜的路線系統橫貫非洲，把北非、東非與外面的世界串連起來。黃金和石棉手帕越過直布羅陀海峽到西班牙；象牙和黃金到義大利；象牙和奴隸沿非洲東岸而上，抵達阿曼、巴斯拉和伊斯蘭世界其他地方。貿易路線也將貨物送入西非，特別是地中海和印度洋出產的珠子和布料。最繁忙的交通是三角貿易商隊的來往，他們載珠子和布料往南穿越撒哈拉、沿路收集鹽，再帶著奴隸和黃金回到地中海的港口。

這種複雜商業動脈之存在，讓我們以嶄新的眼光看待葡萄牙在非洲西岸的航行。歐洲人並未引進貿易給他們在沿岸港口邂逅的國王和商人。他們盡可能規避在繁盛的奴隸和黃金貿易上扮演要角的非洲中間人。然而，儘管非洲奴隸人數已經那麼多，奴隸買主仍從中亞大舉搜刮奴隸，下一章將解釋為何如此。

第六章

中亞一分為二

1

地圖6.1
伊斯蘭的中亞與佛教的東亞

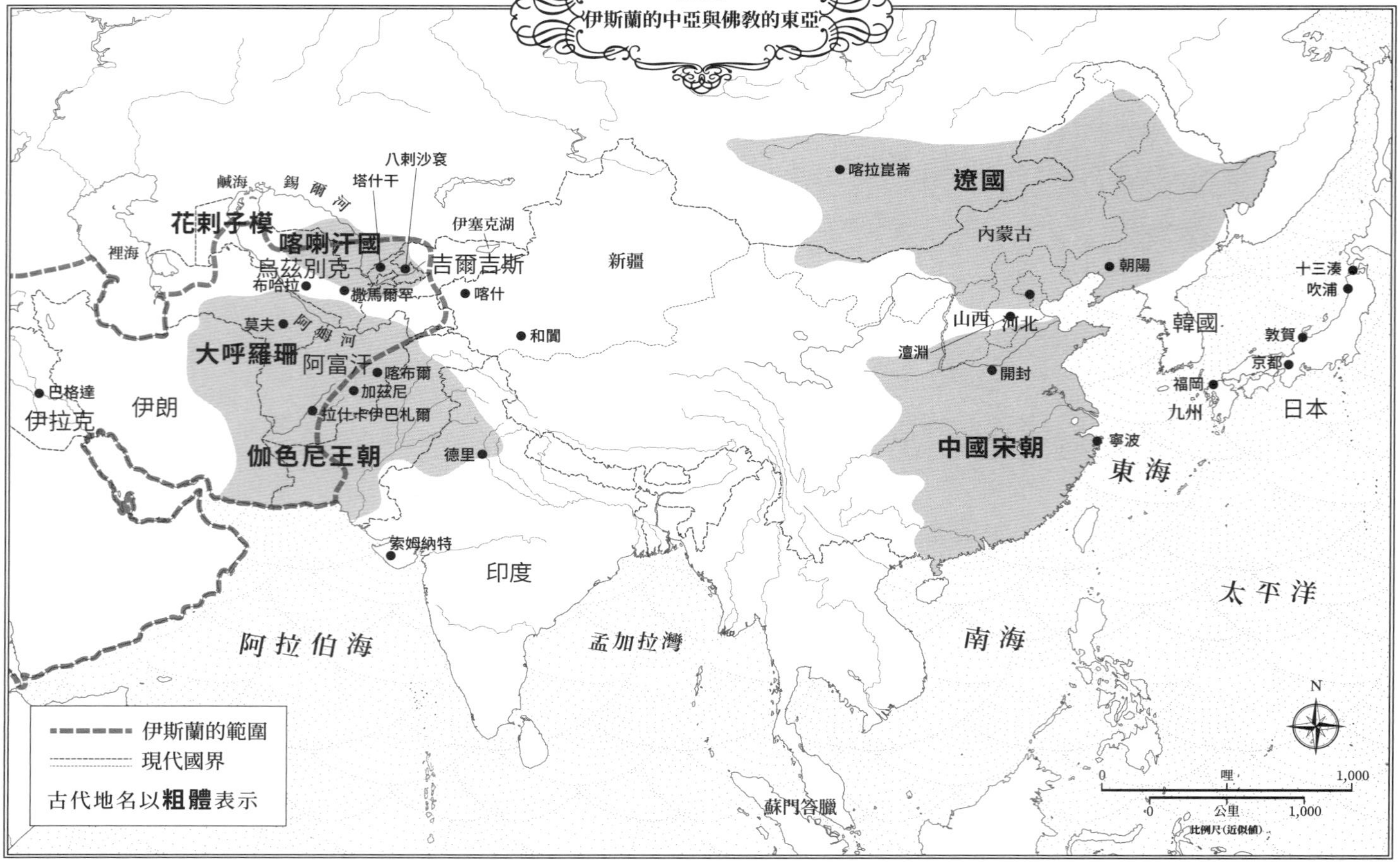

在西元一千年的世界，中亞只有一種資源至關重要：歐亞大陸上最驍勇善戰的騎兵。當時，當騎兵擺開陣勢發動攻擊，拉弓射出如大雨滂沱的箭，便是最具殺傷力的武器，類似今天低空飛行的武裝直升機賞給敵人步兵槍林彈雨。要等到西元一五〇〇年以後，諸如火炮等火藥類武器才能打敗游牧民族的放箭攻勢。[2]

有雄心壯志的領導人會以各種方式運用這些勇猛戰士的力量。新崛起的族長可能將自己的族人組成軍隊，賞他們劫掠來的物資當報酬。他也可能向其他部落召募士兵，和多支部落建立更大的聯盟。或者他也可能全靠買來的軍事奴隸籌組軍隊。他可能試著襲擊附近的農業社會——中國和印度常是首要目標。最成功的領袖則完全不幹劫掠的勾當；他們定時向其他定居的統治者收取保護費。

騎馬的戰士在陸上長途行進的速度比當時其他運輸方式都快。一名信使有時一天可行三百哩（將近五百公里），參與快速軍事作戰的士兵平均日行六十哩（一百公里）。因為數千人移動的後勤補給相當困難，就連騎馬也不例外，大型軍隊一般速度較慢，每天大約行進十五哩（二十四公里），跟世界其他地方的軍隊相差無幾。[3]

從匈牙利一路綿延到中國北方的遼闊草原帶是橫越四千哩（七千公里）的自然通道。每當馬需要吃草，就可以停下來吃飽再上路。同一片草原也構成蒙古帝國的心臟地帶，那在西元一二〇〇年後征服、一統了中亞和東亞所有既存的強權。

就在西元一千年前不久，中亞戰士開通了橫貫歐亞大陸各地的通道。商人利用這些新路線運輸體積小、重量輕的商品。最令人趨之若鶩的品項是什麼？戰士本身和他們的馬——不論他們是自由之身或是買來的奴隸。接下來是紡織品（適合掛在帳篷上）、毛皮（溫暖、適合當禮物送給隨從）和寶石（輕巧、易於攜帶）。而隨著學者從這一位領導人的宮廷前往下一位領導人的宮廷尋找更好的贊助人，科學、數學和曆法方面的先進知識——尤以曆法最為寶貴——也沿著這些路線前進。

一如既往，政治背景影響了路線的形成，以及物品和思想橫越這個地區的流動。

在阿拔斯王朝失去中亞的掌控權後，令人眼花撩亂的伊斯蘭王朝起起落落。對我們的故事來說，最重要的是薩曼王朝、伽色尼王朝（Ghaznavids）（譯註：本書將王朝名Ghaznavids譯為伽色尼王朝，地名Ghazna〔今Ghazni〕譯為加茲尼）、喀喇汗國和塞爾柱人。這些很難發音（和牢記）的穆斯林王朝將伊斯蘭傳給中亞阿富汗、今烏茲別克、北印度和中國西北地區的居民。地表這片偌大的土地至今仍是穆斯林的家園，而這就是這些王朝值得我們關注的原因。

西元一千年的全球化使世界大型宗教拓展進入新的地區。基督教來到東歐和北歐的同時，伊斯蘭也進入西非和中亞。

在伊斯蘭擴張的同時，中亞的統治者也面臨和其他地方的統治者一樣的抉擇：哪一種普世宗教最切合他們的利益，可以帶來最強大的盟友？有些部落領導人選擇伊斯蘭，即阿拔斯哈里發和薩曼統治者的宗教，兩者的首都分別位於巴格達和布哈拉（Bukhara）。令人意外的是，儘管伊斯蘭對部族極具吸引力，仍有些首領選擇佛教。結果呢？這兩大宗教集團的分界線貫穿了中亞中部，接近現今中國的新疆地區。新疆多數穆斯林人口與中國非穆斯林政府之間所以持續緊張，與這條斷層線關係密切。

第一批脫離阿拔斯獨立的伊斯蘭統治者住在今天的烏茲別克，他們幹了和野心勃勃的埃及總督伊本・突倫一模一樣的事：不再轉交稅收給巴格達。薩曼人是中亞一支強勢家族的後裔，他們姓薩曼（Saman），在阿拔斯軍隊征服原本由伊朗薩珊帝國（Sasanian）管轄的土地後不久，即改宗伊斯蘭。薩曼家族的成員很快在阿拔斯官僚中出任要職。

這些官員的職責與帝國所有官員一致——收稅，並在統治者需要時提供軍隊。西元八一九年薩曼家族的四兄弟被任命為四個不同城市的總督，其中包括首都布哈拉及學術中心撒馬爾罕（Samarkand）。隨著本身軍容日益壯盛、阿拔斯派兵能力日益衰退，薩曼總督扣住愈來愈多原本該上繳巴格達的稅。

八七五年，阿拔斯正式承認薩曼人為他們在中亞的代理人。薩曼人照慣例口頭奉阿拔斯哈里發為主：在星期五禱告列舉伊斯蘭社群領袖時提到他們的名字，每隔一段時間送報告和禮物過去，但此後不再向巴格達繳納常規稅。薩曼王朝的領土占據現今烏茲別克大半地區，甚至在帝國分崩離析後，中亞的穆斯林統治者仍渴望重新統一昔日由薩曼人統治的領土。這些不同的繼承國仍支持伊斯蘭，而這點影響了這個地區的每一個人。

因為薩曼王朝控制了草原地帶聯繫阿拔斯和法蒂瑪帝國（即巴格達、開羅和其他大型奴隸市場所在地）的路線，他們可以透過販賣戰俘作為奴隸來增加收入。不妨先想想一個例子：某位薩曼王子在一場戰役打敗了住在鹹海和裡海間花剌子模地區的一些突厥部落。他俘虜了兩千名戰俘，再將他們轉賣，獲得六十萬枚銀幣的豐厚報酬。把這個數字乘上幾倍，便能明白中亞奴隸交易的規模有多大，可創造的收益有多可觀。[4]

僅次於東歐和非洲，中亞是奴隸進入伊斯蘭世界的第三大來源，而中亞的奴隸販賣也在西元一千年的世界引發大規模受迫性遷徙。

一發現習有戰技的奴隸兵價錢高於無技術的奴隸，薩曼人便設立學校訓練戰奴。[5]薩曼人從奴隸交易賺得大量財富而能繼續鑄造高純度的銀幣，直到西元一千年後的某個時間點，全歐亞大陸的白銀短缺使供應中斷為止。

在薩曼人統治時，波斯語成為伊斯蘭世界第二重要的語言。[6]撰寫於九八二年的地理學大作《世界境域志》（*The Limits of the World*）[7]集結了穆斯林與非穆斯林國度的多種風土民情。它是以波斯文而非阿拉伯文寫成，足以證明波斯語在中亞日益普及。[8]不過在巴格達附近地區，阿拉伯語仍是主要語言。

薩曼人在首都布哈拉給予史上最傑出的幾位伊斯蘭學者財務支援，包括研究天體運動、地球歐亞大陸對側是否也有大陸存在，以及如何用大馬士革鋼鑄劍的比魯尼。雖精通波斯語和阿拉伯語，他多半以阿拉伯文——他生平時代的科學語言——寫作。他是史上造詣最深厚的穆斯林科學家之一；今天烏茲別克首都塔什干（Tashkent）就有一座捷運站以他為名。

在九九〇年代瞬息萬變的政治局勢中，比魯尼於各宮廷遊走，蒐集資料、廣泛研究不同社會的曆法。在布哈拉待了兩年，[9]他回到故鄉，即鹹海南岸的花剌子模地區繼續研究。他既嚴謹地鑽研文本——在還沒有印刷術的年代，他盡可能蒐集手稿——也訪問專家。值得注意的是，他對非伊斯蘭的信徒不抱偏見，當他認為資訊不正確時，他會提出；且他拒絕寫不熟悉的主題，例如印度的敘利亞基督徒所用的曆法，因為他沒辦法訪問到對此主題有充分認識的人。[10]

西元一千年時，年僅二十七歲的他完成了一本內容複雜且具開創性的著作，介紹穆斯林和鄰居（包括猶太人、基督徒、祆教徒），以及埃及人、羅馬人等古代民族使用的各種曆法。兩個重要的遺漏是中國和印度：這兩個國度令他神魂顛倒，但要到晚年，往南亞和東亞的新路線開通後他才了解到。

在iPhone的時代，很多人都把月球、行星、太陽的運動視為理所當然——如果我們注意到它們的話。但生活在過去的人必須知道春天可能在何時來臨，以便調配糧食供給、決定何時播種。所有社會都面臨這個挑戰，而因為月球、行星、太陽的運動並非在一年內同步發生，使這項挑戰難上加難。

在著作《古代民族編年史》（*The Chronology of Ancient Nations*）的開場白，比魯尼解釋一個夜晚加一個白晝形成一個單位（一「太陽日」），那從日落開始，因為穆斯林是從那時開啟新月（猶太人也把一天定義成從日落開始）。他的文章緊湊但井然有序；[11]他非常謹慎地界定他的詞彙。

一日有多長不是最迫切的問題：計算一年有多長更重要，且困難得多。今天我們知道太陽年大約有三六五．二四二一九天，而曆法必須設法把那多的四分之一天納入，否則就會落後。而一旦落後，就不可能正確計算種植季節。現代曆法用每四年增加一天來處理剩餘部分。因為穆斯林曆法是純陰曆，宗教年從每年不同月份開始，因此穆斯林用陽曆判斷何時該種植、何時該收農業稅。[12]猶太人在每十九年期間加進七個月，使他們的陽曆與陰曆並行不悖。比魯尼樂於解釋諸如此類的事情，因為分析大量不同語言的多樣資料帶給他無窮樂趣。他也沉迷於預測太陽、月亮、行星移動所需的複雜數學計算。

比魯尼生活在今天所謂「遜尼國際主義」（Sunni Internationalism）時期之初——這是已故芝加哥大學學者馬歇爾．霍奇森（Marshall G. S. Hodgson）創造的詞彙。儘管在阿拔斯帝國瓦解後，中東的政治已非歸於一統，但文化上仍然一致。從十一世紀開始，要學阿拉伯文和波斯文的學生可沿著新路線到伊斯蘭世界各處拜師。這反過來帶動第二項發展：一種新型態的學校，「經院」（madrasa）的崛起。[13]

經院與早期學校不同之處在於經院有人捐贈財產，因此可以提供學生住宿，而不只是學習。多數的法學生會長時間向一位老師學習，通常是四年，之後還要見習，而他們的目標是取得執照以便可以指導他人法律、撰寫法律意見。因為寄宿求學頗具意義，經院特別受法學生歡迎。一經設立，經院迅速普及，光是開羅一條街上就有七十三間不同的經院提供遜尼派四大法學派的教學。[14]

女性不得住在經院裡——經院沒有女學生專用的房間，但有些女性，特別是出自書香門第的女性，仍一心向學而取得相當高的學術成就。三十七部列出《可蘭經》著名學者與譯者的傳記辭典，就收錄了數百位女性學者的姓名。一部撰寫於一二〇一年的辭典，所列學者有三十三%為女性。多位女性學者更是名聲顯赫到讓男人——包括不是親戚的人——過去向她們學習。[15]因為與師生有關的資訊會跟商品沿著同樣路線流動，就連待在家裡的人也會接觸到新的思維和新的產品。

只要不被衝突波及，學者和學生可在伊斯蘭國家間自由行動。比魯尼之所以在九九八年決定離開布哈拉，不是基於學術理由，而是為了逃離混亂。薩曼王朝的軍事奴隸變得愈來愈躁動不安。整個十世紀，薩曼人發現愈來愈難徵募地主的兒子進政府和軍隊任職，只好以買來的突厥奴隸填補職缺。

把管理外包給奴隸兵的危險幾乎立刻展露無遺。九一四年，突厥軍隊殺害了薩曼統治者，九四三年，他們逼迫繼任者退位。從那時起，薩曼人的統治就成了假象；[16]軍事奴隸完全掌握實權，薩曼家族只是傀儡，就像九四五年後被囚禁的阿拔斯哈里發成了布維西人的傀儡一樣。

九六一年，兩派軍事奴隸對新統治者人選意見不一，於是本身曾為奴隸的指揮官阿爾普特勤（Alptegin）離開了薩曼領土。阿爾普特勤率領軍隊來到阿富汗加茲尼鎮（Ghazna，今 Ghazni）的偏遠前哨。名義上臣屬於薩曼王朝，實際上完全獨立，阿爾普特勤靠劫掠德里和北印度所得的財富創立了新的強權。在阿爾普特勤於九六三年過世後，他的士兵挑選過多人——有的是奴隸出身，有的不然——各短暫統治一段時間。九九八年時，他們選出軍事奴隸之子馬哈茂德（Mahmud）作為領導人。年僅二十七歲的他成了中亞強權伽色尼王朝的領袖，在早期為佛教地區的阿富汗做伊斯蘭的後盾。

馬哈茂德自稱是被囚禁之阿拔斯哈里發的捍衛者。雖被劫持，阿拔斯哈里發仍是穆斯林世界的精神領袖。哈里發任命馬哈茂德為大呼羅珊（Khurasan）總督，管理裡海東南隅一帶。西元九九九年，哈里發又賜給他兩個頭銜：「王朝之右臂」[17]和「可靠的信仰支持者」。哈里發還送馬哈茂德一件長袍，那是極為私人的禮物，因為衣服上留有贈予者本人的味道。[18]

馬哈茂德是第一個軍事奴隸出身而獲得哈里發背書的統治者。同時代的人開始稱他為「蘇丹」，意為「當權者」，一個充分顯示其權勢的頭銜。建立伽色尼王朝後，馬哈茂德掌權整整三十二年，直到一〇三〇年五十九歲過世。[19]

在他之前，所有伊斯蘭王朝的創建者母語都是阿拉伯語或波斯語，但在中亞土生土長的馬哈茂德，母語則是突厥語。儘管如此，馬哈茂德當政後仍支持使用波斯語，[20]促使它爬升為僅次於阿拉伯語的學識語言。（這時活躍於伊拉克和安那托利亞的塞爾柱王朝創建者也說一種突厥語而鼓勵使用波斯語。）馬哈茂德的王朝之所以重要，是因為那是第一個統治伊朗、阿富汗、巴基斯坦和北印度的伊斯蘭帝國。

伽色尼王朝和塞爾柱人皆徵募「加齊」（ghazi），即「志願為信仰而戰的勇士」。這樣的戰士會從一支軍隊轉到另一支軍隊，繼續投入對抗非穆斯林的戰事。[21]他們的戰鬥具有宗教目的——打敗異教徒——但也為分享劫掠贓物而戰。

馬哈茂德龐大軍隊的核心是四千名騎兵，全都是買來的軍事奴隸，但有時這支軍隊又額外吸引五萬人加入。由於北印度距離他在阿富汗的大本營甚遠，馬哈茂德命令軍隊在冬季天氣沒那麼熱時進攻。

伽色尼王朝的主要目標是貯存在印度宮殿和神廟中的金條。[22]馬哈茂德派穆斯林戰士劫掠印度教神廟——這是被容許的，因為印度教徒不符「齊米」（*dhimmi*），或「保護民」（信仰其他一神教的人）條件。印度教徒被視為不信上帝者，因此穆斯林摧毀印度教聖殿是在履行宗教職責。這種信念讓馬哈茂德的部隊團結一致，也促使伊斯蘭在中亞各地傳播。

馬哈茂德也想出巧妙的變通辦法，以免伊斯蘭律法阻礙他劫掠。因為穆斯林不被允許殺害或奴役其他穆斯林，馬哈茂德有時會徵用印度教囚犯進入他的戰爭機器，派他們洗劫有穆斯林人口的城市。[23]他的印度教士兵家庭集中住在加茲尼的一區。如切合目的，他會和北印度數位印度教國王組成聯盟，[24]就像馬利的曼薩．穆薩國王向非穆斯林換取黃金那般。

在馬哈茂德當政下，阿富汗成了穆斯林地區，但北印度並未如此，因為馬哈茂德沒有鼓勵改宗。（北印度要到十三世紀、其他王朝統治下才變成以穆斯林為主的地區。[25]）對於如何增加收入，馬哈茂德偏愛的方法是劫掠。

他最惡名昭彰的攻擊是哪一次？一〇二五至一〇二六年搶劫印度西北部重要港口索姆納特（Somnath）的濕婆神殿。[26]上 Google 搜尋一下就會看到，這迄今仍是穆斯林所做最惹人非議的洗劫印度教神廟行動。[27]比魯尼在大作《論印度》（*On India*）——努力向非印度讀者解釋印度宗教和社會何以如此複雜的研究——中詳盡描述了馬哈茂德在索姆納特的軍事行動。

當時五十多歲的馬哈茂德進入索姆納特那座神廟，摧毀了濕婆的主形像、[28]印度教祭司供奉的「林伽」（lingam），也就是陽具。林伽將人類的生殖力具體化，也代表宇宙所有創造力。比魯尼記述道，馬哈茂德「下令破壞（林伽的）上半截，將剩下的部分，連同其黃金、珠寶、刺繡等覆蓋物和裝飾品，運回他的根據地加茲尼。」馬哈茂德把損壞的林伽埋在加茲尼的清真寺前，讓穆斯林在上頭磨腳來表達輕蔑。馬哈茂德固然有印度教士兵，也和印度教統治者建立同盟，但他了解，要激勵戰士，攻擊非穆斯林效果奇佳。

馬哈茂德用索姆納特的獲利和其他戰利品支付軍隊酬勞，並在位於赫爾曼德河（Helmand River）畔、喀布爾（Kabul）西南四百哩（六百公里）的拉什卡伊巴札爾（Lashkar-i Bazaar）建立新都。[29]他也在加茲尼建造新的清真寺。

馬哈茂德的下一個目標是北方的穆斯林強權——游牧民族聯盟喀喇汗國。[30]喀喇汗國並未使用買來的奴隸，其領導者運用一個古老的方法召募士兵：攻擊鄰近的部落，邀請戰敗首領的追隨者加入聯盟。

西元九五〇年前後，喀喇汗領袖薩圖克・博格拉汗（Satuq Bughra Khan）在會見一位穆斯林法學家後改宗穆斯林。[31]那一次邂逅是今中國西北新疆地區伊斯蘭化之始。喀喇汗國有兩位領袖：以撒馬爾罕為根據地西可汗臣屬於以八剌沙袞（Balasagun，今吉爾吉斯和中國西隅喀什〔Kashgar〕地區）為大本營的東可汗。九九九年，東喀喇汗人攻下薩曼首都布哈拉。

薩曼王朝在西元九九九年正式滅亡，此後，伽色尼王朝和喀喇汗國針對前薩曼人的領土進行長達二十年的爭奪戰。伽色尼王朝鞏固了伊斯蘭在阿富汗的地位，喀喇汗國則把伊斯蘭帶到新疆西部地區。

在西元一〇〇六年前的某個時候，喀喇汗國征服了和闐——位於喀什東南方三百五十哩（五百公里）、信奉佛教的大型綠洲。[32]一位住在喀什的知名詩人後來從進犯軍隊的觀點描寫這座綠洲城市的陷落：

我們像洪水一般降臨，
在他們的城市間來去，
拆毀拜偶像的廟宇，
在佛陀頭上拉屎！[33]

這首詩表達了喀喇汗人劫掠的欲望，但他們將劫掠合理化為對佛教異教徒的正當攻擊。亟欲擴張帝國版圖、掌控之前薩曼人的所有領土，伽色尼王朝和喀喇汗國爭戰不休。讓局勢更不穩定的是，喀喇汗國的王子常在選出新領導人後仍繼續爭權。馬哈茂德更直接介入喀喇汗國的繼位紛爭，支持某位人選到他變得過分強大，再突然轉向支持某個對手。

附近另一個吸引馬哈茂德注意的王國是花剌子模。那位於鹹海南端，與伽色尼王朝和喀喇汗國皆有接壤。花剌子模也是羅斯人抵達的極東點；遠行者英格瓦就是在那裡過世。那裡也是比魯尼的出生地。花剌子模統治者努力維持獨立整整十五年，但一〇一七年，馬哈茂德策動當地軍隊叛變。他的軍隊放火燒了宮殿，統治者被烈焰吞沒。馬哈茂德順利征服這座城市。

比魯尼就是在這時搬到加茲尼。波斯詩人菲爾多西（Firdawsi）也在這時遷來。他在一〇一〇年完成史上最重要的波斯文文學作品——《列王紀》（*Shahnameh*）。那是一部古代伊朗國王史，寫到西元六五一年薩珊王朝最後一位皇帝敗給哈里發軍隊為止。那描述了伊朗文明和圖蘭地區（Turan）游牧民族長達數百年的爭鬥。[34]

這本書敘述了多位英雄的英勇事蹟，其中最為人熟知的是羅斯坦（Rostam）：他體格魁梧、威風凜凜，還有一匹天賦異稟、名喚拉赫什（Rakhsh）的馬，既能承載羅斯坦的重量，還能宰殺猛獅惡龍。羅斯坦和對手頻繁的肉搏戰帶動情節發展。其中最動人的一刻是羅斯坦殺了一個他撫養長大的男孩，因為男孩不認得他了。

菲爾多西選擇書寫古代伊朗統治者的敵人，[35]而非馬哈茂德和他同時代的人。儘管如此，這本書仍出現在西元一千年的世界，中國和拜占庭雙雙扮演要角的世界。雖然背景設在遙遠的過去，書中仍呈現一種菲爾多西相信適用於當代的王權模式。國王（有時是女王）本身要有超凡的本領，也必須能公平公正地統治。

菲爾多西向馬哈茂德請求財務支援，但始終沒有獲得，臨死前，他寫了一篇諷刺文強烈批判馬哈茂德。[36]其他花剌子模學者，包括醫學專家及哲學家阿維森納（Avicenna），[37]則選擇不進馬哈茂德的宮殿。他們西行拜會不同的伊朗統治者，證明儘管伊斯蘭世界不再一統，學者仍能在不同國家遊走。

一〇一九－一〇二〇年時，喀喇汗國和伽色尼王朝停止戰鬥。馬哈茂德決定支持胸懷大志的喀喇汗領袖優素福・卡迪爾汗（Kadir Khan Yusuf）。卡迪爾汗在一〇二四年成為喀喇汗國毋庸置疑的統治者。次年，馬哈茂德把女兒嫁給卡迪爾汗的兒子，作為雙方關係密切的象徵。

從西元九九九年交戰至今，中亞兩大伊斯蘭強權終於歸於和平。於是，西部草原不同伊斯蘭強權之間的交流更加密切。隨著學者、書籍、貿易商品沿著新路線傳播，阿拉伯文和波斯文的知識更加普及，伊斯蘭信仰也更深植人心。

進入新和平時代，喀喇汗國接觸了他們東方的新勢力契丹人。契丹人統治了一大片歐亞草原，橫跨今中國北方的遼寧、內蒙古、河北、山西各省。卡迪爾汗請契丹人送一位公主來當他的媳婦。[38]

自稱是北魏朝（三八六－五三六）突厥統治者的後裔，契丹的統治階級支持佛教。每當非漢族在戰爭中打敗漢人、接管漢人帝國的部分地區，都必須從儒教、道教、佛教之中擇一支持，否則漢人臣民不會接受他們的統治。而儒教和道教的典章傳統繁瑣，很少征服者會選擇它們。

發祥於印度而在中國盛行的佛教之所以吸引外族統治者，是因為它有理想君主——轉輪聖王（chakravartin）——的教義。這種統治者不必住僧院，也不必像僧侶那般發誓禁色。為了在俗世繼續統治，他們要貢獻土地、金錢和其他禮物給佛教徒，以此實踐傳統轉輪聖王的理想。只要依循佛教教義統治、鼓勵臣民信奉佛教，他們就能累積佛教的功德。[39]

西元十世紀初，名叫耶律阿保機的契丹領袖統一了北亞草原地區的不同部落。他特別善於利用南方強權的財富，無論是劫掠邊界，或俘虜漢人工匠、強迫他們北遷。阿保機建立帝國時，還受惠於鄰國唐朝的政治發展——西元八八五年，皇帝被勢力強大的藩鎮節度使軟禁，朝代差點瓦解，最終在九〇七年最後一位小皇帝被殺後滅亡。自命為唐朝的繼承者，阿保機將他開始統治的時間回推至九〇七年（實際則要晚好幾年）。[40]他的王朝成為中亞東部草原最重要的游牧強權，但不同於穆斯林的喀喇汗國和伽色尼王朝，契丹人篤信佛教。

契丹聯盟的部落和喀喇汗國及伽色尼等其他突厥部落有相當多共通點，史學家用「推舉繼承制」（tanistry）[41]統稱他們的管理制度。這種制度的基本原則是由首要家族中最符合資格的成員統治。這或許聽來民主，但實際上一點也不民主。統治者是靠打敗所有對手來取得統治資格，包括兄弟、兒子、叔伯、姪子。群體混戰結束，所有倖存的男人和有權勢的女性齊聚一堂、推舉勝利者為領導人。

推舉繼承制出身的阿保機不喜歡這種制度。他尤其反對每三年就要徵求所有部落領導人同意一次的契丹習俗。西元九一六年他建立中國式的朝代（後稱為「遼」），並自封為帝。他自稱無可取代，廢除了每三年一次的會議。

人口總數不超過一百萬的契丹人，是其領土中的極少數民族。他們的王朝統治了廣大的中國人口，其中包含許多不同的種族，例如維吾爾人（Uighur）。這些族群共同住在大遼社會，[42]說契丹語、漢語和其他語言，將各自的文化習俗融合在一起。

阿保機明白他的游牧臣民與農業人口迥然不同，於是推動一項卓越的革新，創立二元管理政府：管理部落政府的北方政府，與管理定居人口的南方政府。南方政府的官員用漢語記錄、且在官府任職。北方政府則包含一支龐大的多語言隨行隊，跟著皇帝巡訪各地。決心將契丹語記錄下來，阿保機下令創造兩種文字。雖然和蒙古文有間接關係，契丹文至今仍只被譯解出一部分，[43]因為留存至今的原始文件實在太少，而且沒有類似羅塞塔石碑（Rosetta Stone）那樣的東西存在。（譯註：羅塞塔石碑刻於西元前一九六年，為古埃及法老托勒密五世詔書，但因同時刻了三種不同語言的版本，讓近代考古學家以機會對照解讀出失傳已久的埃及象形文字。）

阿保機的後代，也就是大遼帝國的皇帝，經常帶著貴族遷徙，從一個帝國營地轉移到另一個以利行獵。西元九三八年，今天的北京成了大遼帝國的五都之一；契丹人是第一支建都北京的民族。（後續朝代亦以北京為都，一路延續至今，現仍為中國首都。）

阿保機是在唐朝分崩離析後建立他的帝國，但在西元九六〇年宋朝建立後，他的繼任者面臨南方的強力挑戰。宋朝和遼國打了好幾場大規模戰爭。一〇〇四年，遼軍發動強有力的閃電戰（blitzkrieg）進犯北京以南地區——能如此迅捷是因為他們路上沒有圍攻任何城市，而是持續向宋朝首都開封挺進。歷經不到一年的戰鬥，當契丹軍隊逼近位於黃河邊、距開封僅百哩（一百六十公里）的重鎮澶淵，漢人求和了。

宋朝和遼國皇帝在一〇〇五年簽訂澶淵之盟。[44]宋朝同意每年向北方輸絹二十萬匹、銀十萬兩，[45]包含兩千個重約四磅（一．九公斤）的銀錠。[46]

擬訂和約的宋朝官員保住顏面，並未承認付給契丹的東西是「納貢」——國力較弱的宋付給較強的遼。他們稱此為「軍事援助」。澶淵之盟的安排讓雙方互蒙其利，因此維持了一個多世紀。銀和絹的數量雖大，但中國顯然付得出來：那相當於中央政府向一、兩個鎮收取的歲收。而持續得到宋朝支付，則確保遼國有穩定的收入流——不必發動襲擊就能取得的收入。遼國已經找到草原部落向富裕定居強權奪取收益最有效率的方式，甚至比馬哈茂德不斷劫掠北印度更有效率。

遼人在和宋朝訂立澶淵之盟時，也劃定重兵戍守的邊界，限制貿易只能在某幾個市集城鎮進行，這迫使宋朝轉而面對南方的東南亞，讓東南亞成為他們首要的海外貿易夥伴。

大部分的區域強權，包括韓國的高麗統治者和日本平安時代的天皇，都和宋遼雙方維持關係。知道遼國武力較強，他們常不得不和契丹人打交道，但他們也尊敬宋朝的文學成就，仍持續從中國進口書籍和其他物資。

高麗、日本、遼國的領土構成北亞佛教集團，可和西亞、中亞的伊斯蘭集團媲美。西亞幾乎人人是穆斯林，北亞幾乎人人是佛教徒。這兩個集團使用的語言亦不同：伊斯蘭集團使用阿拉伯語和波斯語，佛教集團使用漢字。專家會就廣泛的主題交換意見，學生會赴鄰國學習，書籍會在集團裡傳播，但不會流出集團之外。

日本和宋朝沒有維持正式貿易關係，不過商人頻繁往返中國寧波港和九州福岡港（當時稱博多）之間。[47]福岡是當時日本唯一允許外國商人出入的港口，附近（今天搭火車約一小時車程）有地方政府負責處理邊境關係，決定哪些來到福岡的訪客可以進入日本，哪些不能。

福岡港是日本取得宋朝貨物、書籍和消息的管道，也是獲取大遼商品和資訊的媒介。遼、宋朝代史的編纂者（以及許多其他史學家）都記錄了各統治者間禮尚往來的情況，但沒有人知道那些「禮物」到底是什麼，直到一九八〇和一九九〇年代，一連串令人屏息的考古文物，在大遼心臟地區出土。

遼代某位皇帝的孫女陳國公主在一〇一八年過世及入土，而她的墳墓因為從未遭到劫掠而出奇富饒。其陪葬品證明契丹皇族消費的奢侈品種類之廣，且許多是從數千哩外運來。玻璃器皿和黃銅鍋來自敘利亞、埃及和伊朗，石英製成的小玩意兒（很像玻璃但必須小心雕刻以免破碎）則出自蘇門答臘和印度。這些物品最可能是參加統治者及皇親國戚葬禮的外國使者，帶來給遼國皇室的禮物。[48]

質地比瑪瑙或石英更軟、更容易加工的琥珀，顯然是契丹最愛的材料。契丹把諸如瑪瑙這類的材料大量帶入領土，讓工匠（通常是漢人）製成物品。[49]

公主陵墓最大宗的物品就是琥珀製品：珠子、掛飾、動物外形的容器、刀柄、可握在手裡的護身符。讓琥珀更添魅力的是，它放在身上會散發淡淡的松木香氣。[50]阿拉伯觀察家、地理學者馬爾瓦奇（al-Marwazi）解釋，中國人——這個名詞對他來說包括遼、宋的臣民——喜歡來自「斯拉夫海」（Slavonic sea）[51]的琥珀勝過當地產的琥珀，因為顏色較淺。考古學的檢測，特別是紅外光譜學（infrared spectroscopy），已證實馬爾瓦奇所言正確。有些琥珀塊產自北歐波羅的海地區[52]（就是馬爾瓦奇所說的「斯拉夫海」），距大遼朝廷超過四千哩（六千五百公里）遠。琥珀的路線是西元一千年時世界最長的陸運路線之一。

陳國公主的墓中物生動地呈現遼國在一〇〇五年與宋朝簽訂澶淵之盟後有多繁華。兩國一媾和，遼國便可放心投入其他戰役。一〇一〇年，契丹皇帝侵略朝鮮半島，打到一〇二〇年才無功而返。商業往來因而暫時中止，但戰爭一結束，貿易又死灰復燃，[53]而遼國皇帝也歡迎西方統治者示好。正因如此，他們在一〇二一年接受喀喇汗國統治者卡迪爾汗的請求，把公主嫁過去。[54]

三年後，遼朝自己對伽色尼王朝提出邀請。九八二年至一〇三一年在位的遼聖宗派遣特使帶信前往加茲尼，提議與馬哈茂德建立外交關係。透過馬爾瓦奇撰寫的詳盡紀錄，我們得知那位特使名叫卡利通加（Qalitunka）。

還有第二位特使與卡利通加同行：他來自另一個中亞強權維吾爾。[55]兩人長達兩千五百哩（四千公里）的旅程萬分艱辛。一般狀況下，這樣的距離只要六個月即可抵達，但他們花了三年才從遼國的領土走到伽色尼的轄地。從佛教集團長途跋涉到伊斯蘭的地盤，他們的外交使命沿著草原開拓了一條新路線，聯繫了中國北方和阿富汗這兩個遙遙相望的地區。

兩名特使在一〇二六年抵達馬哈茂德位於加茲尼的宮廷，隨即拜會各界人士，包括傑出學者比魯尼。雙方討論了海象的象牙（阿拉伯文的用語是「khutu」[56]，罕見借自契丹語的外來語）。特使告訴比魯尼海象象牙的重要特性，也是它在宋、遼皆大受歡迎的原因：據說它放在毒藥旁邊會出汁，是明顯的示警。比魯尼也學到茶的事情，那將在幾百年後於伊斯蘭世界蔚為風行。

馬爾瓦奇提供了遼國和維吾爾統治者信函的阿拉伯文翻譯，並敘述了馬哈茂德宮廷如何接待兩位特使。兩封信或許是用突厥文或維吾爾文書寫，與中亞使用的語言關係密切。馬爾瓦奇思路清楚的紀錄只討論了這兩封信，而其內容完全可以採信。

遼聖宗在信中告知馬哈茂德他「久聞卿英武卓越。統制有方。國內乂安。藩鎮懾服，」[57]直接證明伽色尼攻城掠地的消息已傳進契丹朝廷。

卡利通加特使帶了許多珍貴的禮物給馬哈茂德，有些來自契丹領土，有些是從其他來源轉贈。二十一件長袍或許是用宋朝依澶淵之盟支付的絲絹縫製。

遼國特使也帶來麝香：[58]一種罕見藥材，也是名貴、強烈的芳香物。那是從生活在青藏高原的麝香鹿腺體採集而得。這種雄鹿的生殖器前緣有一顆直徑約一．六吋（四公分）的球狀腺體，會分泌氣味濃烈的物質。如果你殺死雄麝、陰乾腺體而後剖開，就能取出麝香仁；香水和薰香的製造者會拿麝香仁和其他原料混製成更香、更持久的芳香劑。這種能使香味更加濃郁的特性，讓麝香跟抹香鯨的龍涎香一樣格外珍貴。

兩百件紫貂皮和一千件灰松鼠皮則無疑來自契丹掌控的領土。遼國皇帝的贈禮是伊斯蘭與佛教集團統治者交換禮物的典型：毛皮、紡織品、芳香物。

遼國皇帝送去的最後一件禮物表達了和馬哈茂德結盟的願望：一把弓和十支箭。維吾爾特使只送給馬哈茂德一名奴隸和一支箭「作為象徵」，毫無說服力地解釋說，是因路途太過危險而無法帶貴重禮物前來。

遼國皇帝請伽色尼王朝派遣特使作為建立關係的下一步：「遣使當選聰睿解事者。」遣使目的何在？「宣暢朕意，並曉以此間情況……欲以掌啟邦交，永敦鄰好也。」這段簡明扼要的聲明解釋了為什麼西元一千年世界各地的統治者都要派遣代表互訪：想要獲得有關鄰國的情報和珍奇的物品。

馬哈茂德與眾不同。他斷然拒絕遼聖宗的提議：「和平與休戰只為結束戰鬥而存在。但沒有宗教讓我們團結一致、據以聯繫。你我相距遙遠、且須穿越重重阻隔，就算對方欺詐亦安全無虞。除非你信仰伊斯蘭，我沒有必要與你維持密切關係。再會。」

他直率而冷酷的回答顯示西元一千年前後的統治者明白當時皈依的情況，也顯示他們——不只是當代史學家——把世界劃分成宗教集團。馬哈茂德回絕遼聖宗既因為他不是穆斯林，也因為他住在相距甚遠之地。馬哈茂德想像了這樣的世界：他的穆斯林盟友位於同一側，其他人，包括遼國的佛教徒皇帝，位於另一側。

就在馬哈茂德這般回應遼國皇帝的同時，來自兩個不同文化的碰碰車在新開闢的路線上對撞了。我們的史料常遺漏這樣的時刻。這樣的時刻也在其他地方發生，例如十字軍運動就是如此——穆斯林與基督徒為爭奪聖地掌控權而陷入長達百年的衝突。

原為突厥部落聯盟，契丹文化和伽色尼王朝及喀喇汗國的文化有相當多共通點，也許有人認為他們已改宗伊斯蘭。[59]但即使在馬哈茂德拒絕與之結盟後，遼國統治者仍維繫他們支持佛教的悠久傳統。

遼國統治者彰顯信仰的一種方式是建立佛塔。虔誠佛教徒會把要供奉佛陀的物品封進容器，再放到佛塔頂端或底部的封閉空間。那裡常擺放著火化後的碎骨或結晶——據信是佛陀舍利。

朝陽北塔頂端的一間密室裡就有相當豐富的貯藏品。那位於今遼寧省朝陽市，是一〇四三年由大遼皇室興建。一只（以遼國曆法）註明日期為一〇四三年五月十九日的石盒上面刻著：「像法尚餘七年，即入末法。」[60]「像法」和「末法」是佛教的時期。而這段碑文引發複雜的曆法問題：目前的像法時期是從何時開始？末法時期又將從何時開始？佛教徒相信，世界將在那時步入終結。

答案取決於何時起算。遼國統治家族的曆法是從佛陀於西元前九四九年圓寂時開始，也就是「正法」時期結束，佛陀信眾真正理解他的教義時。一千年後，西元五一年，第一個理想化的時期被「像法」時期取代：人們在此時只能領悟淺薄、如稀釋過的教義，而像法時期將在一〇五一年落幕。一〇五二年，「末法」時期開始，世間萬物終將毀滅。

佛教徒該如何為末日做好準備呢？

他們相信自己該為未來的佛陀準備他在末世後重啟佛教所需的一切。那就是信徒在朝陽北塔塔頂的寶庫裡放置各種供品的原因。[61]

貯藏在那座佛塔裡的物品足以塞滿一整間博物館，而那些東西證明遼國皇室和遠方民族有廣泛的貿易往來。最引人注目的是一間逾一碼（一公尺）高的藏寶室，裡面有成千上萬珍貴與沒那麼珍貴的寶石串在一起，包括珍珠、珊瑚、玉、水晶、瑪瑙、玻璃，以及契丹人最愛的琥珀。[62]這些物品產自多個國家，而那些國家遍及歐亞非大陸每一個角落。

遼國的統治家族在位於北京西南房山區的另一座佛寺提供末世後復甦的佛教文本。他們資助將一部大規模的佛教文集刻在數千片石板上，作為印版之用。印刷工將石板上墨、鋪上紙張，即可壓印出文本。他們把石板埋在一間巨大的地下倉庫裡，今天的遊客可入內一探究竟。

佛教徒對末法時期的確切時間意見不一。宋朝沒有人認為末日會在一〇五二年降臨（漢人認為那會提早五百年來），但日本人跟遼國佛教徒一樣懼怕一〇五二年。各種預兆都令日本人膽戰心驚。西元九九五到一〇三〇年間，首都京都多次爆發不同疫情，包括天花、麻疹、流行性感冒；一〇〇六年一顆超新星也讓日本人驚駭萬分。

世界看來彷彿真的要毀滅了，而日本人，一如遼國皇室，認為那會在一〇五二年發生。

對末日年代的看法相仿，顯示日本和遼國佛教徒關係密切——這個發現反轉了「日本和遼國幾乎沒有接觸」這個盛行觀念。

誠然，官方歷史幾乎沒有關於雙方朝貢的紀錄。雖然福岡是日本唯一允許接受外國貨物的港口，但耶魯藝術史學家楊靡蕪（Mimi Yiengpruksawan）已頗具說服力地證明，日本西岸數個非正式通商港，諸如敦賀、吹浦和十三湊，在九九〇年代都和遼朝有相當頻繁的貿易往來，包括進口鷹翼和毛皮。

當時日本的實權掌握在代理多位年幼天皇統治的藤原氏之手。天皇一成年就會讓位給幼子，讓攝政大臣得以繼續執政。九九六年到一〇一七年掌權的攝政大臣是藤原道長，之後由他的兒子藤原賴通繼任，統治到一〇五八年。[63]

一如遼國皇室，日本攝政王也把物品埋在地下以因應迫在眉睫的世界毀滅。一〇〇七年藤原道長在奈良近郊一座山上埋了十五部佛教文本。[64]數百處類似這樣的葬地內含各式各樣的物品，有些是日本製造，有些來自宋朝和遼國領土，在在暗示北亞佛教諸國之間，實有非官方貿易區。[65]

書也循同樣的路線前進。當藤原賴通（在他攝政之前）聽說有部他想閱讀的佛教文本在遼國流通，他請一位住在宋朝首都開封的和尚幫他找一本來。雖然澶淵之盟禁止中國書籍出口，但成效不彰，那個和尚仍能把書從開封運送到日本的福岡港。

隨著末日逼近，日本人更積極尋求精確的曆法資訊。統治者重視曆法的科學是因為天文知識有助於他們維持政治控制。他們相信異常事件，例如無人預言的日蝕月蝕，象徵宇宙統治者心情不悅，而迫近的世界毀滅需要比平常更嚴密的觀察。

一〇四〇年，京都皇居的兩位天文學家對下一次日蝕的時間意見不一，攝政大臣試著查詢最先進的中國曆法來解決紛爭。他派代表前往當時的重要印刷中心——朝鮮的高麗王國查探。佛教集團列強國內都有人相信一〇五二年滅世論——中國宋朝、遼國、日本和韓國——而相關書籍就在連結諸國的路線上流通。韓國的曆法專家會找日本專家討論，[66]就像比魯尼會和伊斯蘭集團裡志同道合的專家研議一樣。

當一〇五二年終於來臨，攝政王賴通將他在京都宇治擁有的一幢別墅改建成佛寺，後名鳳凰堂，因為它像一隻振翅欲飛的禽鳥（日文名平等院）。平等院的整體形象是極具代表性的日本文化象徵，使它成為日幣十円硬幣上的圖騰，但鳳凰堂也展現出許多受到遼國影響的跡象：偌大的中堂沒有一根柱子支撐屋頂；設計師放置大尊佛像，且用多面鏡子和少見的金屬飾品做裝飾。[67]

出乎眾人意料，一〇五二年來了又去，沒有造成任何重大災難。有些人相信末法時代已悄悄來臨，其他人則沒那麼肯定。幾年後，一切又安定下來。沒有人再為末法時期提出新的時間，日子繼續一如往常地過。

西元一〇〇〇到一二〇〇年間，各地朝代發生令人眼花撩亂的更迭。一〇三〇年，五十九歲的馬哈茂德過世後由兒子繼位，但到一〇四〇年，伽色尼就敗給塞爾柱人。原臣屬遼朝的女真族在一一二五年推翻遼朝，一一四〇年代和宋朝締約，要宋支付比一〇〇五年澶淵之盟約定更高的「歲幣」。儘管如此，這些事件並未挪動佛教和伊斯蘭集團的界線。

令人意外的是，雖然王室不斷內鬨，喀喇汗國的政權仍維繫到一二一一年，才跟中亞其他強權一樣降於幾乎所向無敵的成吉思汗（蒙古名 Chinggis Khan；成吉思汗〔Genghis Khan〕為波斯語音譯）。成吉思汗創建的草原民族大軍比先前任何聯盟都要壯盛強大。每名士兵有數匹坐騎，各有作長（例如步伐夠穩定，讓騎士可以俯身撿拾地上的東西），複雜的騎兵戰術則讓生力軍可以衝鋒打頭陣。成吉思汗會向他征服的民族學習，包括倖存於新疆西部的契丹分支。他不會買奴隸兵，而會犒賞更多戰利品給最拚命的戰士。[68]

成吉思汗還在既有的中亞模式上增添一個重要的成分——恐懼。每當蒙古軍到達新的一地，便會給統治者歸降的機會：奉蒙古可汗為主、定期向可汗的代理人支付高額費用。如果統治者答應，蒙古人會任命總督監理該區，允許原統治者留任繼續統治，只要納稅即可。雖然蒙古人仍繼續信仰其神統（天神騰格里對他們尤其重要），他們並未強迫穆斯林和佛教臣民改宗。

萬一統治者不肯歸降，情況就截然不同了。這時蒙古人就會落實其殲滅的威脅。在某座被蒙古人攻克的城市，他們屠殺居民，在城牆外把死者頭顱堆積成山——還有另一堆只堆放割下來的耳朵。蒙古人的目標始終一致：要沿途所有敵人不戰而降。城市一淪陷，蒙古人便會將居民分成不同群體。身懷技術的編織工和金屬工會被送去首都。蒙古軍隊會網羅所有具備實用專業技能者，例如可以發射一捆捆火藥在接觸物上爆炸（一項中國的創新），或用弩砲發射巨石摧毀目標的軍事工程師。

比利時方濟各會傳教士魯不魯乞（William of Rubruck）拜訪位於現今蒙古國的首都喀喇崑崙時，遇到數名最遠從法國擄來的歐洲戰俘。其中一人是技術嫻熟、會建造精緻噴水池的銀器匠。銀器匠之類的俘虜可以結婚、建立家庭，過舒適的生活，但不能回家。這麼多人橫越草原的移動促成了前所未有的資訊交流：伊朗和中國天文學家交換意見，而一位伊朗史學家寫了一部相當詳盡、涵蓋伊斯蘭地區與中國的世界史。[69]新連結的另一個結果則是黑死病鼠疫迅速傳播：[70]那源於中亞西部，後蔓延到中東和歐洲。

蒙古人成功建立史上連續疆域最大的帝國。那從現今匈牙利橫跨歐亞草原一路到中國。

帝國的不同地區都對大汗宣誓效忠，也需要提供坐騎給大汗的郵驛人員和其他地方來的使者。

蒙古帝國在成吉思汗有生之年及繼承他的兒子在位時歸於一統。就部落領袖而言罕見的是，成吉思汗可以指定繼承人；他去世兩年後，戰士在大會上推舉他的第三子為繼承人——與耶律阿保機廢除的契丹習俗類似。但當那個兒子過世，成吉思汗的孫兒必須選出下一任領導人時，他們並未以爭戰來決定哪位兄弟可以治理一統的帝國，而是將領土分為「四大汗國」：伊朗，窩瓦河流域及部分西伯利亞，中亞，以及中國和蒙古。

雖然成吉思汗和其兒孫並未皈依伊斯蘭或佛教，但各汗國的統治者後來陸續改宗。一三三〇年代，西方三大汗國的統治者都接受伊斯蘭，唯一在東方治理中國和蒙古的汗國仍信奉佛教。蒙古人在那裡建立漢人式的朝代，而歷任皇帝特別受藏傳佛教喇嘛的教義吸引。

中亞最後一位蒙古式的統治者是帖木兒（Tamerlane，人稱「跛子帖木兒」），他運用草原戰士的力量統一了蒙古帝國中三個信奉穆斯林的汗國。雖自稱是依循成吉思汗的統治者（他娶了成吉思汗的後代為妻來強化這個可疑的主張），他也明確標榜為穆斯林。但在他於一四〇五年試圖進犯中國期間過世後，草原戰士創建陸上帝國的理想也隨之幻滅。同時代其他統治者也希望建立大型帝國，但他們著眼於海洋，而非陸地，使用船艦，而非騎兵，我們將在下一章討論。

第七章

意外的旅程 1

地圖7.1
印度洋和太平洋的貿易帝國

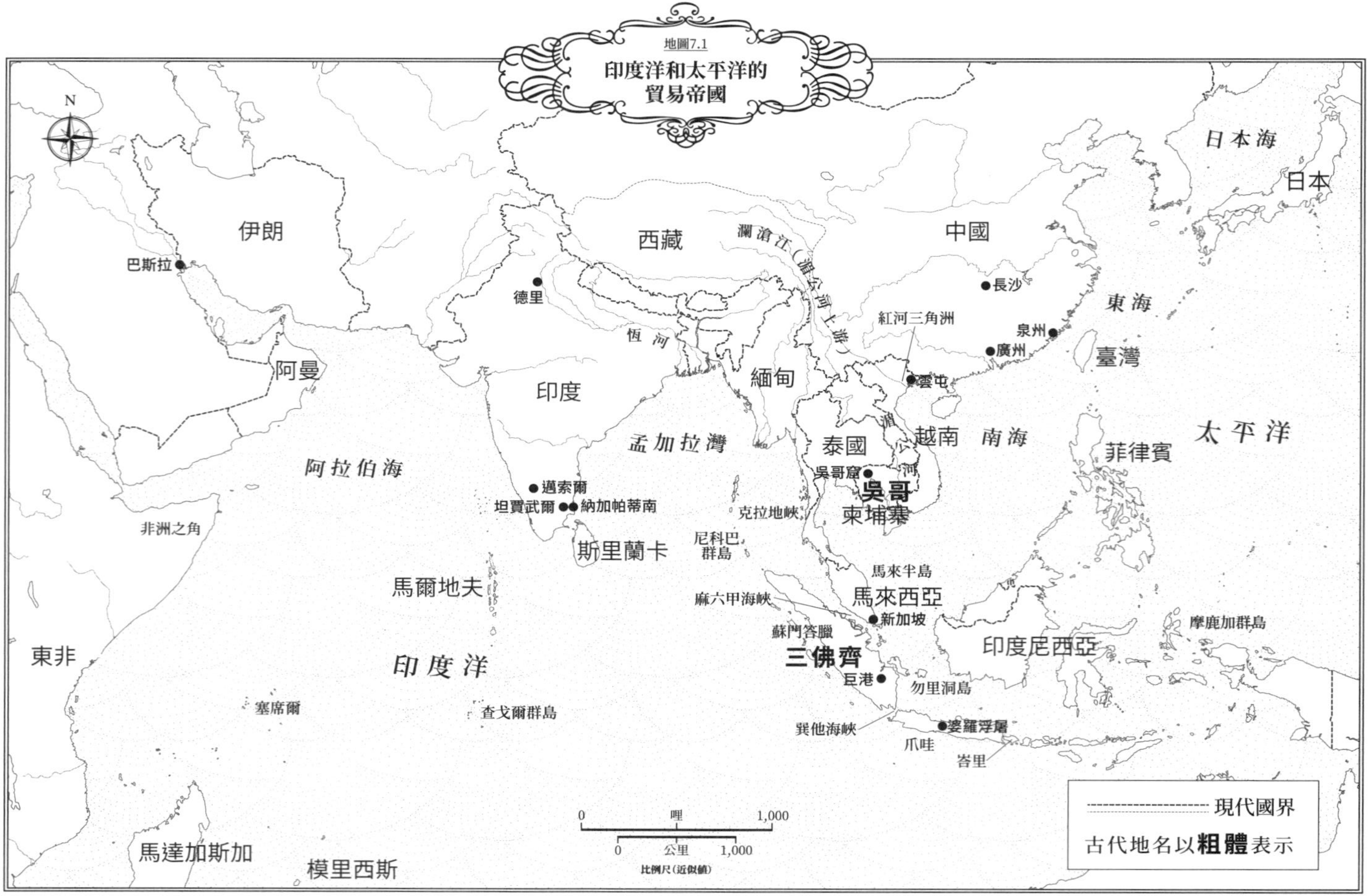

地圖繪製師將非洲和日本之間的水域分成好幾個海：阿拉伯海、印度洋、孟加拉灣、南海、東海、太平洋，但其實這些海組成一條綿延不斷的水路，水手可以緊挨著海岸線航行。

最早的航程係利用季風探索路線，並從阿拉伯半島運送貨物到印度，乃至中國。季風決定了在印度洋旅行的最佳時機。[2]冬天，歐亞大陸溫度下降，將乾空氣送入海洋，夏天，歐亞大陸溫度上升、形成真空而吸入海洋飽含水分的空氣，製造對農業至關重要的滂沱大雨。[3]西元前兩百年，孟加拉水手便對年復一年的季風規律有足夠了解，而能乘風行船於印度洋和東南亞之間；西元一千年時，他們當然還在這開闊的海域中航行。[4]在此區域交易的主要商品是在地種植的芳香植物及香料——都可歸類為「芳香物」這個方便的統稱。「香料群島」，即今印度尼西亞的摩鹿加群島（Moluccas），素以盛產包括丁香和肉豆蔻等多種香料著稱。在那個很少人沐浴、餐食大多簡單的世界，這些芳香物具有莫大的吸引力。金、銀、錫等金屬亦在這個區域交易；棉織品因非常適合這裡的氣候而極受歡迎。

印度洋中的長途奴隸貿易規模不像伊斯蘭世界那麼大，或許是因為多數社會都能從當地獲取奴隸和其他類型的勞動者。另外，印度洋周邊的社會亦不像同時期伊斯蘭社會那般鼓勵釋放奴隸。因此，他們不必一直補充奴隸人口。

歐洲人在西元一五〇〇年前後橫渡這些海域的航程，並非這裡全球化的第一章。在那一千年以前，當地水手就已時常航行於後來達伽馬（Vasco da Gama）和麥哲倫（Ferdinand Magellan）「發現」的航道了。長途貿易亦非歐洲水手引進，那在他們抵達時已行之有年。歐洲人想做，後來也真的這麼做的是排除中間人，以及避免向統治者納稅。在非洲，歐洲人取得了直接接觸黃金和奴隸來源的管道，在香料群島，他們也找出可以怎麼不透過仲介，直接購買香料、木頭和其他芳香物。

西元一千年前後最令人意外的旅程發生在馬來半島和非洲東部外海的馬達加斯加之間，兩地相距約四千哩（六千五百公里），僅略短於哥倫布首次航程的四千四百哩（七千公里）。雖然馬達加斯加距非洲東岸僅兩百五十哩（四百公里），群島的語言馬達加斯加語（Malagasy，或譯馬拉加斯語）卻和馬來語相近，而和——你可能認為相關的——非洲及非洲東岸盛行的班圖語系無關。[5]原來馬拉加斯語和馬來語、玻里尼西亞語、夏威夷語及臺灣原住民語屬於同一語族。馬來–玻里尼西亞語族有不少共通處：夏威夷語的「禁止」是「kabu」，同一詞大溪地語的發音是「tabu」（英文「taboo」一詞的起源）。在西元前一〇〇〇年到西元一三〇〇年之間定居太平洋的民族都說這個語系的語言，一路前往馬達加斯加的民族亦如是。[6]因此，對語言學家來說，說馬來–玻里尼西亞語的移民到達馬達加斯加的時間，顯然比東非移民來得早。另外，對現代馬達加斯加人口所做的DNA檢測也證實，他們有非洲的祖先，也有東南亞的祖先。

直到最近考古學家才確定說馬來語的民族抵達馬達加斯加的時間。他們從馬達加斯加島和東非大陸的十八個考古遺址蒐集了二千四百三十三顆燒焦的種子加以分析，得出年代在西元六五〇到一二〇〇年不等。[7]東非沿岸遺址裡有高粱、珍珠粟和指形粟、豇豆和猢猻樹的種子，都是典型的非洲作物，而馬達加斯加發現的種子如米、綠豆和棉花，全都發源於東南亞。有些馬達加斯加遺址只挖掘出稻米的種子殘骸，表示這裡曾有可能有來自亞洲、大量食用稻米的移民。[8]航海者也帶來動物。貓在西元六、七世紀時抵達，雞在八世紀末到來，牛、綿羊和山羊則在九世紀。在西元一千年，馬達加斯加的馬來人聚落已發展完善。

因為沒有人在印度洋發現任何船骸，考古學家不知道早期水手是行駛什麼樣的船隻到馬達加斯加。至於其玻里尼西亞同胞是如何橫渡海洋，最早的文獻紀錄是十八世紀晚期，庫克船長（Captain James Cook）抵達夏威夷和玻里尼西亞的時候留下。

在庫克的年代，南海島民會航行數百哩進入太平洋。行駛哪種船？兩艘獨木舟綁在一起，張一面帆。島民會用椰子殼的纖維把兩艘獨木舟捆紮在木架上，這樣便能放置較重的貨物。庫克在大溪地遇到在地領航員圖帕伊亞（Tupaia），[9]他自稱「arioi」，意指深諳地方地理學的祭司。庫克畫了一張地圖，標出一百三十個不同目的地，都是圖帕伊亞知道怎麼航行前往的地點，其中最遠的是紐西蘭。

考古學家尚不確定玻里尼西亞人在西元一千年前後是否使用雙體舟。多數人認為古代馬來－玻里尼西亞語系的航海者不論去馬達加斯加或深入太平洋，都行駛類似的船隻，但世界最負盛名的古東南亞船隻學者，法國考古學家莽甘（Pierre-Yves Manguin）質疑這個觀點。[10]他相信他們在太平洋用雙體舟，在印度洋則用一般東南亞船舶。他著眼於東南亞所造船隻的已知事項。在東南亞，造船工人會從樹木劈下木板，在木板內側雕出凸耳（knob），在凸耳鑽孔，把木板用細繩綁起來。這稱為拖尾船（lashed-lug）技術。

莽甘推論，從馬來半島到馬達加斯加的水手就是行駛用這種方式拼裝木板的船隻。這種有多組桅杆和船帆的船舶已在南海和各東南亞海域發現。龍仔厝府沉船（The Phanom Surin shipwreck）是目前發現最大的這類型船舶，有一百一十五呎（三十五公尺）長。[11]目前我們無從得知早期水手究竟是行駛雙體舟，還是體積較大而有多面帆的船舶。我們可以確定的是，玻里尼西亞航海者往東冒險深入太平洋的時間，和馬來人航往馬達加斯加相同。玻里尼西亞人從密克羅尼西亞散開，陸續抵達斐濟（Fiji）、薩摩亞（Samoa）、夏威夷、復活節島（又名拉帕努伊〔Rapa Nui〕），約在西元一三〇〇年前後到達紐西蘭——地球上最後一個被人類占住的地方。移民者紛紛遺留特殊的陶器碎片，讓我們得以追溯其行進路線，不過每一座島究竟從何時開始有人殖民，迄今仍有爭議。

這向來分成兩大陣營：一派支持長時理論（long chronology），認為特定地點的殖民發生較早，另一派則支持短時理論（short chronology），相信有人定居是較近期的事。例如，長時理論支持者將人類殖民紐西蘭的時間定在西元一千年，短時派則提出一三〇〇年。兩派之間的差異可能多達一千年。[12]二〇一一年一項研究分析了針對四十五座不同島嶼所進行的一千四百三十四次放射性碳定年法，結果斷定短時理論定年較為精確，因為那仰賴種子、嫩枝、樹葉等頂多存活數十年的素材，而非木炭——樹木可能存活數百年之久，因此常使人誤判為年代較早。

很多人贊同的一種最新年代學大概是這麼說的：西元前八〇〇年前後，古玻里尼西亞人離開菲律賓群島東方的密克羅尼西亞，抵達薩摩亞。他們在那裡待了一千八百年，到一〇二五至一一二〇年又前往位於「太平洋三角」（夏威夷、復活節島、紐西蘭三地構成的三角形）中心的社會群島。一一九〇到一二九〇年間，他們同時朝三個目的地出發：北往夏威夷、西南至紐西蘭、東至復活節島。每一段旅程都超過兩千五百哩（四千公里）。

玻里尼西亞人為什麼決定要在西元一千年過後探索整個太平洋呢？可能的答案包括環境危機、技術驟然突破（或許是發明雙體舟），甚至聖嬰現象（El Niño），例如風勢變大而

地圖7.2
太平洋的移民

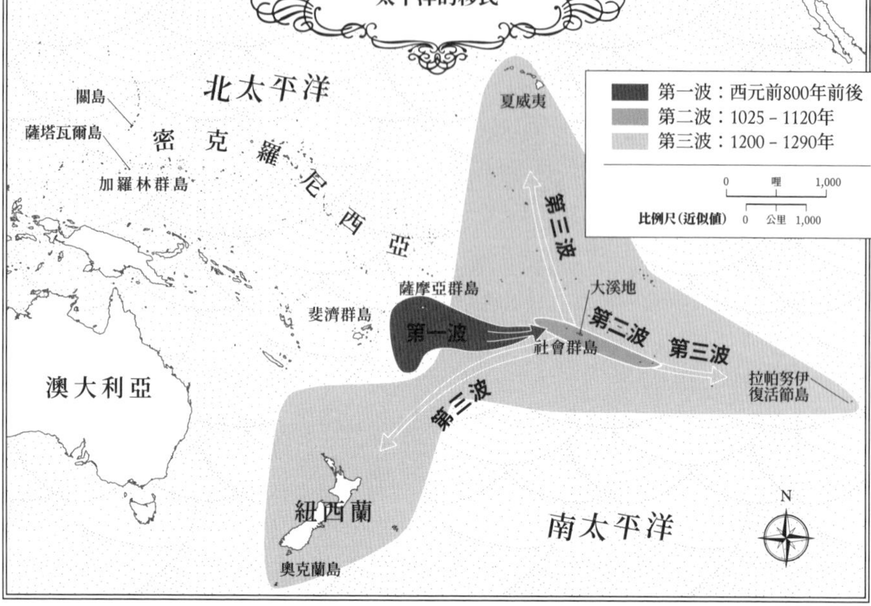

有利於航往更遙遠的島嶼。新的年代學也解釋了為什麼很多工具，例如在相距遙遠的太平洋島嶼發現的魚鉤，外形會如此相似；一一九〇年前後離開社會群島的玻里尼西亞人，不論前往夏威夷、復活島或紐西蘭，都帶著一模一樣的物品。

十八世紀晚期，庫克的手下注意到玻里尼西亞人會航行很遠的距離獵捕大型哺乳動物，可能是虎鯨或瓶鼻海豚。眾人一起繪製地圖時，庫克才明白圖帕伊亞對當地地理瞭若指掌，但庫克並未明確記下那位玻里尼西亞人士是怎麼周遊列島的。

關於玻里尼西亞航海技術的資訊，

要到二十世紀晚期，才由研究偏遠太平洋島嶼的人類學家發掘。這些學者記錄了一些在位置較居中的島嶼已然失落的傳統。[13]瑪烏・皮亞盧格是見識最廣的水手之一。他出生於一九三〇年，在密克羅尼西亞加羅林島鏈（Caroline Island chain）中的薩塔瓦爾島（Satawal）長大，他也是在那裡向部落耆老學習如何航海。一九八三年，皮亞盧格把傳統技術的基本原理教給來訪的美國人史提夫・湯瑪斯（Steve Thomas）。完全無需航海儀器，皮亞盧格密切觀察鳥類的飛行路徑、雲相，以及海浪的動態（他可以描述八種不同的湧浪）。[14]皮亞盧格首先在地上畫了一個圓代表夜晚的視野，用石頭代表十五顆不同星星的升降。除了記得他前往加羅林群島、菲律賓、關島途中會見到哪些星星，他還會背他本身沒有去過的南北美洲、大溪地、薩摩亞和日本航程中會依序看到的星辰。皮亞盧格知道超過一百五十顆星的軌跡，以及它們在每個季節的位置變化。他在一九七六年為慶祝美國建國兩百週年，成功行駛一艘重建的雙體舟從夏威夷航行兩千六百哩（四千兩百公里）到大溪地，贏得國際讚譽。這是他第一次走這條路線，而他完全沒有使用航海儀器。

然而，就連像皮亞盧格經驗如此老到的水手，若遇到持續不歇的暴風，仍可能偏離航線。二〇〇三年，七十一歲的他展開一段兩座島嶼之間僅兩百五十哩（四百公里）的航程。颱風侵襲，他超過兩星期仍未於目的地現身，他的家人聯繫海岸防衛隊才找到他的下落。他解釋，雖然被颱風耽誤，但他非常清楚自己身在何方。婉拒海防隊幫忙，他繼續用傳統方法航海，最後平安到家。

皮亞盧格擁有如此深厚的傳統航海技術，足以解釋昔日水手可能怎麼從馬來半島一路航向馬達加斯加。如果他們每天黎明和黃昏都讓某一顆星在視線範圍裡，就能大致沿著南緯六度前進。從巽他海峽（Sunda Strait，蘇門答臘和爪哇之間）出發，往西經由查戈斯群島（Chagos Islands），這是一條相當筆直的路線，再橫越剩下的印度洋，就可抵達馬達加斯加北方的塞席爾（Seychelles）。水手可能划著單帆雙體舟，或者，如果莽甘說得對，是行駛多帆的大木船前來。

正因有這樣的航程，遍及太平洋各處的諸多偏遠島嶼和馬達加斯加都有人定居。我們知道馬來－玻里尼西亞的船舶除了載男人和女人，也載了老鼠、豬和狗，因為人和那些動物都在他們居住的諸多島嶼繁衍棲居。移民者也帶了植物來，像是甘薯、麵包果（一種無種子的果實，烘烤後會有麵包一般的質地）和芋頭（一種可食用的根菜類，必須先搗碎才能吃），而他們對那些原本無人居住的島嶼所造成的衝擊，既突然，又持久。

仍留在東南亞的居民也不斷海上往返，並在旅途中邂逅周遭所有重要文明——但以印度為主。直到今日，印度對東南亞的影響仍彰顯於印尼群島和柬埔寨、泰國、越南等陸地國家的建築和宗教生活中。

如果我們能搭時光機回到過去，我們會看到當地人身穿印度棉織品、吃著深受印度飲食影響的食物。刻於西元三〇〇到六〇〇年間的梵文和坦米爾（Tamil）碑文，以及多尊佛陀石像，都是早期印度文化滲透東南亞的證據。當印度北方的傳教者抵達東南亞，他們遇到的居民崇拜靈魂，且相信靈魂存在於山裡、洞穴、樹木、石頭和放眼所及的世間萬物之中。另外，守護靈會照顧個人的住家和村落，祖靈也會。西元六〇〇年後，印度神明，特別是兩大主神濕婆和毗濕奴，也在這個地區為人祭拜。

在這段期間，東南亞社會最大的政治實體是村莊和酋邦（chiefdom）。整個地區人口密度都很低：[15]一六〇〇年，每平方哩約十四人（每平方公里五．五人），不及中國（不包括西藏）人口密度的七分之一。在那之前的人口又更少了，只有可密集耕作水稻的地點人口最稠密，例如越南的紅河三角洲。

酋邦居民靠狩獵動物和採集野生植物維生。村民會從事火耕，也就是砍伐、焚燒一塊林地的植物，清出空間耕種作物。當這塊地養分耗盡，他們就會轉往新的地點，因此火耕有時也稱作游耕（shifting agriculture）。不論耕作、採集狩獵，或兩者都做，東南亞人習慣不斷遷徙，不斷組裝、拆卸通常用高架搭在地面上的臨時住所。[16]擔任王室顧問的印度傳教者一般通曉梵語、坦米爾語和其他印度語言。透過引進印度字母，他們教導地方領導人如何記錄給廟宇的禮物，以及和其他領導人通信。有時抄寫員會用梵文或坦米爾文刻寫碑文，有時借用印度字母記錄當地語言的發音。這些碑文是這個早期階段最重要的史料。前一代學者將此印度文化進入東南亞的流動描述為印度單方面的行動，但其實要採用印度文化哪些面向，主要由東南亞統治者決定。

一如西元一千年時其他地方的領導人，東南亞的領袖也是為了鞏固權力而皈依普世宗教。佛教和印度教都獲得許多王侯青睞。特別吸引人的是佛教轉輪聖王的理想，[17]這既受到契丹等北亞草原民族歡迎，事實證明在東南亞也極具影響力。不光是佛教有轉輪聖王的理想；印度教徒也相信唯有得到神的支持，有才幹的領導者才能統治廣大的領土。

採信這些新宗教造就了全球最驚人的一些歷史遺跡，包括爪哇中部的婆羅浮屠（Borobudur）、印度坦賈武爾（Thanjavur）供奉濕婆的布里哈迪希瓦拉神廟（Brihadisvara），以及柬埔寨的吳哥窟（Angkor Wat）。這些宗教遺址之雄偉壯麗迄今仍令世人嘆為觀止，每位遊客都不禁納悶，那些社會是如何造出氣勢如此磅礴的建築。那些社會發展出一套特別的統治模式，我們稱作「神廟國家」（temple state）；儀式至關重要，神廟更在籌劃這些大型營建工程上扮演樞軸角色。

神廟國家統治者的掌權途徑並不特別——透過智取或力敗對手——但一旦掌權，他們就不光仰賴武力治理了。他們會鼓勵臣民把他們聯想成佛教、印度教或兩教的神明。為實踐轉輪聖王統治的理想，這些君主會捐獻禮物和土地給神廟，臣民也會時常看到統治者在神廟舉行儀式。

由於神廟國家極度仰賴個別統治者的群眾魅力及展現權力的本事，他們的勢力範圍波動甚巨。強大的神廟國家統治者會投身較大的關係網，送禮物給較遠的神廟，且獲得遠方統治者進貢。他們有辦法養較大的軍隊，甚至派海軍遠渡重洋。當統治者變得弱小，關係網也會縮水。因此，這些國家的勢力範圍會像氣球膨脹和消氣一般擴張和萎縮。[18]西元一千年前後有數個神廟國家特別重要。三佛齊帝國（Srivijaya empire）以今蘇門答臘南部為據點，位於新加坡正南方三百哩（五百公里）、今印尼巨港市（Palembang）附近。位於印度最南端的朱羅王朝（Cholas）在九世紀末雄霸一方。[19]柬埔寨吳哥王朝（Angkor dynasty）的國王，也就是名勝吳哥窟神廟區的建造者，則讓國祚綿延到三佛齊和朱羅滅亡之後。

三佛齊帝國崛起的時間與馬來人水手航往馬達加斯加的時間相仿，約在西元六〇〇或七〇〇年前後，因為地處麻六甲海峽附近而繁榮起來。在西元三五〇年以前的某個時候，從阿拉伯半島航往中國的船隻發現了一條新路線。在那之前，他們的旅程分兩階段：把船停在現今泰國，走陸路將貨物運過克拉地峽，再上船前往中國。三五〇年以後，船主開始全程仰賴航運，避免貨物因陸路轉運而蒙受損失。這條新的路線經由麻六甲海峽，需要在那裡下錨六個月等季風風向轉變。儘管等待漫長乏味，但船員不必卸貨、搬貨、再上貨。

我們是從中國和尚義淨的紀錄得知這項轉變，他曾在六七一年沿此路線前往印度，六八〇及六九〇年代又出訪多次。他經由麻六甲海峽往返中國和印度的旅行提醒我們，不只有商人在這個地區的港口間來來去去。僧侶也到處旅行，有時是為了向名師學習，有時是回應統治者的邀請。這些佛教徒提供豐富的符咒、儀式和啟蒙——全都是密宗（Esoteric Buddhism）的慣例，[20]統治者招待佛教徒是寄望這些聖者能使王國更加壯大。

三佛齊的統治者是透過鼓勵麻六甲海峽的海上貿易並從中課稅而發達。因為該帝國沒有紀錄留存，我們所悉大多來自中國官方資料。宋史對三佛齊的敘述就是一例。[21]就像今天維基百科的詞條，中國對異域的描述也依循一套公式，包括該國最重要的產品、貨幣制度（三佛齊居民拿金、銀交換想要的貨品，未使用錢幣），以及當地歷史上最重要事件的編年紀錄，也幾乎都會提供進貢代表名單。三佛齊君主送給宋朝皇帝的東西琳琅滿目，包括象牙、犀牛角、石英、乳香（frankincense）等芳香物，都是中國人不分皇室和平民皆有大量需求的東南亞商品。另一份中國史料則指出三佛齊的統治者壟斷乳香和檀香，由政府官員向外國商人進行那些物品的交易。[22]中國和阿拉伯訪客都將三佛齊的首都描述為平凡無奇的城市。考古學家曾搜遍蘇門答臘尋找它的遺跡，找了近百年仍無所獲。後來他們了解，三佛齊可能從來沒有固定的首都。當地唯一的永久性建築是供奉佛陀的磚塔。一旦運輸設施在戰爭或風暴中毀壞，統治者便可能遷往新址。

獨木舟對三佛齊王國的運作至關重要。每當國王需要遠征的人手，就會派人帶著給附屬酋邦的命令划獨木舟逆流而上，而酋邦成員會划船順流而下，在指定時間到首都集合。退潮時槳手短短幾小時就能划五十哩（八十公里）。西元九〇〇年前後，一位阿拉伯作家曾親眼目睹一支有一千艘船的艦隊因國王一聲令下而會師。[23]在三佛齊稱霸的時代，世上有多種不同的船隻遠渡重洋。東南亞的拖尾船是其一，還有一種叫獨桅帆船（dhow）。這種船的船板會用椰子纖維綁在一起，船身較具彈性，撞上岩石較不容易解體。獨桅帆船的首要造船中心在阿拉伯半島和非洲之角（Horn of Africa），[24]主要的使用者是穆斯林商人。

我們之所以知道西元八〇〇年前後的獨桅帆船是何模樣，是因為在印尼巨港市西側勿里洞島近海，曾打撈到一艘長六十呎（十八公尺）的沉船和其所有貨物。（依勿里洞船骸打造的現代複製品馬斯喀特之寶〔Jewel of Muscat〕，目前在新加坡一間博物館展示，而近期考古學家又打撈到一艘獨桅帆船：龍仔厝府沉船，長約一百一十五呎〔三十五公尺〕，年代稍晚。[25]）

因為勿里洞沉船是被劫掠了整整一年才進行商業挖掘，且遺骸以三千兩百萬美元賣給新加坡政府，有些考古學家認為有關那次挖掘的任何資料皆不可信。他們認為報酬會助長不科學的挖掘技術，就算挖掘公司僱用專業考古人員，且得到印尼軍方協助防止僅一步偷竊。這個地區有非常多未受保護的沉船，在此挖掘確實困難重重，但批評家對此不以為意，而在二〇一二年成功阻止該船骸在賽克勒博物館（Sackler Museum，隸屬於史密森尼學會〔Smithsonian Institution〕）展出。[26]不過，雖然反對展出，批評家對沉船物品的真實性並無異議。

勿里洞沉船的木板來自非洲，[27]但在阿拉伯半島縫合——或許是在阿曼附近，那裡至今仍在製造獨桅帆船。那艘船是在西元八二六年以後沉沒（船上一只陶器透露年代）。船載了大量鐵製品、銀錠、金製器皿、銅鏡和陶瓷——都是當時典型的中國出口物資。但陶瓷的數量連經驗最豐富的考古學家都大感意外。船骸裡共挖出六萬只在湖南長沙窯燒的小盤子。

有些勿里洞瓷器表面看來好像寫著阿拉伯文，但仔細觀之，那並非真的阿拉伯文，只是像而已。（專家稱此「偽阿拉伯文」。）足智多謀的中國工匠想賣給阿拔斯帝國的消費者，因此拿阿拔斯陶瓷做樣本，[28]但陶工對阿拉伯文沒有足夠的認識，寫不出正確的文字。但這並未遏止中國人為穆斯林消費者大量製造陶瓷，穆斯林認為中國陶瓷品質較好，是因為它們外觀呈現半透明、壁薄、敲起來聲音清脆。[29]為因應中國進口品的威脅，阿拔斯陶工在七五〇年後發展出一種名為光瓷（lusterware）的新技術。[30]他們在已燒過一次的上釉器皿外再塗一層銀和銅。這會讓容器閃閃發亮，且因為東非沿岸居民會買單，代表也具有吸引力。這讓阿拔斯的陶工保有市占率，但最後光瓷仍不敵中國釉料高溫窯燒的動人光澤。當時的全球化就像現在一般運作。

勿里洞沉船也載了一些高檔商品，例如純金打造的四只杯子和三只盤子。其中一只杯子是中國境外發現、以傳統中國工法製造的最大金製品。一只陶製酒器，名「執壺」（ewer），高逾一碼（一公尺），有複雜的龍形圖案，張開的龍口就是出酒孔。這些最高品質、在社會最高階層流通的藝術品是如此精雕細琢，很可能是唐朝皇帝送給伊斯蘭統治的禮物，[31]或許是回進貢之禮。若非回禮，就是運到中東販售。

既然陶瓷品的設計暗示這艘船欲前往伊斯蘭世界的港口，其目的地最可能是巴斯拉或阿曼。在八二六年十二月至八二七年三月底（或者晚一兩年）從廣州出發，趕上往南方吹的季風，若一切順利，這艘船也許不到一個月就抵達勿里洞。然而，它不幸在勿里洞沉沒，無法繼續前往麻六甲海峽。

當時從事遠洋貿易的船隻並非只有這一種船。當時其他船隻的設計——共十一種——都出現在爪哇中部舉世聞名的婆羅浮屠神廟的石板上。有些石板雕了有舷外浮桿（outrigger）的商船，[32]比當時其他敘述更細膩地呈現這種東南亞船隻是如何打造。從這個歷史遺址走一小段路，便來到蘇門答臘拉克薩博物館（Samudra Raksa Museum），館內收藏了一艘依婆羅浮屠石板畫重新建造的遠洋船舶。那艘船在二〇〇三－二〇〇四年完成了到馬達加斯加的航程。

婆羅浮屠是沙倫答臘王朝（Shailendra）興建。沙倫答臘的國王與三佛齊的統治者通婚，[33]也供給稻米給三佛齊。稻米在當時是重要物資，為等待季風轉向的來訪船員提供糧食。

婆羅浮屠是世界最大的佛教遺址，約在西元八〇〇年竣工，全為石造，這座九層樓的遺址高逾百呎（三十一．五公尺）。或許是火山爆發或地震之故，建築底層一開始建造就沉入地下。[34]這一層描繪了不守佛教戒律的人死後會下的地獄。

訪客從地下層開始遊覽，繞一整圈欣賞一樓的石板，再爬階梯到下一層樓。石板一共描繪一千四百六十個不同場景，全部逛完要走三哩（五公里）路。多數場景描繪佛陀的眾多化身。一處，佛陀化身為一位船長，發生船難而登上一個住著女性食人魔的島嶼。另一景，佛陀從風暴及海怪手中救出一艘船。[35]一塊浮雕帶我們來到爪哇市場。那裡的女性小販多於男性，[36]書面史料也證實了這個現象。爪哇市場每隔固定時間開市，通常是五天一次，而國王會任命市場官員監督全職和兼職商人的一舉一動。兼職商人包括農民、織布工和金屬加工師傅，他們自產自銷，全職商人則全心投入銷售他人的物品。國王授予商會收取商稅的權利，而商會之後會將稅收轉給神廟。

在婆羅浮屠最高層，訪客會遇到七十二尊菩薩像。菩薩已得道，卻選擇待在人間普渡眾生；信徒常祈求菩薩幫他們解決問題。每一尊菩薩都坐落在鐘形石洞裡供人瞻仰。七十二尊菩薩之上原本有一座佛塔，或許收藏佛陀的遺物：一小塊骨骸或玻璃結晶，象徵保存佛身。婆羅浮屠的黏土板刻著多種不同語言，證明這裡曾是人來人往的區域朝聖中心。

在婆羅浮屠於西元八〇〇年前後建造之際，全職商人已投入長途區域貿易；他們從中國進口鐵器和絲線。爪哇的稻米產量遠多於人口所需，讓它得以拿剩餘的稻米和鄰近島嶼交易丁香、檀香和肉豆蔻。雖然紅花（safflower）和黑胡椒原產於南印度，但爪哇人已學會栽種這兩種作物。爪哇進而成為中國最大的黑胡椒供應商；爪哇和峇里皆提供中國織布工紅花染料：那能把織物染成深玫瑰紅，因此大受歡迎。爪哇和峇里的商人成功奪取農業市占率，擠掉了印度的競爭對手。

東南亞的陶工試著在製造業如法炮製。就像伊斯蘭陶工抄襲中國外銷器皿，爪哇人在製造陶器時也捨棄拍砧成形法（paddle and anvil），改用製陶轉盤。雖然外型模仿得維妙維肖，但他們也做不出中國陶瓷那種令人目眩神迷的光澤，就像中國陶工寫不出正確的阿拉伯文字一樣。

依據碑文的紀錄，奴隸商人曾襲擊沿海社區，然後把俘虜運到另一座島上去。法典討論了債務人可在何種情況賣身為奴，也解釋可以怎麼贖身買回自由。儘管如此，這裡並未發現長距離奴隸交易的證據。[37]在距離婆羅浮屠三十哩（五十公里）的地方還有普蘭巴南（Prambanan）建築遺跡，許多場景都取自印度史詩《羅摩衍那》（*Ramayana*），描繪被視為印度神祇崇拜的羅摩（Rama）的一生。比婆羅浮屠早建約五十年，普蘭巴南顯然是印度教的神廟。當地國王也許認為這兩種宗教並不相牴觸，因此很可能同時捐獻給佛教和印度教。[38]爪哇的沙倫答臘統治者透過向水稻農業和商業課稅來資助這些宗教建築，而他們的姻親，三佛齊的統治者，或許也有出資。

往婆羅浮屠的朝聖者會停泊在麻六甲海峽附近的島嶼，而他們會在那裡碰到從伊斯蘭世界航行過來、等待季風轉向以繼續前往中國的水手。因為這個行進方向尚未發現沉船，我們必須參考其他史料才能明白中國人進口些什麼。伊斯蘭商人賣乳香和沒藥，兩種芳香物的採集方法都是在樹皮劃出缺口，讓汁液流出、變硬後收成。一點點乳香或沒藥就可以滿室生香。

穆斯林商人用獨桅帆船將這些芳香物直接從阿拉伯半島運到中國。早年，走波斯灣－中國路線的船隻多半會繞過東南亞，不上也不下貨物。套用現代貿易用語，終端使用者不是在東南亞，[39]主要是在中東和中國。

後來，商人改換東南亞的產品。他們開始用蘇門答臘北部所產的松香代替遠從阿拉伯半島運來的乳香。松香雖然沒有乳香那麼香，但便宜得多。

無獨有偶，原本購買中東沒藥的商人，也改買較便宜的蘇門答臘安息香脂（benzoin storax）——從安息香樹（*Styrax officinalis*）採收的固態樹膠，也產自蘇門答臘西北岸。一如沒藥，安息香脂也會在焚燒時散發濃郁芳香。這種商品來源從中東轉移到東南亞的變遷顯示，商品替代已經是一種普遍現象，因為中間人一直在尋找更便宜的商品產地。

樟腦是另一種在中國需求特別高的產品，因為它的結晶可以驅除蚊蟲、做為效用強大的去充血劑（decongestant），還可以做成品質出色的屍體防腐液。樟樹和安息樹生長在蘇門答臘的相同區域，所以同一批工人可以一併收成兩種作物，而作物可上同一艘船載去給中國消費者。

乍看下，中國後來才改買東南亞商品並不合情理：商人一開始為什麼捨近求遠，先從遙遠的阿拉伯運貨，幾百年後才轉換成較近的來源呢？一開始就從比較近的地方賣東西給中國，應該更符合經濟效益吧？答案聽來頗有現代感：東南亞原本缺乏基礎建設和專門的供應商來支援國際貿易。

商人需要有人安排收成、加工、把資源運送到海岸讓船接應。後來，不同民族開始分工合作，收集這些樹木和樹膠。通常由一群人負責在山地森林採收一種特定產品，另一群人用小船順流而下載至港口，讓住在港邊的第三群人把貨物搬上遠洋船隻。[40]中國需求增加，對於採收香木以及把貨物運到港口的原住民都造成直接衝擊。在商人開始停靠東南亞之前，許多原住民群體都以採集狩獵維生，收集不同林產品純為自用。後來，他們深陷精細複雜、半工業化的農業系統，必須全力投入貨物輸出工作：把東西運給他們素未謀面的中國買主。這情況固然發生在輪船或電力問世之前，但全球化仍舊徹底改變了這些從未離家的原住民族的生活。

西元九〇〇年前後，這整個區域的貿易趨緩下來。[41]旅居中國的外國商人遭到攻擊，無疑造成貿易中斷。八七九年，正值唐代衰弱之際，叛軍首領黃巢主導一場大規模起義，且公然鎖定穆斯林商人這群貿易要角為目標，與不久後開羅和君士坦丁堡發生的反外國人暴動異曲同工。據不同記載，在廣州被殺害的外國人數在八萬至十二萬不等。不論真實死亡人數為何，總之穆斯林商人悉數退出中國，[42]其中有些遷往東南亞，而他們一離開，印度洋貿易便暫時中止。

但到了西元一千年，海上貿易又復甦了。一〇一六年，中國人選出四個最重要的貿易夥伴國，[43]允許他們各派最多二十人的代表團來訪。到那時為止，中國人已和阿拉伯國家、三佛齊及爪哇做了好幾百年的生意，但第四大國——印度朱羅帝國——是新面孔。首位朱羅代表在一〇一五年、王朝建立半世紀後抵達中國。接下來三個世紀，朱羅的統治者和商人在印度南部、泰國和馬來半島、印尼群島部分地區積極活動，最遠抵達中國南部沿海。

從印度東、西岸眾多王國中脫穎而出，朱羅成為南亞數一數二強盛的王國，唯有遠在今阿富汗北部、馬哈茂德的伽色尼王朝可與之匹敵。審慎管理水源是朱羅成功的關鍵。朱羅人建造大型貯水池和灌溉渠道引水入田。統治者不直接向臣民收稅，而是要他們捐獻部分收成稻米給神廟。統治者在低地河谷，即農民在密集灌溉的農田種植稻米的地區勢力最強；在盛行旱地農業、畜牧或採集狩獵林產品的地方，掌控力就弱得多。[44]朱羅人熱烈支持印度教，崇拜濕婆。印度教著重廟宇的公開儀式，也強調私底下在家裡的祭拜。羅茶羅乍一世（Rajaraja I）多次授予首都坦賈武爾的土地給王室所興建、供奉濕婆的布里哈迪希瓦拉神廟。這座神廟，一如索姆納特那座被伽色尼君主馬哈茂德劫掠過的神廟，位在深處的主殿供奉石雕「林伽」，陽具的象徵。

羅茶羅乍一世在九八五年掌權後直接控制了首都坦賈武爾及轄內其他大城市的鄰近地區，但許多城市外圍的村莊實質獨立。他征服印度南部廣大的帶狀領土，也順利拿下斯里蘭卡島。他也透過附屬於坦賈武爾濕婆神廟的地方神廟網絡投射權力，那些神廟承認朱羅國王為其精神領袖。

一如其他統治者，羅茶羅乍一世透過資助神廟來施展外交手腕。他相信要鞏固盟邦關係，最好的辦法就是允許他們在他的領土建造廟宇，而盟友出資興建的廟宇，他也捐獻來表達支持。一〇〇五年，三佛齊統治者在朱羅國最重要的港口納加帕蒂南（Nagapattinam）興建一間佛寺，也贊助一座神廟。羅茶羅乍一世和其子羅貞陀羅（Rajendra）把從附近村落收到的稅奉獻給那些建物。那些建物到一四六七年依然屹立，曾有發生船難的緬甸僧侶前去祭拜。得益於類似這種廟宇捐助模式，相距遙遠的南亞和東南亞國家得以建立連結。[45]西元九九三年羅茶羅乍一世進犯斯里蘭卡——[46]距印度最南頂點僅三十五哩（五十五公里）、絕大多數人口信奉佛教的島嶼。攻克之後，朱羅王國直接統治斯里蘭卡一些重要城市，羅茶羅乍一世也在那些城市興建濕婆神廟。他的掌控成效不一，固然足以向載運商品經過主要道路的商人收通行費，但沒辦法收取其他需要更多人手的賦稅。

征服也帶來實際的利益。統治者和士兵都獲得了戰利品。後來一部佛教編年史詳盡描述了印度教的朱羅軍隊怎麼洗劫佛教僧院：「朱羅人抓住大仙，搜刮珠寶、國王繼承的王冠、王室所有飾品、珍貴的鑽石臂鐲、神佛的禮物、不斷之劍、破布遺物……打破舍利殿之門，帶走許多值錢的金像，而他們一面入各僧院四處暴力破壞，一面像吸血夜叉將蘭卡的一切珍寶據為己有。」[47]朱羅統治者將斯里蘭卡佛教徒視為敵人。他們攻擊斯里蘭卡佛教徒的基本理由與伽色尼的馬哈茂德劫掠北印度神廟如出一轍：從不同宗教傳統的廟宇掠奪戰利品。

在諸如羅茶羅乍一世這般高明統治者主政下，朱羅人也與遠方強權建立聯繫。一〇一二年，羅茶羅乍一世的兒子羅貞陀羅加入一同執政，父子聯手統治到羅茶羅乍一世於一〇一四年過世為止。這時，氣球開始消氣了。羅貞陀羅的首都——他自吹自擂取名為「征服恆河的朱羅人的城市」——始終無法取代父親更輝煌的首都坦賈武爾。

朱羅王朝幾乎沒有原始史料留存至今，只有刻在石頭或銅盤上的文字。其他種種，例如寫字的棕櫚葉，都在印度南部炎熱潮溼的氣候中腐爛了。那些碑文或銘文大都很短，皆記錄一群人，有時是一個商會，以統治者的名義送給神廟的禮物。是朱羅國王強迫他們捐贈的嗎？或者是捐贈者主動送禮，卻歸功於統治者？我們無從得知。

由於有這些差異，不同學者對朱羅的國力有不同評估。認為朱羅是強大國家者也認定國王是關鍵人物；[48]認為是民眾主動捐贈的人則看輕國王的角色。意見最分歧的莫過於一句自誇得最厚顏無恥的朱羅碑文；那出自羅茶羅乍一世之子羅貞陀羅之手，他自稱曾在一〇二五年派艦隊征服三佛齊首都。

羅貞陀羅是在父親濕婆神廟的西牆上刻了這段話：「羅貞陀羅已派多艘船進入波濤洶湧

的海域，擒獲干陀利（Kadaram，三佛齊古稱）之王及其壯盛軍隊中的十一頭象，取走國王理所當然累積的大量珍寶；在陣陣喧鬧中占領廣大首都三佛齊入口名叫維多尤達拉托拉納（Vidyadhara torana）的拱門。」[49]除去堆砌的詞藻，重點很簡單：羅貞陀羅俘虜三佛齊國王、他的大象、占領他的首都的拱門，劫掠了他的城市。

實情如何？可以想像，羅貞陀羅真的派了艦隊前往那麼遙遠的地方，但部隊沒有在蘇門答臘留下痕跡。更可能是某個前往蘇門答臘的商會帶了一批傭兵保護貨物，而在遭遇攻擊時，那些衛兵順利化險為夷。

所有統治者都會利用碑文增添光彩，羅貞陀羅也不例外。緬甸蒲甘王朝（Pagan dynasty）一名統治者也曾自稱他的代表說服朱羅統治者放棄印度教、改宗佛教。（沒這回事。）[50]更重要的是，羅貞陀羅這段遠征三佛齊的碑文提到東南亞十三個不同地點（五個可能在馬來半島，四個可能在蘇門答臘，一個在尼科巴群島〔Nicobar Islands〕，三個仍未鑑定出來）。羅貞陀羅的碑文展現了對於蘇門答臘和馬來半島地理的詳盡知識，[51]證實印度洋海路連結了朱羅王朝的領土和東南亞。

有些神廟的碑文專門列了來自商會的捐獻，這些有助於我們了解商會成員是如何習得地理學知識。商會之前就存在於印度，而在朱羅王朝欣欣向榮。商會有各式各樣的會員，有當地人，也有非印度人，大家各賣各的商品，但結合在一起以便獲得統治者授予的特權：有時付比較低的稅，有時可代表統治者收稅。

商會是朱羅王朝擴張的關鍵。一批又一批說坦米爾語的商人在東南亞和中國會合，一起做生意。他們專營高利潤的商品：黃金、胡椒、各種東南亞芳香物、高級印花棉等等。印度和東南亞的居民喜歡棉織品勝過絲織品，因為在炎熱的天氣裡，棉穿起來舒適得多。商會張羅了棉織品生產的所有階段——從栽培、染色、織布到最後的雕版印刷。

一個名為「五百」的此類商會以印度南部東岸為根據地。邁索爾（Mysore）出土的一〇五〇年碑文聲稱商會成員足跡踏遍全印度、馬來亞和波斯，買賣林林總總的貨物：大象、馬匹、藍寶石、珍珠、紅寶石、鑽石和其他寶石、小豆蔻、丁香、檀木、樟腦、麝香等等。52 光是物品的豐富多樣就令人印象深刻：印度洋航線是重要的通路，而有那麼多種商品通過這裡進行交易，更凸顯通路已臻成熟。這份名單令人訝異還有一個理由：今天的學者常形容這條從馬來半島到印度的路線，是沿著海上絲路前進，但絲綢並非這條路線上的主要商品。它甚至連主要紡織品都稱不上：棉才是。

描述商會的碑文措辭華麗，英文譯本足足有三頁之多，其中包括幾句對一群印度商人的驚人吹捧：「他們像大象，攻擊而致命；像母牛，靜止而致命；像蛇，毒液致命；像獅子，躍起而致命。」[53]他們之所以驕傲，是因為擁有一項關鍵資源：他們向會員收取會費，拿這筆錢雇傭兵保護貨物。

由於羅貞陀羅之後幾位繼任者皆軟弱無能，朱羅這顆氣球的氣消得更多了。朱羅人在一〇六〇年代開始退出斯里蘭卡，一〇七〇年正式撤離。中國史料指出朱羅和三佛齊在這時處於敵對，且都自稱勝過對方。歷經數起一爭高低的事件後，中國禮賓官員做出最後決定：把朱羅降為三佛齊的附庸。[54]十三世紀，朱羅依舊積弱不振，領土陸續割讓給鄰國。

朱羅商會向來會向統治者獻殷勤，但事實證明他們不需統治者撐腰也能生意興隆。甚至在王朝式微後，坦米爾商人仍活躍於緬甸、泰國、中國等地。在中國，他們於港都泉州支持了一個活躍的僑民社區——刻著坦米爾語言的碑文和印度神廟的遺跡皆可證明。

以現今柬埔寨為根據地的吳哥帝國，是與三佛齊和朱羅同時代的帝國。該王朝的名稱源於梵文的「城」，而在九世紀末成為王朝首都的城市也沿用吳哥之名。位於今柬埔寨暹粒市（Siem Reap）附近，吳哥窟神廟區是全球最大的歷史遺跡之一，占地七十五平方哩（兩百平方公里）的核心地區有數百座神廟。

吳哥王朝創建於八〇二年，一直持續到一四〇〇年以後。它每一位成功的統治者都將王朝影響力拓展到更廣大的地區。王朝創建者：八〇二年掌權的闍耶跋摩二世（Jayavarman

II）順利征服相當大的領土。氣球在他的繼任者當政時消了一些，但之後換強悍的統治者上台，氣就又灌飽了。一一八一年到一二一八年執政的闍耶跋摩七世（Jayavarman VII），是該遺址最後一任偉大的建造者。

吳哥神廟國家的許多特色聽來都很耳熟。嚮往轉輪聖王的理想，也就是統治者藉由捐獻給佛教團體會累積功德，吳哥國王既資助佛教寺院，也捐助供奉濕婆和毗濕奴的印度教神廟。多數統治者會選一位神明贊助。幾乎所有獲得王室奧援的神廟都是由石塊而非木材建造。神廟保存了刻了梵文和當地高棉語（Khmer）的碑文。另外，當地藝術家同樣修改了印度聖像來描繪神明。國王的臣民會獻祭給王國各地神殿和神廟供奉的林伽石雕。[55]雖然很多人用「吳哥窟」一名稱呼這整片遺址，事實上吳哥窟只是其中一個神廟區的名稱：那裡總共有二十多個神廟區——例如大吳哥（Angkor Thom）、女王宮（Banteay Srei）和塔布蘢寺（Ta Prohm）——和許多其他較小的區塊。（「窟」〔wat〕是佛教用語；吳哥窟原為印度神廟，到西元一四〇〇年後才被稱作「吳哥窟」。）從一座神廟步行到另一座太遠了。烈日當空，就連隆冬十二月也酷熱難耐。不過遊客可以騎自行車、坐摩托車，或搭計程車到處逛。

一項稱作光學雷達（lidar，「Light Detection And Ranging」的縮寫，雷射探測與測距之意）[56]的新勘測技術，已徹底改變我們對吳哥窟的了解。架設在飛機或直升機上的雷射槍會用脈衝波轟炸一個地點，再用軟體記錄從地表反射的脈衝波。排除植被後，光學雷達產生了一張分外精確的地圖，勾勒出地面實際的外形與輪廓——包括神廟和城牆的遺跡——那些原本都被濃密的熱帶雨林遮住了。

吳哥窟的雷達勘測畫出就連親自穿過叢林也難以察覺的運河、土方工程、水壩和水池——全都是灌溉系統的一部分。沒有這些至關重要的水利建設，國王的臣民就不可能耕種支撐全國經濟的水稻。

神廟區外圍區域今天無人居住，早期研究人員認為過去也是如此，但光學雷達顯示，那裡曾有大量住宅簇擁著密集的城市街道。[57]綜合光學掃描和碑文上的資訊，考古學家將他們估計的吳哥窟人口大幅提高到七十五萬居民。[58]令人驚豔的神廟壁畫也提供了與人們居住方式有關的資訊。拜翁（Bayon）名聞遐邇的淺浮雕描繪了印度史詩和佛教文本的宗教場景，偶爾也讓人一睹日常生活。觀者甚至會見到高棉和中國居民（兩者髮型互異）鬥雞賭博。

這些場景顯示商業發生過重大轉變。雖然東南亞君主和人民都繼續崇拜印度教神明，但在西元一千年之後，他們比較少與南亞直接接觸了。反倒是中國成了主要貿易對象，而隨著印度商人慢慢退出這個地區，中國商人人數持續增加。載滿貨物的船隻往返中國，這裡的居民也供應愈來愈多商品給中國貪得無厭的消費者。

改與中國貿易對東南亞人民造成各種不同的影響。爪哇人和峇里人在十一世紀開始進口中國銅幣作為零錢使用，到了十三世紀，隨著中國供給銳減，他們仿造了中國硬幣來供己用。在遍布這個區域的港口，中國商人的人數已超過印度商人，特別是在蒙古於一二七〇年代征服中國南部之後——那時，許多中國人永遠播遷到東南亞來。蘇門答臘北部年代最早的穆斯林墓地，也關於十三世紀，[59]後來，伊斯蘭將在那裡生根茁壯。

一二九〇年，在蒙古人征服中國後，漢人使者周達觀代表蒙古皇帝忽必烈拜訪吳哥。周官員觀察到很多事物，也寫下非常詳盡且流傳至今的紀錄。[60]他列出中國和柬埔寨互相進出口的商品。一如東南亞其他地方，柬埔寨人也進口大量中國陶瓷。周的清單裡還包括一些原料——汞、硝石、檀木——但加工品的數量大勝：錫製品、亮漆銅盤、傘、鐵鍋、籃子、木頭梳子、針、草蓆等。中國的工業固然不是以電為動力，但它規模龐大，因此能量產商品以供出口。

柬埔寨出口中國的貨物則有翠鳥的羽毛、象牙、犀牛角、蜜蠟、沉香、小豆蔻、藤黃樹脂（一種紡織品的黃色染料）、亮漆、大風子油（治療皮膚病的藥物），以及青胡椒粒。這麼多林產品在列，或許會形成這個錯誤印象：柬埔寨民眾仍沿用傳統方式來採集這些原料。事實上，要準備這些出口用的天然物資，需要複雜的後勤作業和半工業化加工。周達觀說，專業的全職獵人會利用雌翠鳥引誘雄翠鳥進入圈套；如果運氣不錯，他們一天可以抓到三至五隻翠鳥，倒楣時則一無所獲。

在周達觀到訪的同時，柬埔寨最大的對手是在一〇〇九年脫離中國獨立的越南。位於東京灣（Gulf of Tonkin）沿岸的重要貿易路線上，[61]越南提供給北方中國消費者的商品跟柬埔寨大同小異。雖激烈地力求獨立，越南人卻比其他東南亞國家民眾更積極模仿中國人，長年保有自己的公職考試（科舉）制度。

位於下龍灣附近、紅河三角洲諸島中的雲屯，在西元一一〇〇年後崛起為越南北部最大港。[62]生意人在那裡銷售山地林產品給來自印度洋各地的商販。中國商人尤其重要，因為他們大量聚居、影響當地人的生活，使當地人紛紛採用中國的服飾、食物和茶。

一四〇六年，當明朝第三位皇帝發現自己支持的是越南政權的篡位者，他決意發動侵略。往後二十年，明朝占領者試著把越南當成中國一省統治。他們在全國各地設置官府，收商稅、鹽稅和漁稅。

明朝甚至在雲屯附近設置官府來收集珍珠[63]——中國向來需要的商品。一份當代史料這麼敘述中國人的措施：「明朝設置珍珠捕撈區來採收珍珠。他們強迫成千上萬人每天工作。那段時日，明朝需索無度。他們要人民採收各種在地產品：胡椒、芳香物、白鹿、白象、九尾龜、吊掛的鳥、白頰猴、蛇和其他動物。他們把那些通通帶回中國。」[64]這段話讓人清楚感覺作為全球化經濟的生產者可能是什麼情況：從早到晚在外工作，在地越南人辛苦收集預定送往中國的動植物。當明朝於一四二七年退出，越南朝代恢復統治，但經濟仍持續為中國消費者生產。

東南亞的全球化經濟花了五百多年時間成形。東南亞和印度居民已橫越印度洋數千年，而隨著區域各地——特別是中國港口——的消費者開始購買原產於印度和東南亞的香料、芳香樹脂和木頭，連結密度有增無減。固然有某些路線在某些時期較為繁忙，但整體趨勢相當明確。西元一千年之前，連結東南亞與外面世界的路線大多通往印度。但從西元一千年開始，全區路線重劃，讓它可以供給中國，也就是我們下一章的主角。

第八章

世上全球化最深的地方[1]

地圖8.1
中國及其貿易夥伴

N
大遼帝國
女眞
黃河
朝鮮
日本
京都
博多
福岡
開封
成都
四川
長江
杭州
寧波
浙江
東海
中國宋朝
福建
廣州
福州
泉州
香港
紅河
太平洋
湄公河
小東洋
古代地名以粗體表示
現代國界
中國史料提及小西洋、小東洋、大東洋，但確切位置無法確知。
小西洋
菲律賓
馬來半島
馬來西亞
新加坡
婆羅洲
印度尼西亞
蘇門答臘
勿里洞島
大東洋
爪哇
峇里
印度洋
比例尺(近似值)
0
哩
1,000
0
公里
1,000

西元一千年時，中國人與外國的貿易連結，比世上其他任何民族都來得廣泛。中國輸出高級陶瓷和其他製造品給半個地球外的中東、非洲、印度和東南亞消費者，而那些國家的供應商也提供商品給中國消費者。中國的國際接觸廣泛到社會所有階層都受影響——不光是中國港市的居民，還有深居內陸的民眾。那時的中國人並非經歷全球化的預備階段；他們根本就住在全球化的世界。在宋朝統治三百年間（九六〇—一二七六年），全球化世界已臻成熟。

那時中國人大量購買的物資中，有些是熟面孔：[2]珍珠和貓眼石被當成珠寶或衣著飾品使用；工藝師把象牙和犀牛角改造成漂亮的居家展示品；椰子和波羅蜜等熱帶水果無法在中國種植，而連同黑胡椒、丁香、肉豆蔻和小豆蔻，它們能為料理增添風味。中國唯一大量進口的製造品是在馬來西亞南端，現今新加坡附近編織的藤蓆。[3]最常見的東南亞舶來品是沉香。[4]沉香採自沉香樹（Aquilaria），而沉香樹在東南亞大陸沿岸和印尼群島各處都有生長。遭到某種黴菌入侵時，這種樹會分泌芳香的樹脂，而受感染的樹木也會散發宜人的香氣。中國會把沉香片放在金屬盒裡；點燃後，沉香會慢慢焚燒，將香氣釋放進空氣中。許多香劑配方都以大量沉香為基底，因為沉香能與其他香味充分融合在一起。[5]在芳香物消耗量大爆發之前，其用途僅限於社會頂層。我們可以在《源氏物語》一書中瞥見菁英階層的使用情況。[6]那是在西元一千年前後，由住在當時日本首都京都的日本女作家紫式部撰寫的小說。

紫式部可能在九七〇年代出生於低階貴族人家，二十多歲（以當時而言算晚婚）嫁給一個年長男性做第二任妻子。生下一個女兒後，丈夫過世，讓她三十出頭就守寡，而她又活了十年左右。一如莎士比亞，傳記無法表達紫式部是多麼優秀的作家。《源氏物語》雖非世界第一部小說——這個頭銜屬於某些希臘文和拉丁文撰寫的作品——但我們可以稱之為世上最早的心理小說，因為作者敏銳、詳盡地描述了多名角色的情感。

《源氏物語》描繪了京都皇居內外十平方哩（二十六平方公里）的空間裡，極為封閉的廷臣世界。紫式部將小說背景設在西元十世紀初，比她寫作時間早了約一百年，內容敘述身為天皇嫡子、但被父親剝奪繼位資格的源氏所經歷的友誼、戀情，以及最終的死亡。

而與我們的故事關係最密切的是：小說中的幾名要角——皇室家族、攝政王家族、高階貴族——都投注相當大的心力於芳香物、自己調製混合劑，以便讓自己的衣物散發獨特的香氣，並使空氣彌漫清香。這些芳香物都產自伊斯蘭世界和東南亞，經由中國宋朝運送到福岡港（時稱博多）——日本聯絡外界的門戶。[7]在《源氏物語》這個單純化的世界，文人雅士的標記便是本身獨特的香味。源氏的朋友——以及他的多位情人——都可以從氣味認出他來，而那濃郁到他離開房間後仍久久不散。製造香劑的不是僕人的工作：源氏自己花了很多時間研磨、混合各種香料和木頭，直到調出完美比例為止。

女人也會讓衣物散發香味。除了偶爾出門去神社寺廟，她們絕大多數時間待在家裡和花園。一如今天的日本，當時就連最富裕的人家也住在沒有桌椅的簡樸房屋。人人坐榻榻米，也在榻榻米上睡覺。

有一天，源氏打算幫女兒明石姬君辦一場奢華的生日派對，並決定在派對上舉行調香競賽。[8]在蒐集了瓶瓶罐罐充當足夠雅致的容器後，他開始調製自己的香劑。覺得只用最新從中國運來的香木還不夠好，他加入品質更好的陳年芳香物。（懷舊是小說反覆出現的主題。）他的配方混合了丁香和沉香，因為沉香是調和香劑的最佳基底。調製完成，他埋了一批在一條溪流附近來增添香氣。

多數參加生日派對的賓客都交出與特定季節有關的香劑：一款香劑吐露梅花的氣息，讓人想到春天；源氏調製的則帶秋意。每個人的個別氣味——本身體味和用來薰衣服的調製品混合成的味道——會隨季節變化。[9]有名宮女選擇調出非常濃郁的香劑，濃到百步以外就聞得到。當評選時刻來臨，源氏同父異母的兄弟宇治八之宮並未選出優勝，而是一一給予讚美，展現自己對各種香氣的深刻鑑賞力——畢竟那是住在宮裡的人天天都會聞到的味道。

紫式部的小說相當罕見地詳述了芳香物在日本皇室生活的地位，而中國皇帝與宮廷貴族也可以聞香辨人。因為許多帶香味的物質不是木頭就是樹脂，中國人和日本人不常用香水或芳香液。他們喜歡用原始狀態的木頭或樹脂，常混在一起焚燒來釋放香氣。他們會用不同木頭的煙薰衣服、把香囊塞在衣服裡、在添加香劑的水中沐浴。他們也會用芳香木料製造的家具和貯藏容器布置家裡。[10]芳香物大受歡迎是因為中國人花了很多心思改變物品的氣味和味道。民眾不常沐浴，絲綢衣物也不易清洗。窮人沒什麼衣服——通常是苧麻、大麻（漢麻）和其他韌皮纖維製成——洗滌並不實際。

芳香物在西元一千年的世界比現在重要得多，現在，香氛蠟燭和焚香的主要用途是使空氣芬芳，而經常這麼做的人並不多（線香的主要消費者是東亞的寺廟香客）。西元一千年時，超級富豪——日本和中國的皇室——會消耗大量芳香物，而芳香物最大的市場絕對非中國莫屬。

漢語對「芳香物」有個統稱：「香」，包含芳香樹膠、帶香氣的木頭和樹脂，以及諸如麝香和龍涎香等保香劑。有些只有一種功能：麝香，[11]即青藏高原麝香鹿的乾燥腺體，以及龍涎香，鯨消化道裡的灰色物質，能使香味更濃、更持久。同樣地，阿拉伯半島產的乳香和沒藥，[12]也會在焚燒時散發強烈香氣。有些功能較多：印度或爪哇產的檀木可用來製造家具或盒子，可改變香劑的香味，也可幫食物和藥物調味。

中國與印度洋地區的大規模貿易早在西元一千年以前就開始了。中國在西元一、二世紀進口的第一批貨物主要是裝飾品，例如斯里蘭卡的珍珠、象牙和五彩繽紛的羽毛，例如翠鳥寶藍色的羽毛。唯有帝王和最富裕的廷臣買得起這些。香木、樹脂和薰香的需求從西元五〇〇年後開始增加，顯示需求的來源不再只是需要稀有商品的宮廷，而是更廣大的消費客群。

中國有許多繁榮的港口城市，但最重要的貿易輻湊是位於中國東南沿海、香港北方的廣州。從廣州出發的船隻會往南順著越南沿海而下、通過麻六甲海峽，轉向西行，抵達印度西岸後續往阿拉伯半島前進。一過阿曼，便會在現今伊朗的席拉夫（Siraf）或伊拉克的巴斯拉等波斯灣港口下貨。[13]這條中國往返波斯灣的航線，加上往東非的附加行程，早在西元八、九世紀就已成形。當時沿此路線行駛的船隻大多從阿拉伯半島、印度或東南亞啟航（中國人設計的船隻則在西元一千年後接棒）。

商船載運中國陶瓷到東非，而正如新路線開通後常發生的現象，有關非洲東北部的資訊很早就傳到中國。西元八六三年去世的段成式對現今吉布地東部的柏培拉（Berbera）沿海知之甚詳，概述了當地的奴隸交易：「國人自掠賣（奴隸）與外國商人，其價數倍。」[14]他還補充，那個地區也會輸出象牙和龍涎香這種增香劑。有些虛構故事把場景設在廣州，介紹來自東南亞或非洲的黑皮膚奴隸，他們泳技精湛，且據信擁有神奇的魔力。[15]在段成式寫這些的時候，宋代之前的唐代（六一八–九〇八年）任命海洋貿易總管來廣州收取關稅，[16]但唐代從未針對進口商品實施政府獨占。唐朝的貿易政策包括在外國船隻抵達時上船檢查；[17]朝廷的貿易官員，通常是太監，會挑選朝廷想要的東西（一位阿拉伯觀察者指出他們會從每艘船拿走三成貨物），其餘貨品允許商人販售。

在唐朝於九〇七年滅亡後，中國分裂成諸多地區（五代十國），各有各的統治者。中國和東南亞之間的貿易約莫在此時停擺，黃巢攻擊穆斯林事件更迫使眾多外國商人離開廣州。

西元一千年以前往返伊斯蘭世界、東南亞和中國之間的船隻大多不是獨桅帆船，就是東南亞製造的拖尾船。一艘沉沒在印尼因潭港（Intan）的拖尾船提供了中國與東南亞貿易在十世紀初開始復甦時的珍貴縮影。[18]這艘印尼製的船從勿里洞島航向爪哇西北部，載運大量貴金屬——包括金幣、一百四十五枚中國鉛幣（有些註明了年代，相當於西元九一八年）、馬來半島製造的錫幣、金屬佛陀塑像（將被鎔化來製造硬幣）、錫碇和銅錠，以及大約四百磅（一百九十公斤）的銀。

因潭沉船的銀量龐大，幾乎是一座中國多產礦區一整年的產量。這些銀錠要做什麼用？刻在上面的文字提供了關鍵線索：這些是一位地區統治者的稅務機關所發行，最可能用來購買東南亞的芳香物。[19]另一艘船則在九七〇年前後沉沒在現今爪哇井里汶鎮（Cirebon）附近的外海。[20]這艘拖尾船長約百呎（三十公尺），載了數量驚人的六十萬件陶瓷（幾乎全是中國製）。井里汶沉船的載貨量預估在兩百至兩百七十噸（二百二十五至三百公噸）之間。這樣的船隻一年可能要往返中國和印尼好幾趟，由此我們可以看出，甚至在西元一千年以前，這兩地之間的商業就已蓬勃興盛了。

隨著中國與東南亞之間的貿易死灰復燃，中國造船技術也開始進步，中國建造的航海船隻也在海洋貿易上扮演更吃重的角色。關鍵的突破發生在西元一千年前後，中國的冶金學家學會鍛煉鐵線和製造磁針；把磁針放在水面漂浮，便可造出船用羅盤，[21]讓中國水手可以找到磁北。其他在伊斯蘭世界各處運用的航海工具，例如星盤，需要清朗的天空，但羅盤可在所有天候運用，給予中國航海員莫大的優勢。

中國造船工人也用金屬釘子來把木片固定在一起，而他們造的船有不同的艙室各自容納乘客和貨物。[22]水密艙壁和防水隔室能增加浮力，讓中國船舶更有能力熬過暴風雨。如果船突然出現漏洞，那只會影響一個區塊——不會像獨桅帆船或拖尾船那樣危及整艘船。

知名的世界旅人伊本．巴圖塔（就是看到六百名女性奴隸穿越撒哈拉的那位）對中國船舶的優勢讚譽有加。乘坐獨桅帆船，所有乘客得齊聚甲板上，搭中國船則可分散在好幾間用木板隔開的艙室。巴圖塔非常喜歡這樣的隱私。有次他堅持把個人物品從一艘較大的船移到較小的中國船，好讓幾個小妾能陪他同行。[23]隨著中國船舶在西元九六〇年前後，也就是宋朝創建時，於海洋運輸上承擔更重要的角色，中國皇帝也繼續迎來周圍國家的朝貢使節。在已存在一千多年的朝貢制度下，中國的鄰居會送禮物，通常是當地特產給中國皇帝，中國皇帝也禮尚往來，回以絲綢。

宋代初年，朝廷即派遣官員到東南亞要各國納貢。宋朝使者會準備空白表格記下統治者的名字、國家和預期獲贈的禮物。[24]因為當政的朝代是運用朝貢制度來建立威望，在很多例子，中國皇帝送出去的禮物比進貢國呈獻的還要值錢。這就是為什麼會有那麼多外國商人在到達中國時冒充貢使。按照規定，中國貿易官員必須拒絕冒充者，但有些商人，特別是來自陌生地方的商人，還是有辦法躲過偵查。

九七〇年代的宋代規範明定帶貢品前來的使者有資格前往首都開封，當面將禮物獻給皇上。同一規範也規定進行普通貿易的商人應留在登陸的港口。一〇三〇年代，進貢行程暫時停止。[25]那一年後，宋朝政府雖偶爾招待朝貢使團，但已將重心轉向對外國商品課稅。

海洋商業的規模促使宋代摒棄前朝的財政措施，勇於對國際貿易課稅。新的賦稅制度相當複雜，但頗具巧思。創造制度的官員，一如所有稅制設計者，企圖獲得最高的稅收。每一港口都設有最高貿易官員，稱市舶司，負責監管所有來港的外國商人，並核發許可證給欲離開轄區、航往外國的中國商人。市舶司也負責收取新稅，並將稅金轉給開封府的朝廷。廣州是熙來攘往的貿易港，因此宋代率先在九七一年於廣州設市舶司。不同於唐代僅在廣州設市舶使，接下來二十年內，宋朝政府又在杭州、寧波等南方港口設市舶司，足以證明國際貿易的稅收對這個新朝代有多重要。

宋代的稅務官設置了三種新稅。首先，在船進入港口後，官員會上船估算貨物總值。他們會徵收一部分充公，通常是貨物總值的十％到二十％。直接徵收制讓官員得以取得中央政府——其實就是皇帝和皇親國戚——需要的物品。

再來貿易官員會針對「細貨」，即珍珠、大象牙、龍涎香等高價舶來品收第二種稅：以低於市價的人為費率收購。這種規定就是授予政府獨占所有精緻物品的權利，而宋代貿易官員也為這類商品在全國各地設立市場。這類商品大多落入批發商之手，不過個人也可以小規模採購。

第三種稅是針對其他「粗貨」，或大宗貨物收取，通常是較大批的香木。外國商人一付完粗製品的稅，便可直接把東西賣給中國買主，有時就在碼頭邊開賣。

你可能已經料到，稅率時時在變，每當直接徵用的比例過高，或支付細貨的費率太低，外國商人就會抗議。有時商人贏：九九五年，政府退讓，交代貿易官員別再以刻意壓低的價格收購，或以過高的費率轉賣。[26]跟現在一樣，這種不公平的交易行為可能也確實會摧毀國際商人的貿易動機。一度，當財務拮据的政府將直接徵收比例提高到四十%，遠高於平常的十%到二十%，外國商人乾脆不來中國港口了。[27]宋、遼在一〇〇四年爆發的戰爭終止於一〇〇五年的澶淵之盟。[28]雖然和約要求兩國加強巡查邊境貿易，但其實國界可以滲透。在遼國禁止販賣的馬匹順利來到宋的領土；[29]一些鹽、書籍、地圖、武器和硬幣，雖然宋朝政府下令禁止輸出，仍向北進入遼的疆域。

宋朝禁止硬幣出口到遼土是因為含銅量高的青銅幣仍是宋朝境內使用的主要貨幣，財政官員擔心流失銅幣會傷害經濟。中國的硬幣製成圓形，中央有個方形的洞，讓它們可以串在一起——起初每串一千枚，後來改成將近八百枚——便於清點。硬幣有硬幣的缺點：重、難以長途運輸，且銅的供給未必跟得上需求。

因為銅在四川省西北部短缺得特別嚴重，九八〇年代政府發行了鐵幣——比青銅幣更重。要一斤半重的鐵幣才能買到一斤重的鹽。在九九三至九九四年因經濟困頓引發一場民變後，地方商人踏出革命性的一步：用寫在紙上的期票取代鐵幣。擔心濫用，地方官員限制只有十六位信用特別可靠的商人有權發行紙票。但當其中一些商人違約拖欠，地方官員於一〇二四年開始發行紙幣。[30]這是世界第一批紙幣，但因為只在四川地區流通，影響有限。

在四川官員實驗紙幣的數十年間，遼宋訂立澶淵之盟。隨之而來的邊界管制嚴重限制了宋朝與北方的貿易。但因為軍隊需要馬（中國人養出來的馬始終無法像亞洲草原地帶民眾養的那麼迅捷有力），他們向西北方幾個不同的王國購買許多馬匹。馬是宋朝當政期間最重要的陸路進口商品。[31]這時，中國商人派往南方和西方的船愈來愈多：去東南亞、去印度、去中東、去東非，那些沒有敵對勢力阻礙貿易的地方。中國人出口高級紡織品和高溫燒製陶瓷的獲利豐厚。金屬出口也很重要，不論是未加工的圓柱或鑄錠，或諸如鐵釜、炒鍋、玻璃等加工品。穩定的出口收益，也為日益繁榮的芳香物交易提供資金。

泉州都會區尤其受惠於這種貿易。位於中國東南沿岸、與臺灣隔海相望，泉州住著許多外國僑民。南印度人在九八〇年代出資興建一間佛寺；[32]當地最重要的清真寺：艾蘇哈卜清真寺（Masjid al-Ashab，意譯為「聖友寺」），始建於一〇〇九或一〇一〇年。[33]至今泉州已出土兩百多塊刻阿拉伯文的墓碑，遠超過西元一五〇〇年前其他所有中國城市，當地說阿拉伯語的穆斯林，更組成當時中國最大的外國人社區。[34]這種程度的接觸——外地人和當地人比鄰而居——就中國城市而言並不尋常，[35]且不尋常到連官員都主動發表意見。在城南一個國際商人社區，有人觀察到「諸蕃有黑白二種，」[36]指的是泉州商人社群有不同的出身。

到西元一千年時，泉州已成為首屈一指的國際港。依政府規定，所有進入中國的貨物都必須經由設有市舶司的通商港口，但泉州會繁榮起來，正是因為並非人人都守規矩（現代化以前的世界從未如此，現在也一樣）。在泉州正式設置市舶司之前，走私十分猖獗。有人觀察道：「舶商歲至，一舶連三十艘，異貨禁物如山。」[37]最後，一〇八七年，宋朝正式在泉州港設置市舶司。[38]此後，廣州和泉州便成為中國最重要的兩個港口，迎接從東南亞和更遠地方而來的船隻。第三個港口寧波日益重要則是因為那是前往日、韓船隻的首要港口。儘管宋朝和日本沒有建立正式邦交而得以交換貢品，仍有船隻頻繁航行於中國的寧波港和日本官方唯一開放給外國商人的福岡港之間。[39]來自宋代北方的遼國船隻也會停靠福岡。

廣州市舶使之子朱彧寫於一一一七年的著作生動鮮明地描述了港口的生活。[40]為防走私，政府官員沿著廣州附近兩百哩（三百二十公里）海岸布哨監視任何接近的船隻。朱彧解釋了那些船是怎麼航行的。了解海岸的輪廓，「舟師……夜則觀星、晝則觀日」來判斷行駛路線。他們也用一條尾端綁了魚鉤的長線來測試海底的泥土，因為造詣深厚的水手可從泥土的氣味和黏稠度來判斷自己所在的位置。另外，若能見度不佳，「陰晦則觀指南針」。

為杜絕走私，朝廷立了嚴厲的罰則，就連只偷運一丁點貨物的走私者，也可能全部貨物都被查扣。若照宋代法律規定，市舶司只會徵收十分之一的貨物，其餘再分成細貨與粗貨。

朱彧是宋朝唯一提及他國奴隸的作家。[41]他解釋，有些奴隸原為船員，後被海盜俘虜，而他們擁有一項不凡的技能：「鬼奴善游，入水不瞑。」[42]奴隸還知道怎麼修理船的漏縫：

「持刀絜自外補之」。

奴隸難以適應中國人的生活方式。因為他們慣吃生食，熟食使他們嚴重腹瀉甚至死亡。朱彧告訴我們奴隸「色黑如墨，脣紅齒白，髮鬈而黃。」[43]「黃」這個中文字可能指髮質老化的顏色，但也可能是奴隸因嚴重缺乏蛋白質而患了瓜西奧科兒症（kwashiorkor）這種營養不良疾病。[44]有時只吃生食的人會得這種病，而使頭髮呈現鐵鏽般的顏色。

適應中國食物的奴隸最後會通曉漢語的命令，但沒有人精通漢語。朱彧對文化調適的理解反映了當代人的觀念：將飲食視為中國身分認同的關鍵要素，因此很難相信不是吃中國食物、喝中國水長大的人，能學會講流利的中國話。

朱彧竟對外國奴隸有如此詳盡的描述，令人大惑不解。若是中國人進口大量奴隸，想必會有他人提及。朱彧描述的奴隸也許是旅居廣州的伊斯蘭商人的私人奴隸。

中國人不需要進口奴隸。他們自有大量勞力供給，史料完全沒有提到勞力短缺的問題。中國人口在宋朝快速膨脹，於朱彧寫作之際已逾一億人。

朱彧也助我們了解芳香物消耗劇增的情況：中國人用芳香物來製作食物和飲料。「今世俗客至則啜茶，去則啜湯，」朱彧解釋：「湯取藥材甘香者屑之，或溫或涼，未有不用甘草者，此俗遍天下。」

位居社會頂層的人持續優雅地使用芳香物。一名官員特別喜歡焚香：「其在官所，每晨起將視事，必焚香兩爐，以公服罩之，撮其袖以出，坐定撒開兩袖，鬱然滿室濃香。」[45]這是中國官場十分普遍的習慣。

有時，富裕人家一個場合就會耗用大量芳香物。宋徽宗年間（一一〇〇到一一二六年），皇室捨棄無香味的蠟燭，改用含沉香木或樟木塊的蠟燭，搭配龍涎香來散發香氣。宮廷裡，香燭「列兩行，數百枝，焰明而香滃，鈞天之所無也。」這個故事說來傷感，因為作者回顧的朝廷奢華時期，在一一二六年戛然而止。

那一年，以女真人為首的北方民族聯盟入侵宋朝。女真人住在中國東北靠近現今與北韓接壤處，原臣服於契丹遼人。如同契丹首領耶律阿保機在西元九〇〇年前後經由贏得不同民族效忠而建立強有力的部落聯盟，女真領袖完顏阿骨打在西元一一〇〇年後如法炮製，於一一一五年建立金朝。

起初宋朝和女真金人結盟，希望擊退契丹遼人，收復依澶淵之盟割讓給遼人的領土。但女真一打敗遼國，就把目標轉向宋朝了。一一二七年，女真軍隊征服中國淮河以北所有領土，包括北宋首都開封，也俘虜了現任的欽宗和前任的徽宗皇帝。宋朝瓦解，女真勝利者強迫這兩位前皇帝，連同他們的妻妾和廷臣，在北方遊街示眾、極盡羞辱之能事，這對父子沒多久就死了。

既失去北方，中國人只好加強與東南亞的貿易。新皇帝高宗能即位是因為他是宋朝少數沒被女真俘虜的皇室成員（徽宗第九子、欽宗之弟）。他定都南方城市杭州（易名為臨安），而那時杭州已經是重要的商埠了。（中國史學家稱宋朝後半段為南宋，因為首都位於南方。）杭州位於今上海西南方約一百哩（一百六十公里），是中國唯一做過帝國首都的沿海港口，顯見海洋貿易對宋朝有多重要。

一開始，高宗皇帝，或說宋朝能否倖存，仍在未定之天。戰爭讓官府難以收稅，[46]特別是農業稅，而農業稅向來是中國朝代最大的稅收來源。高宗皇帝明白，對外貿課稅是解決預算短缺的良方。他指出：「市舶之利最厚，若措置合宜，所得動以百萬貫計，豈不勝取之於民？朕所以留意於此，庶幾可以少寬民力爾！」[47]中國皇帝能體察農業稅對人民的負擔有多重，著實了不起；宋高宗想試圖透過課國際貿易稅來減輕人民負擔，更是了得。

確實，南宋國際貿易稅收占政府歲入的比重，在一一二七年後，也就是南宋迫切需要稅收之際，達到二十％的高峰。後來，在南宋站穩腳跟、重建農業基礎後，國際貿易稅收回到總歲入的五％，北方失陷前的水準。[48]一一四一年，高宗皇帝和金朝訂立和約，局勢穩定下來。依約，宋朝要付給女真比之前付給遼國更多的東西：每年貢銀二十五萬兩、絹二十五萬匹。此「紹興和議」不像宋遼澶淵之盟那般圓滿維持和平，不過，儘管雙方偶爾會出兵攻打對方，雙方都無法改變中國南北之間的疆界。

雖然失去北方領土，且每年要付給女真那麼多歲幣，南宋居民卻享有近兩百年無與倫比的繁榮，中國也繼續從東南亞進口芳香物，且數量有增無減。

高宗皇帝對芳香物具備極佳的鑑賞力，甚至設計出自己的品牌送給寵臣。考古學家挖出一塊香餅，上面刻著高宗四個書法大字：「中興復古」。每塊香餅的上方角落都鑽了個小孔，讓他的官員可以繫在腰帶上。高宗的配方是什麼？當然，沉香木是主要原料，[49]還加了花瓣和婆羅洲的樟木增添芬芳，也加了麝香讓香味更濃。

具獨創性的中國商人發展出新的方法來提升芳香物的銷售。街販進行實驗，添加多種香氣讓點心更可口，也販賣用沉香木調味過的蓮藕和水。具創業精神的攤主拿麝香——青藏高原麝香鹿腺體製造的昂貴芳香劑——薰生甘蔗。就連最窮的消費者也可以在市場的攤子一嘗這些佳餚。[50]乳香的運用尤其普遍。中央政府原本把這種進口芳香物存放在倉庫裡。一一七五年，知道庫存太多，官員刻意提高價格，還規定買方需大宗採購，因而在中國中部今湖南、貴州省交界附近引發民變。[51]乳香，以及丁香和木香（putchuck）等其他進口芳香物，約莫在西元十到十一世紀首次出現在處方藥物中，而到了十二、十三世紀，有愈來愈多藥師開出沒藥、硼砂、黑胡椒等處方。[52]多數中藥藥方都含有多種草藥及芳香物，磨成細粉讓病患用滾水沖泡成茶飲。在西元一千年前，唯一時常出現在處方裡的進口物品是朝鮮產的人蔘，但一千年後的處方就常需要多種進口原料了。

芳香物不只是給富豪使用的奢侈品。各行各業的人都會上市場買點心、看醫生而取得各種進口芳香物製成的藥材。一〇七六年，宋朝政府設立世界第一間國家藥局。[53]總局設在開封府，後來陸續在全國各地開設分局。政府藥物管理機構的一個部門負責購買處方原料和包裝不同藥材，另一個部門則負責經營藥局、直接對民眾銷售。

薰香的製造商也會調和進口芳香物。十三世紀《陳氏香譜》[54]一書記載了三百種配方，其中六十六%需要檀香木、六十一%要麝香、四十七%要沉香木、四十三%要樟木、三十七%要丁香、十三%要乳香。在西元一三〇〇年前後首度問世，線香也是窮人開始用香的徵象：他們比較負擔得起含香量遠少於一整塊香餅的線香。

隨著芳香物的使用傳遍社會，富人，一如以往，發展出更奢侈的方式來展現他們的財富。冬天，富裕人家會隔出「暖房」，可單獨供暖的空間。有一個人全部用沉香木打造三間暖房。他還特別訂了中間挖洞的雕刻長凳。把線香圈放在凳下點燃，香氣便會充塞房間。同樣的技術，他也應用在一艘全用中國杉木建造的船上。[55]中國宋朝有錢人的生活真的好不舒適。

隨著芳香物交易蓬勃發展，很多人發財了，包括住在泉州和廣州的中國和外國商人，以及負責管理細貨與粗貨銷售的中國官員。富人會資助整艘船，沒那麼有錢的人也可以買股份。如果一趟航程圓滿成功，所有人都獲利豐厚。[56]芳香物貿易是如此有利可圖，因而吸引了較不富裕的皇族參與。[57]西元一一〇〇年後，宗室——皇帝所有男性後裔及其家人——人數多到無法全部住在開封府裡。憑單一城市的稅收也無法支應給每一位男性的慷慨俸祿。因此，宗室一分為三，只有一脈留在開封。

在北宋於一一二七年淪亡後，開封一脈播遷到新都杭州，其餘兩脈也另尋足夠繁榮、能支應他們的城市。成員約兩百人的西脈選擇福建省北方港口福州，南脈四百人則繼續沿海岸南行到了泉州，且積極投入芳香物貿易。[58]持續往中國第一大港邁進的泉州，終於在一二〇〇年前後超越廣州。當地人口也從一〇八〇年的一百萬成長到一二四〇年代的一二五萬，與巴格達同等，僅略少於宋朝的兩個首都、人口各約一五〇萬的開封（九六〇至一一二六年）和杭州（一一二七至一二七六年）。[59]泉州和附近港口的繁榮讓整個福建省皆蒙其利，也使該省居民得以捨棄自給農業，改而為商業市場製造物品。一如東南亞民眾為中國人採收芳香物，福建人民也逐漸適應生存於全球化經濟的挑戰。他們不再耕種自己要吃的糧食，他們發現，如果栽培荔枝、甘蔗、糯米等經濟作物，或種植苧麻、大麻等在地紡織纖維，可以賺更多錢。他們改拿自己賺到的錢去市場買糧食給家人吃。很多人乾脆一舉放棄農業。有人去銀、銅、鐵、鉛等礦區工作。有人捕魚。有人把海水引進鍋爐，讓水分蒸發來製鹽。[60]陶瓷業吸收了最大比例的勞動力。[61]創業家在山腰打造綿延三百呎（一百公尺）的龍窯。每一次焙燒可製造一萬到三萬件器皿，龍窯雇用了數百乃至數千名勞工。由於可加熱到世界最高的溫度，這裡的窯爐產出的瓷器閃閃發亮又容易清理，令非洲、中東、印度、東南亞愛不釋手。因為龍窯不用蒸汽也不用電力（而是燒木材或煤炭），我們不把龍窯視為工業，但這種事業的規模和複雜程度，並不亞於工業革命的第一批工廠。西元十二、十三世紀，福建五百萬人口有整整七．五％——約三十七萬五千人——投入製造出口用的陶瓷。

宋朝貨幣政策的變更對其國際貿易夥伴造成戲劇性影響。宋朝政府在一〇二四年首度發行紙幣時僅限四川省使用，但到了一一七〇年，宋朝建立了一套常態性的紙幣制度——銀票制。一夜之間，笨重的銅幣不再使用，而商人把握機會輸出大量硬幣到日本。日本人輸往中國的主要商品則有木材、硫、汞、黃金，全都是原料。

起初日本政府禁用中國錢幣，但後來在一二二六年改變政策，准許使用；到一二七〇年時，中國銅幣已成為日本列島的實質貨幣。[62]十二、十三世紀，中國錢幣也在爪哇廣為流通，爪哇人甚至仿製中國錢幣。中國錢幣在日本及爪哇為民眾所用，證明東亞和東南亞的經濟整合得有多徹底。

因為中國諸多重要港口都位於東南沿海，當地居民受到全球化影響最深，但全球化同樣觸及內陸人口。紹興一個海濱市場供應「玉、白絲、珍珠、犀牛角、著名香水和珍貴藥材、綾羅綢緞、漆器和藤器，」琳瑯滿目，不過這是距離現今上海不遠的海港，見到這些不足為奇。但在西邊一千哩（一千六百公里）、四川成都的內陸市場，消費者也可以買到「璀璨水晶色澤的雲母和乳香、香氣四溢的沉香木和檀香木。」[63]當時海外商品的普及性當然比不上今天的ＩＫＥＡ——全球市場沒有天天接觸，多數進口商品價格極高——但可能比你想像中接近。

一二二五年，宋朝宗室、時任泉州市舶司提舉的趙汝适，[64]寫了一本關於中國對外貿易的書，名為《諸蕃志》。[65]他援引史料，也引用他和泉州居民的對話。趙汝适展現他對中國長期貿易夥伴的深刻了解，像是朝鮮、日本、越南，以及更遙遠的西西里、索馬利亞、坦尚尼亞等地。

由於政府規範明訂官員應多久設宴一次招待來訪商人，早期的市舶使想必跟外國商人說過話，[66]只是我們不知道他們從中得知什麼。在現今泉州四處漫步，你可以見到不少趙汝适可能會見過外國商人的地方。多條小運河仍在城市裡縱橫交錯，其中一條會帶你來到昔日市

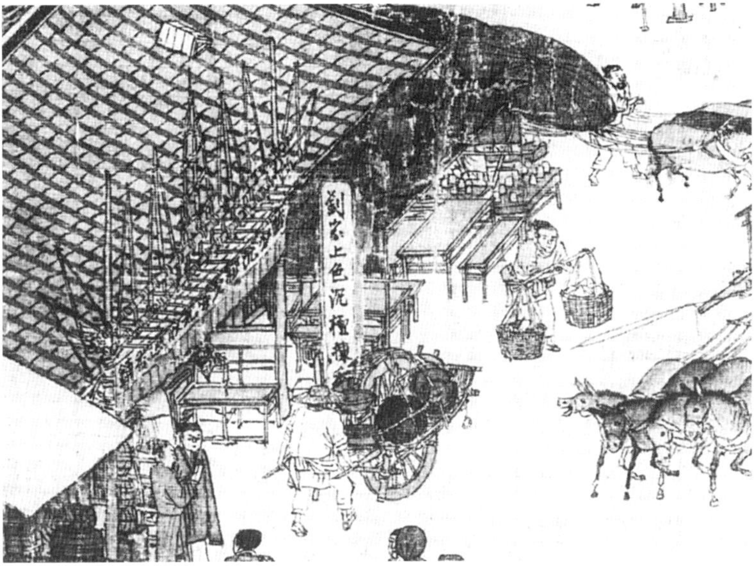

中國文物出版社

這卷畫描繪一座中國城市，而這個局部呈現了一間專售進口木材的家具店。招牌寫著「劉家上色沉檀揀香」。

舶司所在地，現為道教廟宇；[67]再走一小段路，便是當時外國商人居住的街道。

趙汝适的著作分成兩部分。上卷承襲更早的地理學著作，介紹五十三地的簡史和產物。下卷則是全新的寫法。那以物分類，一物一物記述，列出有哪些國家出產同一物品，解釋品質差異。由於從東南亞輸入中國的商品愈來愈多，商人明白自己必須區分高品質與低品質的商品，[68]而箇中差異往往取決於產地。這些商人是趙汝适的目標讀者。身為市舶使，他花了很多時間和外國商人談話、歸納其證詞，把讀者想知道的事情告訴他們。

趙汝适透露，中國享有龐大的貿易順差。在輸出世界品質最高的紡織品、陶瓷和金屬製品的同時，中國進口的產品範圍相對狹小——外國木材、樹脂、香料，主要來自東南亞，少部分來自中東。《諸蕃志》著眼於海洋貿易，因此沒有提到軍隊迫切需要的馬匹，持續經由陸路從西北方進口的事。

芳香物進口至關重要是因為那是社會各階層都會消費的東西。芳香物可讓人的身體、衣著、室內空氣散發宜人芳香，也是製作飲品、點心、食物的關鍵成分。另外，由於非常多藥物處方都納入芳香物，對很多人來說，芳香物就是不可或缺。

除了商業資訊，趙汝适的著作還有其他許多內容。讓我們看看他對馬達加斯加誘捕奴隸的精闢敘述：「西有海島，多野人，身如黑漆，虯髮；誘以食而擒之，轉賣與大食國為奴，獲價甚厚。託以管鑰，謂其無親屬之戀也。」[69]最後一句話會令家庭制度強大的中國讀者大吃一驚，我們簡直可以聽出趙汝适懷疑其真偽。

趙汝适所撰寫獵捕大象的紀錄更加詳盡：「人莫敢近。獵者用神勁弓以藥箭射之，象負箭而遁，未及一、二里許，藥發即斃。獵者隨斃取其牙、埋諸土中。」[70]他繼續說明，取得十支以上的象牙後，獵人便會賣給阿拉伯（大食）商人，轉運至三佛齊。阿拉伯人賣的頂級象牙比東南亞出產的大三倍，也較潔白，東南亞的象牙大多帶點紅色。趙汝适不知道高級象牙其實是來自非洲。因為阿拉伯商人壟斷獲利豐厚的象牙交易，他以為他們是在自己的國土內取得高品質的象牙。

對外貿易在宋代是如此重要，連數學課本都涵蓋這個主題。一個出自一二四七年的應用問題請讀者判斷，根據四名合夥人對一艘往返東南亞船隻實際出資的比例，應各分得多少貨物。「有海船赴務抽畢，除納主家貨物外，有沉香五千八十八兩（一八八公斤）、胡椒一萬四百三十包，包四十斤（二十三．八公斤）、象牙二百一十二合。」[71]選擇沉香、胡椒、象牙非常適當——全都是東南亞貿易的重要貨品。

問題繼續說明甲、乙、丙、丁四人互相借了不同的金額，增添題目難度。這個問題只能用矩陣來解，顯示當時中國人在使用線性代數。

一二七〇年代，有一艘船在泉州港外沉沒，[72]讓後人得以一睹有多位合夥人出資的船貨是什麼樣子。考古學家從這艘長七十九．四呎（二十四．二公尺）、寬三十呎（九．一五公尺）的船上挖出五千三百磅（兩千四百公斤）的香木，包括沉香木和檀香木、五夸脫（四．七五公升）黑胡椒、索馬利亞產的龍涎香、六．三克（〇．二二盎司）、八．八磅（四公斤）的汞。所有品項都是東南亞與中國貿易的重要物資，而不出我們所料，以芳香物為大

The Chinese-language 1987 site report about the Quanzhou shipwreck.

不同於其他地方製造的船舶，中國人的船有防水隔艙，而此乃造船技術一大突破。這種創新能將漏洞進水的災情侷限在船的一小部分。

宗。這艘船也載了一些中國硬幣，標記年代最晚為一二七一年，所以船是在那一年或不久後沉沒。

由於船身細分成十三個各自獨立的木板隔間，這艘船顯然是中國製造；工匠在龍骨（橫貫船底的最重要承重結構）兩端刻了有七小孔和一大孔的圖案，可能象徵北斗七星（大熊星座）。這樣的雕刻是中國人尋求上天保佑的傳統方式。考古學家發現船有用拖尾船技術修理的跡象，表示這艘船曾往返東南亞。[73]這艘船上也有九十六塊木牌，寫著個人、店鋪、地方和貨品的名稱。這些木牌綁在不同的條板箱上，讓投資人、船員和船長得以分辨哪些貨物屬於哪一物主。有四分之一的牌子做了罕見的標記：「南家」，[74]原本令眾人百思不解，直到當地一名史學家豁然開朗：那個詞指的是宋朝宗室的南派，也是這艘船的首要投資者。

這艘船極可能是在一二七〇年代初期離開泉州。那時泉州仍由南宋統治，而當時的市舶使是勢力強大的阿拉伯後裔蒲壽庚。[75]他的先人在一二〇〇年前後從廣州移民到泉州，而他約在一二六六年時當上泉州市舶使。在南宋積弱不振時期任官，蒲壽庚同時兼任福建安撫沿海制置使，[76]讓他能指揮一小支軍隊，而他另有地方勢力控制的民兵作為助力。

當時已掌控中國北部的蒙古人斷斷續續派海軍對南方發動突擊。一二七六年，南宋首都杭州失陷後，宋代最後一位君主（一個小男孩）逃往泉州，蒙古海軍遂揮兵攻擊泉州，準備給宋朝致命一擊。

預期蒙古終將取勝，市舶使蒲壽庚或許在一二七七年轉而投效蒙古，殺了一些住在泉州的南宋宗室。[77]看來這艘命運多舛的船就是約莫在這時載著所有貨物返回泉州。在泉州附近一個淺水灣掘出，這艘沉船的船身竟沒什麼損傷，也沒有船員死亡或突然出現漏洞進水的跡象。確實有人取走了水面上的桅杆和所有木材，或許拿去賣錢或做燃料使用了。因為船上原有珍貴的貨物大多完好如初，它很可能是故意鑿沉的——是因為船長知道蒙古人已經推翻宋朝皇室了嗎？不管基於何種理由，把船弄沉的人一直沒有回來取走貨物，而就像東歐幾處埋藏的銀幣，這艘船原封不動，直到考古學家發現為止。

一二七九年殺掉宋代最後一位年幼的皇帝後，蒙古人便征服中國全境。他們接替宋代執政，以大元為國號統治中國。在蒙古人統治下，與東南亞的貿易持續興盛。馬可波羅（Marco Polo）自稱曾在一二八〇或一二九〇年代造訪泉州，而他的紀錄與一些可靠的資訊不謀而合。他稱泉州為「剌桐」（zaitun），阿拉伯語「橄欖城」之意。「寶石商貨進出此港之多，令人嘆為觀止……我跟你保證，每有一艘香料船赴亞歷山大港或他處收取胡椒出口至基督教世界，剌桐就有百艘來訪。你該知道，這是世界商品流量最大的兩個港口之一。」[78]另一個是前南宋首都杭州。

馬可波羅指出所有進入泉州港的船隻「一切貨物，包括寶石珍珠，都要付十%的稅，可謂什一稅。」這與宋代官員在九六〇年立朝之初首創的十分之一關稅雷同。另外，「輕貨各船皆取三十%作運費。胡椒要取四十四%。沉香木、檀香木以及其他笨重貨物，皆要取四十%。」上述比例全都可信，不過馬可波羅犯了一個關鍵錯誤：這些不是運費，而是針對細貨和粗貨所課的不同稅率。蒙古人對外國貨物課的三種稅和宋朝官員一模一樣。繳完稅，馬可波羅說，商人「大發利市，只求能再帶船貨回來。」

馬可波羅還犯了其他錯誤。他提到物「美」價「廉」的瓷器要埋在土裡「三、四十年」

才能這般綻放「光澤」，[79]顯見他不了解窯的技術。穆斯林旅人伊本・巴圖塔也說，他返回摩洛哥前曾造訪泉州穆斯林區，而那時中國人是把陶瓷埋到地下。[80]很少外國人了解高品質的中國陶瓷是怎麼製造的。

中國人和東南亞的貿易在蒙古統治下持續蓬勃發展，我們可以從一份廣州公報所列的清單中窺見一二：[81]那列出六十九種在一三〇〇年交易的外國貨品，其中四十種來自東南亞。最昂貴的九種是象牙、犀牛角、鶴冠、珍珠、珊瑚、一種綠色礦物（可能是一種翡翠）、翠鳥羽毛，以及陸龜和海龜的龜殼。這份清單既深且廣，絕對可能是這條在十六世紀歐洲人抵達前，世人最頻繁利用的航海路線所輸運。

因為與外國有關的資訊會跟著貨物一起流通，中國人也更了解東南亞的地理。上述廣州公報的作者將南海海域分成小西洋（靠馬來半島的區域）、小東洋（婆羅洲蘇祿海）和大東洋（爪哇海），並解釋各水域附近有哪些國家。[82]雖然中國水手對東南亞、印度、阿拉伯半島和非洲知之甚詳，卻不敢越過菲律賓東進太平洋，因為他們相信那裡是世界的盡頭。市舶使趙汝适在一二二五年解釋：「（爪哇）愈東則尾閭之所泄，非復人世。」[83]「尾閭」為古代中國人相信海水流回到土裡的地方，早在西元前三世紀，偉大的中國哲學家莊子就這麼解釋：「天下之水，莫大於海，萬川歸之，不知何時止而不盈；尾閭泄之，不知何時已而不慮；春秋不變，水旱不知。」[84]趙汝适還從一本十二世紀末的書籍中引用一長段文字來確定傳說中尾閭的位置：「海南四郡之西南，其大海曰交阯，洋中有三合流……南船往來必衝三流之中。」作者指的可能是黑潮的起點，[85]那位於呂宋島西側，臺灣和菲律賓之間。

對水手而言，航行那麼遠的風險很高：「得風一息可濟，苟入險無風，舟不可出，必瓦解於三流之中……尾閭所洩，淪入九幽。」[86]尾閭位於極東之處，中國讀者無從得知的地方。

中國人畏懼尾閭就類似葡萄牙航海家擔心羅馬的「熱帶」——但隨著葡萄牙人沿非洲西岸一路南行，他們逐漸證明沒有那回事。他們沒有發現哪個地方像古羅馬地理學家托勒密所寫的那樣，熱得讓人類無法生存。不同於葡萄牙航海家，宋朝的觀察家仍舊對尾閭的危險深信不疑；也許正因如此，中國人始終不敢越過菲律賓、深入太平洋，而讓歐洲水手開闢了那條航線。

中國與東南亞的芳香物交易在蒙古統治結束後持續增長。在一三六八年明朝創立後，有一批進貢貨運量大到包含八十噸的熱帶物資，主要是胡椒和蘇木（sappanwood）。

中國規模最大的遠洋航程發生在西元一四〇五至一四三三年間：明朝政府贊助了鄭和將軍率領的七次航程。[87]由三百一十七艘船組成的帝國艦隊載了兩萬八千人從中國駛往東南亞、印度、伊拉克。[88]一些船隻脫離艦隊主力，遠抵非洲東岸的蒙巴薩（Mombasa）。我們之所以知道這些，是因為這些航程有文字和考古證據留存至今，包括在海外發現的中國錢幣、中國史料，以及——最令人信服的——刻在斯里蘭卡和印度卡利卡特（Calicut，今科澤科德〔Kozhikode〕）石板上的中國文字。[89]鄭和艦隊最大的船隻有兩百呎（六十一公尺）長，令或許僅長一百呎（三十公尺）的哥倫布船隻相形見絀（出乎意料地，我們不知道哥倫布船隻的確切尺寸）。而鄭和艦隊共有三百一十七艘船，哥倫布只和三艘同行。

鄭和艦隊穿越麻六甲海峽、沿著印度與阿拉伯半島岸邊航行，路程約八千哩（一萬三千公里）。[90]若直接橫越印度洋，路程僅需六千五百哩（一萬零五百公里）。如果你把從伊拉克巴斯拉到非洲東岸莫三比克索法拉的四千七百哩（六千五百公里）加進去，「鄭和下西洋」的距離就更值得一書了——尤其哥倫布第一次航行只走了大約四千四百哩（七千公里）。

簡單地說，「鄭和下西洋」的規模比哥倫布航程大得多。其目的何在？宣揚明朝第三位皇帝的權威。

中國艦隊的規模，以及政府贊助的程度，或許在十五世紀史無前例，但那條路線不是。鄭和走的是波斯灣到中國的海上走廊。他的手下沒有探索新路線，而是在熟悉的路線旅行，繞過東南亞，穿越印度洋，到達印度、阿拉伯和非洲：那是自西元一千年以來，中國船隻就在行駛的航線。

政府的贊助在一四三三年結束，但接下來數個世紀，民間商人仍持續不斷往返於這些水域。在歐洲十六世紀「地理大發現」之前，整個印度洋地區的經濟已徹底整合，之後亦然。從十五世紀中葉開始，葡萄牙人把心力集中在從非洲輸出黃金到歐洲。[91]但一五二〇年一掌控香料群島，他們便明白，在那裡遠比在非洲更有賺頭。事實當然是這樣沒錯。自西元一千年起，中國的統治者、商人和中間人全都靠著這種財源發達致富。

後記

於是我們的環球旅行在此告一段落。我們已循著那些在西元一千年開闢的路線前進，並觀察它們在往後五百年的衝擊。一五〇〇年後，世界史新的一章——歐洲篇章——開始了。接下來四百多年，歐洲人仗著船堅炮利，一有可能便進入原已存在的貿易路線，若無可能，就創造新的路線。

一四九七年達伽馬往南順著西非沿岸航行，繞過好望角。於此同時，葡萄牙人已經明白，深入非洲內陸對他們是危及生命之事，因為他們不是當地人、沒有瘧疾抗體。[1]每當一群葡萄牙人從海岸深入內陸，總會有許多人喪命。因此對歐洲人來說，建立沿海港口務實得多，他們可以在那裡休養生息、貯存補給品、購買需要的內陸貨物——主要是奴隸和黃金。在這帝國主義的第一階段，葡萄牙帝國就像一條項鍊掛在非洲海岸線上——開普敦、蒙巴薩、摩加迪休和其他港口，是它的珍珠。

這就是埃爾米納——早期建於迦納沿海的貿易站——成為重要測試案例的原因。那證明：透過這麼一個葡萄牙船隻可直接開到、取得想要貨物便打道回府的海岸基地來進行貿易，是可行的。在葡萄牙建立埃爾米納後，非洲創業家便將原有的內陸貿易路線移到海岸，讓商人可將黃金和奴隸運至大西洋港口。這不是非洲人第一次改變貿易路線：西元一千年前後，錫吉勒馬薩取代祖維拉成為北非的貿易樞紐時，首要的跨撒哈拉黃金與奴隸貿易路線就往西移了。

達伽馬繞過好望角後便不再開闢新航線。他加入交通繁忙、聯絡東非和印度洋港口的波斯灣－中國航線。那條航線上不難找到舵手引領他的四艘船橫越大西洋，來到以香料著稱的卡利卡特。在肯亞馬林迪（Malindi）加入達伽馬的舵手名叫馬勒莫・卡納（Malemo Cana，也可能是卡納卡〔Canaca〕），[2]而兩份提到他的史料都說他是會說一點義大利語的摩爾人。

這條連接中國與非洲的路線是一四九二年前距離最長、交通最繁忙的海上路線，而芳香物是路線上最重要的貨物。一四九二年後，從歐洲橫越大西洋到美洲的路線，以及從美洲橫越太平洋到菲律賓的路線，都超越了波斯灣－中國的航線，但這條路線仍有一些貿易持續進行。

西班牙人在美洲建立帝國時，占領了阿茲特克首都特諾奇蒂特蘭，另建墨西哥城為都。

一五〇二年，哥倫布遇見那艘載著高品質紡織品、黑曜石刀、銅鈴和木劍的獨木舟——全都是在猶加敦半島和加勒比海之間流通的物品——頓時了解既有的美洲貿易網有多複雜。

哥倫布當然無從得知原住民從馬雅北部出發，北往美國西南部和密西西比河流域、南抵巴拿馬和安地斯山脈的路線，但追隨他去美洲的西班牙人，就充分利用既有途徑，在墨西哥及秘魯建立新的帝國。

一五一九年，當柯爾特斯（Hernan Cortés）抵達墨西哥，他和被馬雅人俘虜的阿茲特克女貴族瑪琳切（La Malinché）交好。[3] 瑪琳切會說流利的馬雅語和阿茲特克的納瓦特爾語，協助柯爾特斯和不同部落協商結盟、共謀推翻阿茲特克。在她的幫助下，西班牙人不出兩年便征服阿茲特克的首都。再往南，印加帝國原來和阿茲特克一樣脆弱，只是原因不同——從巴拿馬走海路抵達的皮薩羅（Francisco Pizarro）發現印加正陷入君主繼位紛爭，而能充分利用混亂來建立掌控。

西班牙人不知道（哥倫布當然也不知道）的是，他們全都帶了致命的病菌給不具免疫力的美洲原住民。在第一批史前移民抵達後漫長的孤立光陰，讓美洲原住民對天花、流感，甚至普通感冒等歐洲疾病毫無抵抗力。

因為沒有普查資料留存，史學家對一四九二年的美洲人口意見不一，低的低到一千萬，高的高達一億。我們第一筆較可靠的資訊是一五六八年西班牙所做的普查。經歷歐洲人帶來的疾病浩劫，墨西哥和秘魯的農業心臟地帶，只有兩百萬左右的原住民倖存。[4]（或許在偏遠地區另有一百萬人存活）。當地人口大量死亡的情況為歐洲殖民者鋪下坦途。

十七世紀時，英國、荷蘭和法國取代西班牙和葡萄牙成為歐洲最大強權，人民也來到北美殖民。當地人教會歐洲人許多生存技能，使他們得以順利在這些迥異的環境發展下去。別忘了：維京人在西元一千年前後撤出加拿大東北部、又在一四〇〇年後撤出格陵蘭，都是因為覺得環境太過惡劣。

史廣多（Squanto，全名提斯昆騰〔Tisquantum〕）[5]讓「天路客」（Pilgrims，指一六二〇年搭乘五月花號移居美洲的英國清教徒）得以在普利茅斯（Plymouth）度過第一個冬天。但較不為人熟知的是，在天路客抵達之前，史廣多曾在一六一四年被一名英國探險家劫持到歐洲、在西班牙賣作奴隸。史廣多設法逃離，回到今麻薩諸塞州鱈魚角（Cape Cod）一帶。在天路客遇到他時，他已經會說英語了。

達伽馬的舵手馬勒莫．卡納；瑪琳切；史廣多。這些中間人全都是歐洲擴張史上的關鍵人物，但我們未必充分理解他們的重要性。沒錯，他們確實幫助歐洲人了解進而掌控他們家鄉的社會，但實情不只如此。他們還引領歐洲人進入早在歐洲人抵達前就完全由原住民族建立的路線系統和貿易網。這些中間人讓歐洲人得以充分利用那些地方網絡，而且極為迅速。歐洲人抵達世界某些地方的時間比其他人晚得多。當庫克船長在十八世紀晚期抵達南太平洋，他了解圖帕伊亞祭司所具備的傳統玻里尼西亞航海及地理學知識非常重要。兩人一起畫了一張南太平洋的地圖，庫克後來能發現遍布太平洋各處的諸多島嶼，那張地圖起了關鍵作用。而庫克的航程開啟了英國人殖民澳洲和紐西蘭的行動。

現在讓我們想像一下，假如歐洲人沒有在一四九〇年代出海、許多大陸未遭歐洲人殖民，世界會是何種面貌？想必世界貿易的節奏仍會持續加快。早在一二二五年，中國貿易官員趙汝适就列出四十一種在地中海、東非、印度和東南亞販售的商品了，而那些地方都是中國的外銷市場。

三十年後，一二五五年，波斯觀察家薩迪（Sa'di）撰文寫到他在波斯灣基什島（Kish）遇到一個商人。那人很富有，擁有一百五十頭駱駝、四十名奴僕。在一整晚吹噓他在異域的旅行和人脈後，那人承認他還想再走一趟商務旅行。他會從現今伊朗的法爾斯省（Fars）出發：「我想從法爾斯帶硫磺去中國，聽說在那裡可以賣到很好的價錢，然後我會帶中國的酒杯去安那托利亞，帶安那托利亞的絲去印度、印度的鋼去阿勒坡（Aleppo，位於今敘利亞）、阿勒坡的水晶去葉門，再帶葉門的劍回法爾斯。」[6]這行程相當豐富：伊朗到中國，轉往現今土耳其的安那托利亞地區、印度、敘利亞、葉門，再回伊朗。那位商人的計畫就是在一地購買特定商品、到下一地轉售，靠收益資助下一段行程。計畫似乎沒有成行，但他對這些遙遠的地方和產品瞭若指掌，而他提出的長途旅行完全實際合理。

如這位商人提出的路線所表明，在阿拔斯帝國分崩離析、多位獨立統治者分別接管不同地區後，橫越中東的貿易路線仍持續發展。學者和詩人行走這些路線向不同統治者尋求贊助，在經院修習的男女學生也會加以利用。數百萬名從非洲、東歐和中亞進口的奴隸也被迫沿這些路線前進，抵達開羅、巴格達和其他大都市。

倘若沒有哥倫布和達伽馬的航程及後續的歐洲人殖民，我們可以假設，隨著商人又發現一地製造的商品可獲得另一地消費者青睞，貿易圈子會開拓得更加寬廣。既有分屬歐亞非大陸和美洲的貿易網，重新連結是遲早的事。維京人已在西元一千年短暫橫越北大西洋，而他們後續的木材運輸行程暗示他們有本事隨時回去。一如中國人對海參的酷愛促使漁民繼續南行而在一五〇〇年前後抵達澳大利亞，中國人對芳香物歷久不衰的渴望也會驅使水手克服他們對「尾閭」的恐懼，越過菲律賓群島，進入太平洋。

但歐洲人確實出航了，而且去了亞美利堅，又去澳大利亞。史學家一般把歐洲殖民分成兩波，第一波在一五〇〇年後散布世界各地，第二波則是以工業革命的創新為動力——那讓歐洲人得以深入內陸、鞏固控制。輪船（汽船）提供比帆船更快、更可靠的運輸，而第一批歐洲輪船在一八二〇及一八三〇年代橫越大西洋。在甲板上安裝大砲後，輪船便成了砲艇，讓英國海軍能夠贏下克里米亞戰爭（Crimean War）和與中國的兩次鴉片戰爭。一八五七年，另一項發明——電報——讓英國得以通知官員哪裡最需要軍隊，而鎮壓印度一場大規模叛亂。

英國人也能用鐵路運送軍隊——十九世紀最重要的技術創新。火車能把軍隊送到歐洲列強鋪好鐵軌的任何地方去。一八五〇年代時，歐洲人還發現每天一劑奎寧，就能預防瘧疾。這些技術創新支撐了新一波的殖民，不只是沿海地帶，更在十九世紀末深入非洲內陸。

儘管勢力強大，歐洲人卻未殖民整個地球。逃過殖民的地方中，最大的非中國莫屬，而歐洲列強將之劃分為數個經濟區域，名義上由清廷治理，實際上卻由不同國家控制。

史學家一直很納悶，工業革命為什麼發生在英國，而非遠比英國更早擁有發達經濟體的中國。沒有蒸汽動力也沒有電，中國人仍已發展出大規模製造業。其中有些最大的企業，例如一次焙燒就可製出數千陶瓷器皿的巨龍窯，年代可溯至西元一千年。數百年來，消費者對陶瓷和中國絲綢的需求，一直為中國經濟成長提供動力。

英國和中國的重大差異在於中國沒有人力短缺的問題。因為人口過剩，中國需要的是能用更少棉花，而非更少勞動力來織出一匹布的機器。[7]偏偏世上沒有這種東西。

在工業革命前，中國與英國的經濟發展可謂分庭抗禮。要到一八〇〇年後，英國的經濟才起飛，把中國遠遠拋在後頭。[8]工業革命帶來歐洲人驅動世界經濟的一百多年。

歐洲人的霸業止於何時呢？或許止於一九四五年二次世界大戰結束，美國崛起，變得遠比英國、德國、法國富裕之時。或許止於一九六〇年代初期，前英國、法國、德國的殖民地紛紛獲得獨立之際。你甚至可以主張是止於一九七三到七四年，石油輸出國組織（Organization of the Petroleum Exporting Countries，OPEC）實施第一次石油禁運的那一刻。不管怎麼說，歐洲人的霸業已經結束。

西元一千年的世界能教給我們哪些關於全球化的事呢？當然，當今世界與當年有無數不同點。其中最顯著的差異是：現在的世界比當時擁擠得多。現在世界人口近八十億，西元一千年時，只有兩億五千萬人享受寬敞的活動空間。

今天的人們對地球上其他民族知之甚詳，哪怕彼此相距遙遠；西元一千年時，他們才第一次相遇。

如今我們住在一個充斥各式各樣複雜機器的世界，我們的祖先則過著幾乎毫無機械化的生活。現在，技術最先進與最落後的國家差距甚遠，且一日千里，過去，技術高度發展的國家只具有一點點優勢。

如果去掉所有器具和技術，人類基本上沒什麼變化。一如我們的祖先以各種方式回應西元一千年不斷變遷的世界，我們必須了解他們到底做了什麼，才能更妥善地因應眼前的未來。過去行得通的策略，到今天依然有效：學者竭盡所能研究地球所有國家，幫助國人做好準備一會其他地方的民眾。投資人提出創新的產品，商人把產品帶到新興市場，兩者聯手開闢新的路線、促成家鄉經濟繁榮。

西元一千年的全球化帶來利益，但它也跟今天一樣造就贏家與輸家。西元八七九年，「黃巢之亂」的叛亂分子鎖定住在當時中國最大港口廣州的外國商人。九九六年，開羅居民鬧事反對義大利阿瑪菲來的外籍商人。一一八二年，君士坦丁堡居民殺害數千名義大利商人，史稱「拉丁大屠殺」。上述每一個例子，根本原因如出一轍。在地人怨恨外國僑民財大氣粗，且深信那些外人是藉由損害他們的利益而獲利。

雖然抗議層出不窮，仍有很多人掌握了頻繁接觸帶來的新機會。中國人善於製造紙、絲綢和陶瓷，而在歐亞各地販售。供貨給中國的商人則在東南亞發現新的芳香物，取代了阿拉伯半島所產、價格較高的沒藥和乳香。

成功適應變化的人未必擁有先進複雜的技術。圖勒人能從阿拉斯加一路往加拿大東部挺進，最後抵達格陵蘭，是因為擁有卓越的獵捕海豹能力——甚至冬天也捕得到。這種技能讓圖勒人得以取代較無法適應嚴峻環境的諾斯移民，後者最後撤回冰島。

圖勒人提醒我們這個寶貴的觀念：最後成功的人不見得住在最富裕、技術最高超的國家。先進國度的居民當然擁有若干優勢：起步領先，要保持領先自然比較容易。但若能密切關注所處環境，並願意等待恰當時機，其他人也可能大有斬獲。

我們可以從先人身上學到最重要的課題是，如何對於我們不熟悉的事物做出最好的反應。有些維京人見到原住民在獨木舟底下睡覺，不先確定對方是否危險，就下手把他們殺掉。在其他大陸，遇到外地人的本地人會不慌不忙、有耐心地招呼客人、拿本身財物交換新朋友提供的任何物品。有些最成功的人學會了新的語言，並建立跨越長距離的貿易關係。誠然，全球化無法造福每一個親身經歷的人，但對於陌生事物維持開放態度的人，成果會比排斥任何新事物的人好得多。西元一千年如是，今天依然如是。

致謝

寫這本書的念頭在我即將完成《絲路新史》一書的時候浮現腦海，那時我赫然發現，喀喇汗人在一〇〇六年占領喀什，只比遼國和宋朝於一〇〇五年訂立澶淵之盟晚一年。由於諾斯人也是大約在西元一〇〇〇年前後登陸蘭塞奧茲牧草地，我懷疑這三件事情有沒有牽連，而後來我發現，當時的區域擴張是三件事背後的共同因素。

我從二〇一四年春天開始認真看待此事。當時，我和精通維京人的中世紀歐洲史學家安德斯．溫羅斯（Anders Winroth）和專攻馬雅的前哥倫布時期藝術史學家瑪莉．米勒碰面，籌備我們同意共同任教、名為「一〇〇〇年前後」（Circa 1000）的研究班。當瑪莉拿奇琴伊察金髮白人的照片給我們看、問安德斯他們長得像不像維京人時，事情開始有趣了。此後，瑪莉和安德斯便毫不吝於分享他們的想法和資料，研究班的學生也提供出色的回饋。

接著瑪莉又介紹我認識兩位中美洲專家，兩位都慷慨惠賜時間和專業：現已進入蓋堤研究中心（Getty Research Institute）和瑪莉當同事的安德魯・透納（Andrew Turner）在二〇一七年三月率領「一〇〇〇年前後」研究班出訪圖拉、墨西哥市和奇琴伊察，嫻熟精湛地介紹了馬雅人複雜的圖像學；耶魯大學人類學系榮譽教授邁克爾・科則樂於談論和馬雅及他次愛的吳哥窟有關的一切——有時在他家，有時在我們家，有時在布蘭福德港（Branford Harbor）大啖龍蝦卷。有次我跟他討論北大西洋環流可能怎麼把諾斯人帶到奇琴伊察，他想起曾經讀到非洲人被沖上猶加敦半島的紀錄。那天晚上十點，他立刻寄給我一個PDF檔，還有西班牙修士阿隆索・彭斯著作的一個段落。他的欣喜溢於言表——找到那個段落，以及能夠幫助我，都讓他開心得不得了。他在二〇一九年九月過世，享壽九十，成果出奇豐碩的馬雅研究生涯就此落幕。

耶魯大學歷史系仍維持互助互敬的傳統，很多同事都迅速、詳盡地回答我的詢問。特別感謝 Paul Bushkovitch、Paul Freedman 及 Francesca Trivellato，以及兩位宗教研究的同事 Phyllis Granoff 和 Koichi Shinohara。

感謝另一群教師帶我認識阿拉伯語：紐哈芬的 Sarab al-Ani 和 Elham Alkasimi，及新加坡的 Nevine Mikhail in Singapore。感謝天賦優異的阿拉伯語學者 Michael Rapoport 在長達兩年半的時間裡竭盡所能教我古典阿拉伯語。比較原有的文章和已出版的譯本，他檢查、修正了本書許多阿拉伯史料的翻譯。

我很幸運能在寫作期間離開耶魯一段時間。感謝 Mira Seo 和 Emanuel Mayer 在耶魯－新加坡國立大學作東接待；感謝魯西奇教授在中國廈門大學歡迎我，Chen Qinfen、Lu Chenyao、Lin Changzhang 和 Ge Shaoqi 讓我們滿載而歸；感謝 Frantz Grenet 邀請我赴法蘭西公學院（College de France）演說，Etienne de la Vaissiere 和 Valerie Kean 給予至關重要的回饋；Frantz Grenet 和 Dominique Barthelemy 邀請我參與一場於法國特雷萊舉行、專門探討西元一千年的會議；感謝 Naomi Standen 在伯明罕大學高等研究院當東道主。

那時 Naomi Standen 和 Catherine Holmes 才剛完成《地球中世紀》（*The Global Middle Ages*）這部開創性書籍的編輯工作，讓它以《過去與現在》（*Past & Present*）附錄〈十三〉的形式出版（二〇一八年十一月）。Naomi 和 Catherine 展現不凡的學者風範，邀請這本書的多位作者齊聚伯明罕，評論《西元一千年》的粗稿。雖正值忙碌的開學期間，仍有十位同事過來進行一整天密集而饒富成效的對話，讓我能持續在伯明罕、杜倫（Durham）、牛津和雪菲爾（Sheffield）大學進行一對一會談。

很多人協助這本書的編輯、修訂和註釋工作。Jan Fitter 以我認識的編輯中最精準也最仁慈的手法動用她的手術刀。二〇一八及二〇一九年夏天，勇敢無畏、不屈不撓的 Luke

Stanek 做了文字編輯、追蹤註釋、解決（又提出）無數問題，特別在氣候史方面。Wei Tai Ting 很早就提供珍貴的研究協助，Christopher Sung 則給予註釋有用的幫助。在寫作過程步入尾聲之際，Matthew Coffin、Emily Giurleo 和 Nancy Ryan 提出改進各章草稿的重要建議。Alexander Laurent 將糟糕的照片化為可出版的圖片、Kate Qian Zhang 提出有關洋流的高見、Amelia Sargent 貢獻了至關重要的繪畫、Richard Stamelman 寫出優雅又精闢的圖說。

Michael Meng、Haruko Nakamura 和耶魯大學史特林圖書館（Sterling Library）研究員都提供卓越的研究協助，東亞研究學會（Council of East Asian Studies）的研究員——Nick Disantis、Amy Greenberg、Injoong Kim、Stephanie Kim 和 Richard Sosa——解決了各式各樣的疑難雜症，往往每天都要出手相助。

我的編輯 Rick Horgan 和經紀人 Andrew Stuart 從我寫第一封電子郵件給他們，就對《西元一千年》深信不疑，而他們的支持——以及他們的標準——未曾動搖。Fred Chase 一絲不苟、敏銳細膩地審稿，Emily Greenwald 和 Beckett Rueda 則在把原稿從打字稿變成成書上扮演重要的角色。

Jim Stepanek 協助這本書的構思、撰寫和潤飾，也讓所有旅行充滿樂趣而有所得（常租自行車，這就是為什麼我們在吳哥窟的時光如此歡樂）。即將功成之際，他打趣說他花了一萬兩千個小時在這本書上，這當然嚴重低估了，但充分反映他招牌的樂觀。

一如以往，我們的孩子鼎力相助。「前言」裡的概念是 Claire 提出的，她在一趟長途航班上偷聽到我們聊到中國宋朝某個城市極為現代化。有一次 Bret 問我西元一五〇〇年後發生的某件事，而他建議我加個「後記」告訴讀者那些後續發展。Lydia 傳簡訊給我：「我的貢獻可能是建議妳不要再寫什麼『記』什麼『言』了？」不過她還是騰出時間來挑選照片。

還有更多人讀過草稿、回覆過問題，以及建議把參考資料放在註釋之前。我不勝感激，可惜因篇幅所限，姓名無法一一列出。

深入學習

第一章　西元一千年的世界

John Man 的《Atlas of the Year 1000》（2001）引領讀者環遊當時世界的不同地區。R. I. Moore 的《The First European Revolution, c. 970-1215》（2000）仍是坊間最好的歐洲入門書。Seamus Heaney 的《貝武夫》（*Beowulf*）譯本是許多人的最愛。至於馬雅，請參閱 Michael D. Coe 和 Stephen Houston 的《The Maya》第九版（2015）。有關遼、金、宋的周詳討論，請參考 Dieter Kuhn 的《The Age of Confucian Rule: The Song Transformation of China》（2011）。如果你對洋流和洋流的效應有興趣，不妨參考 Tom Garrison 和 Robert Ellis 清晰明瞭的《Oceanography: An Invitation to Marine Science》第九版（2016）。至於人口統計學的最新資訊，請參閱 Massimo Livi-Bacci 的《A Concise History of World Population》（2017）。

一系列論文在二〇一八年十一月以《地球中世紀》為標題、《過去與現在》附錄〈十三〉的形式出版（Catherine Holmes 和 Naomi Standen 編輯），呈現一群學界翹楚走在時代尖端的觀點。

第二章　往西走吧，維京少年

兩部文蘭傳奇是起點。Magnus Magnusson 和 Hermann Palsson 名為《The Vinland Sagas: The Norse Discovery of America》（1965）的譯本提供絕佳的介紹、資訊豐富的註釋和甚有助益的詞彙。同樣珍貴的（也是一趟不可思議的公路旅行，如果你跟我們一樣開車去的話）是位於加拿大紐芬蘭島北端蘭塞奧茲牧草地的博物館。Helge 和 Anne Stine Ingstad 夫婦合著的《The Viking Discovery of America》（2001）告訴我們，他們是怎麼發現這個遺址的。

蘭塞奧茲牧草地頂尖研究員 Birgitta L. Wallace 所寫的每一篇文章都值得一讀，特別是〈The Norse in Newfoundland: L'Anse aux Meadows and Vinland〉，收錄於《Newfoundland Studies》19.1（二〇〇三年春季號）：5-43。William W. Fitzhugh 和 Elizabeth I. Ward 在二〇〇〇年編輯的展覽目錄《Vikings: The North Atlantic Saga》仍是經典，照片品質優良、文章資訊豐富。

第三章　西元一千年的泛美公路

從一訪奇琴伊察開始。如果你可以忍受人潮擁擠，請在春分（三月二十一日）或秋分（九月二十一日）前去——會有數萬名遊客慕名而來的日子。不然請設法在夏季天氣變得太炎熱之前造訪（一定要在天然井游泳涼快一下）。卡霍基亞土墩、查科峽谷、維德台地都值得一探究竟，如果你有時間，附近較小的遺址如薩爾蒙遺址（Salmon Ruins）也會讓你不虛此行。

《波波烏爾》是現存少數傳統馬雅文本之一。Dennis Tedlock 的譯本最佳，標題為《The Popol Vuh, Mayan Creation Myth》的 YouTube 影片（共分七段）亦可增廣見聞。

關於馬雅和中美洲寫得最好的書，都是出自 Michael D. Coe 之手。可從《The Maya》或《Mexico》著手。頂尖考古學家、以撰寫卡霍基亞土墩為主的 Timothy Pauketat 也編輯過數部北美洲考古學書籍，包括第一流的《The Oxford Handbook of North American Archaeology》（2012）。Justin Jennings 的著作《Globalizations and the Ancient World》（2010）探討了古美索不達米亞、密西西比和瓦里城市對周圍鄉下地方的衝擊，既具原創性，亦引人入勝。

第四章　歐洲的奴隸

欲觀賞呈現維京人去過東歐哪些地方的詳細地圖，請參閱 John Haywood 的《The Penguin Historical Atlas of the Vikings》（1995）。欲對斯堪地那維亞人有一般性的認識，請參閱安德斯・溫羅斯的兩本著作《The Age of the Vikings》（2014）和《The Conversion of Scandinavia: Vikings, Merchants, and Missionaries in the Remaking of Northern Europe》（2012）。

Simon Franklin 和 Jonathan Shepard 合著之《The Emergence of Rus,750-1200》（1996）仍是羅斯人崛起這個主題的最佳入門書籍，《Russian Primary Chronicle》是出色的輔佐。聖彼得堡隱士廬博物館（Hermitage Museum）的羅斯人展示廳，引領遊客深刻了解他們的物質文化。

James E. Montgomery 翻譯了伊本・法德蘭整本的《Mission to the Volga, in Two Arabic Travel Books》（2014，Philip F. Kennedy 和 Shawkat M. Toorawa 編）。好萊塢電影《終極奇兵》（*The Thirteenth Warrior*）不甚精確，但你有幾次機會見到安東尼奧・班德拉斯（Antonio Banderas）飾演十世紀初的阿拉伯使者呢？

Paul Kingsnorth 的小說《The Wake》重現了一〇六六年前後的英國世界；作者使用他以一些古英文詞彙創造的語言，一旦習慣，便愈讀愈覺迷人。A. B. Yehosha 的小說《A Journey to the End of the Millennium》場景在西元一〇〇〇年的法國和德國，Robert Lacey 和 Danny Danziger 的歷史《The Year 1000: What Life Was Like at the Turn of the First Millennium: An Englishman's World》（1999）則完全實現了書名的承諾。

第五章　世界最富有的人

探討非洲的書籍中，有三本優秀的作品碰巧在本書即將完成時問世：Francois-Xavier Fauvelle-Aymar 的《Golden Rhinoceros: Histories of the African Middle Ages》（2018，Troy Tice 譯）；Michael Gomez 的《African Dominion: A New History of Empire in Early and Medieval West Africa》（2018）；以及 Kathleen Bickford Berzock 編輯的展覽目錄：《Caravans of Gold, Fragments in Time: Art, Culture, and Exchange Across Medieval Saharan Africa》（2019）。

即將出版的《The Cambridge World History of Slavery》第二卷將徹底修正我們對世界奴隸史的理解。在此同時，讀者應查閱《Encyclopaedia of Islam》裡各類伊斯蘭主題的一流學術文章。

中世紀的開羅地區饒富趣味，值得悠閒漫步；像Enass Saleh這樣的嚮導可以讓它活靈活現。亦請參閱 Jonathan Bloom《Arts of the City Victorious》（2008）；Bloom 和他時常合作的共同作者（也是妻子）Sheila Blair 是才華洋溢的伊斯蘭藝術詮釋家，文字優美極了。

H. A. R. Gibb 翻譯的四卷《The Travels of Ibn Battuta》非常引人入勝；Ross Dunn 的《The Adventures of Ibn Battuta》（2012）是最棒的入門書，Tim Mackintosh-Smith 的《Travels with a Tangerine》（2012）記錄他追溯伊本・巴圖塔腳步的冒險。（像巴塔圖這樣在丹吉爾〔Tangier〕土生土長的人被稱作「丹吉爾人」〔Tangerine〕，柑橘的英文就是以這城市為名。）

第六章　中亞一分為二

你可以親自造訪這一章討論的很多地方。烏茲別克有不同的薩曼式建築，位於布哈拉的艾哈邁德・薩馬尼（Ismail Samani）陵墓就是突出的例子。呼和浩特市的內蒙古博物館有世上最好的遼代文物收藏，其他地區的考古學博物館，特別是朝陽的北塔博物館也饒富趣味。日本京都的多間博物館展示了平安時代優美的物品和繪畫，位於附近宇治市郊區的平等院是《源氏物語》諸多場景之所在。（丹尼斯・沃許本〔Dennis Washburn〕的譯本，從#MeToo運動的角度來看格外吸引人。）韓國首爾的國立中央博物館擁有最好的朝鮮藝術收藏；海印寺與它數萬塊經文雕版被聯合國教育、科學及文化組織列為世界遺產。

關於遼代的最新學術成就出現在名為《Perspectives on the Liao of The Journal of Song-

Yuan Studies 43》（2013）的特刊中；二〇〇七年亞洲協會（Asia Society）主辦「金碧輝煌」展（Gilded Splendor），有第一流的目錄和網站，給你一場研究深入的虛擬導覽，一探陳國公主陵墓之究竟。

Dick Davis 翻譯的《列王紀》平易近人，網路版的 Encyclopadia Iranica 則呈現所有涉及波斯語和伊朗文明主題的最高水準學術成就。Amin Maalouf 的小說《撒馬爾罕》（*Samarkand*）——波斯詩人奧瑪・開儼（Omar Khayyam）的虛構生平——生動鮮明地呈現了這座城市西元一〇〇〇年前後的情景，而奧瑪・開儼的詩作《魯拜集》（*Rubaiyaat*）在十九世紀譯成英語後，儼然已成經典。Vladimir Minorsky 翻譯了作者不詳的地理學文本《世界境域志》（保留波斯文書名 *Hudud al-'Alam*）及馬爾瓦奇的作品。

第七章　意外的旅程

東南亞各地都有沉船博物館。勿里洞沉船令人印象最深的文物展示於新加坡的亞洲文明博物館，你也可以在新加坡的賭場和飯店見到那艘沉船的其他物品。欲了解獨桅帆船上的生活，請參考紀錄片《Sons of Sinbad》：《國家地理雜誌》攝影師 Marian Kaplan 記錄她在一九七四年從阿曼到東非的航程。史提夫・湯瑪斯的《The Last Navigator》記錄他向瑪烏・皮亞盧格學習的經過，迄今仍是玻里尼西亞航海方面可讀性最高的研究。距離婆羅浮屠遺址只要步行一小段路的蘇門答臘拉克薩博物館，收藏了一艘按照婆羅浮屠石板所刻、用傳統造船技術打造的複製船。

在本章提到的遺址中，柬埔寨的吳哥窟占地最廣，你至少需要五天，最好一星期，才能把最重要的神廟參觀完。最好的嚮導是筆耕不息的邁克爾・科所著之《Angkor and the Khmer Civilization》（2018），他從中美洲研究岔出新路線，研究東南亞的類似土地；他的共同作者 Damian Evans 已率先使用光學雷達。婆羅浮屠和坦賈武爾的神廟迄今保存完善，闡明了神廟國家的傑作。

第八章　世上全球化最深的地方

在中國沿海港口中，泉州保存了許多宋代的建築，以及當時的主要城市規劃，漫步街道、拜訪從那時留存至今的寺廟和清真寺，是令人難忘的體驗。海外交通史博物館非去不可，位於開元寺區、展示那艘一二七〇年代沉船的博物館，也值得一訪。泉州雖然接近廈門，卻有點遠離人煙，如果沒有會說中文的人同行，可能難以溝通。有關泉州最好的學術研究是 Angela Schottenhammer 編輯的論文集，名為《The Emporium of the World: Maritime Quanzhou,

1000-1400》（2001）。該領域的頂尖學者包括 John Chaffee、Hugh Clark、Huang Chunyan（只用中文書寫）和 Billy So。中國歷史的一般入門書，請參閱我寫的《開放的帝國》（二〇一五年第二版）。

南宋首都杭州如今發展得比泉州先進許多。你可以在那裡造訪一座出土的龍窯、看看它製造的高溫焙燒陶瓷，還可沿著一條十三世紀的地下街道漫步。在一一八六年以前完成的清明上河圖長約五碼（五公尺），許多人稱它作中國的〈蒙娜麗莎〉（Mona Lisa）。這卷畫鉅細靡遺地描繪了理想的中國城市風情；YouTube 上有不少複製品和介紹，北京故宮博物院有時會在秋天展出。

內文

頁 88 Inuit carving: Drawing by Amelia Sargent.

頁 92 Icelandic map: Royal Danish Library, GKS 2881 kvart, The Skalholt Map.

頁 158 Bluetooth logo: Drawing by Amelia Sargent.

頁 295 Qingming scroll furniture store: Zhang Zeduan, *Qingming shanghetu*, Beijing Palace Museum copy, section 25 of 26 photographs, near the end of the painting. Cultural Relics Press, China.

頁 298 Quanzhou shipwreck: The Maritime Museum of Quanzhou, Fujian (Fujian sheng Quanzhou haiwai jiaotongshi bowuguan) (ed.), *Quanzhouwan Songdai haichuan fajue yu yanjiu* (1987): 191, photo no. 7.

圖 12　Quipu "Middle Horizon Kipu": American Museum of Natural History, Anthropology, Catalog No. 41.2/6740.

圖 13　Silver hoard: Alamy Stock Photo Image ID BHG3BF.

圖 14　Prince Vladimir: Natalia Kolesnikova/AFP/Getty Images.

圖 15　Arabic inscriptions: Gian Pagnoni.

圖 16　Mapungubwe rhino: Heritage Images/Hulton Archive/Getty Images.

圖 17　Mansa Musa: Alamy Stock Photo Image ID PWCGDH.

圖 18　Bost Palace: Alamy Stock Photo Image ID A47C10.

圖 19　Mahmud of Ghazna: Mahmud b. Sebuktigin receiving a robe from caliph al-Qadir from the album Jami al-tawarikh, University of Edinburgh Library.

圖 20　Amber hand grip: Inner Mongolian Institute of Cultural Relics and Archaeology and Zhelimu League Museum, Tomb of the Princess of State Chen (Beijing: 1993). Color Plate 30: no. 1. Cultural Relics Publishing House.

圖 21　Mounted warrior: *Stag Hunt*. Attributed to Huang Zongdao. Edward Elliott Family Collection, Purchase, The Dillon Fund Gift, 1982. Accession number: 1982.3.1. Metropolitan Museum of Art.

圖 22　Borobudur Buddhas: Alamy Stock Photo Image ID EDKXHN.

圖 23　Borobudur boat bas-relief: Alamy Stock Photo Image ID C95YNM.

圖 24　Double canoe: *A canoe of the Sandwich Islands, the rowers masked, Series.* Rex Nan Kivell Collection (NK1224/15), *Pictures Collection of the National Library of Australia*. ID no. 1789062.

圖 25　Two Persian vessels: The Louvre, accession nos. Mao S 2488 and 524. © RMN-Grand Palais/Art Resource NY.

圖 26　Genji: *The Plum Tree Branch (Umegae), Illustration to Chapter 32 of* The Tale of Genji (*Genji monogatari*) by Tosa Mitsunobu, datable to 1509-10. Rendition Number: 75054A; Accession Number: 1985.352.32.A. Harvard Art Museums/Arthur M. Sackler Museum, Bequest of the Hofer Collection of the Arts of Asia.

圖 27　Haeinsa Library: Geoff Steven; Our Place World Heritage Collection.

圖 28　Byodoin: Alamy Image ID: A4ATPR

圖片版權

彩圖

圖 1　Al-Idrisi map: Al-Idrīsī, *Nuzhat al-mushtāq fī ikhtiraq al-āfāq*, page 3b-4a, Manuscript no. Pococke 375. © Bodleian Libraries, University of Oxford.

圖 2　Bronze pin: Accession number 4A600A1-169. L'Anse aux Meadows Museum. Parks Canada.

圖 3　Viking penny: Maine State Museum, MSM 72.73.1.

圖 4　Hvalsey Chapel: Alamy Stock Photo Image ID GJA07F.

圖 5　Lewis Chessman: Photo no. 00156777001. The Lewis Chessmen, Uig(Scotland), 1150-1175 (circa). c The Trustees of the British Museum.

圖 6　Maya battle scene: Ann Axtell Morris's watercolor in Earl Halstead Morris,*The Temple of the Warriors at Chichén Itzá*, Yucatan (Carnegie Institution of Washington, 1931): volume II, plate 139.

圖 7　Captive Vikings: Ann Axtell Morris's watercolor in Earl Halstead Morris, *The Temple of the Warriors at Chichén Itzá, Yucatan* (1931): volume II, plates 147b and 147c.

圖 8　Gokstad ship: Creative Commons License: CC BY-SA 4.0. c Museum of Cultural History, University of Oslo, Norway.

圖 9　Las Monjas boat: "Seige of the City," watercolor of fresco at Chichen Itza (detail). Digital file no. 60743049, 60743050. Harvard University Peabody ID no. 11-20/25208a. c 2019 The Jean Charlot Estate LLC/Member, Artists Rights Society (ARS), NY. With permission.

圖 10　Chacmool, Chichen Itza: National Museum of Anthropology, Mexico City, Mexico. Alamy Stock Photo Image ID E1FP24.

圖 11　Chaco Canyon chocolate pots: Image #3521, AMNH Library, "Anasazi (Ancestral Pueblo) pottery dating from 1100 A.D., Pueblo Bonito, Chaco Canyon, New Mexico." American Museum of Natural History, Anthropology, Catalog No. H/3239.

[1433] (1970): 6, 11, 12, 49, 59, 138.
90. Luke Stanek 使用 Google Earth Pro 軟體來計算距離。
91. Pierre Vilar, *A History of Gold and Money*, 1450-1920, trans. Judith White (1976): 57.

後記

1. Daniel Headrick, *The Tools of Empire: Technology and European Imperialism in the Nineteenth Century* (1981): 58-79.
2. 一份史料說他姓 Cana，另一份則說是 Canaca。Sanjay Subrahmanyam, *The Career and Legend of Vasco da Gama* (1997): 119-28。
3. Stuart B. Schwartz and Tatiana Seijas, *Victors and Vanquished: Spanish and Nahua Views of the Fall of the Mexica Empire*, 2nd ed. (2018): 38.
4. Noble David Cook, *Demographic Collapse: Indian Peru*, 1520-1620 (1981): 94；Michael E. Smith, *The Aztecs* (1996): 62.
5. Neal Salisbury, "Squanto: Last of the Patuxets," in *Struggle and Survival in Early America*, ed. David G. Smith and Gary B. Nash (1982): 228-46.
6. Shaykh Mushrifuddin Sa'di of Shiraz, *The Gulistan* (Rose Garden) of Sacdi, trans. Wheeler M. Thackston (2008): 85；Benedikt Koehler, *Early Islam and the Birth of Capitalism* (2014): 185.
7. Mark Elvin, "The High-Level Equilibrium Trap," in *Another History: Essays on China from a European Perspective*, ed. Mark Elvin (1996): 38.
8. Kenneth Pomeranz, *The Great Divergence: China, Europe,and the Making of the World Economy* (2000).

Role in the Maritime Trade of Quanzhou," in *Beyond the Silk Roads: New Discourses on China's Role in East Asian Maritime History*, ed. Robert J. Antony and Angela Schottenhammer (2017): 63-75；Kuwabara Jitsuzō, "On Pu Shou-keng," *Memoirs of the Research Department of the Toyo Bunko* 2 (1928): 1-79; 7 (1935): 1-104, 57-59.

76. Billy K. L. So, *Prosperity, Region, and Institution in Maritime China: The South Fukien Pattern, 946-1368* (2000): 107-14, 302-5.
77. John Chaffee, "The Impact of the Song Imperial Clan on the Overseas Trade of Quanzhou," in Schottenhammer, ed., *The Emporium of the World*, 34-35.
78. Ronald Latham (trans.), *The Travels of Marco Polo* (1958): 237.
79. Latham, *The Travels of Marco Polo*, 237-38.
80. H. A. R. Gibb (trans.), *The Travels of Ibn Battuta*, A.D. 1325-1354 (1994): 4: 813-14.
81. 《大德南海志》7:17b，《宋元地方志叢書續編》版 p. 1412；Shiba, "Sung Foreign Trade," 105。
82. Heng, *Sino-Malay Trade*, 136 (grading system), 138 (Guangzhou gazetteer)；《大德南海志》，《宋元地方志叢書續編》版（1990）：7:19a-20b。
83. Hirth and Rockhill, *Chau Ju-kua*, 75, 79n2；趙汝适：《諸蕃志》54-55。
84. Burton Watson, *Chuang Tzu: Basic Writings* (1964): 97.
85. 黃純艷：《造船業視域下的宋代社會》（2017）: 216-17；Joseph Needham, *Science and Civilisation in China*, Volume 4: *Physics and Physical Technology, Part III: Civil Engineering and Nautics* (1971): 549。
86. 周去非：《嶺外代答》(1999）：36-37；Matthew Torck, "The Unimaginable and Immeasurable? China's Visions of the Pacific–Needham's Views Re-examined," in *The Perception of Maritime Space in Traditional Chinese Sources*, ed. Angela Schottenhammer and Roderich Ptak (2006): 141-52, 146。
87. Roderich Ptak, "Ming Maritime Trade to Southeast Asia," in *From the Mediterranean to the China Sea: Miscellaneous Notes*, ed. Claude Guillot et al. (1998): 157-91, 164；《明實錄》201:3008；Geoff Wade, *The Ming Shi-lu*, 2: 133。
88. G. F. Hourani, *Arab Seafaring in the Indian Ocean in Ancient and Early Medieval Times* (1951): 61.
89. J. V. G. Mills, *Ying yai sheng lan: "The Overall Survey of the Ocean's Shores,"*

coins).

63. Shiba Yoshinobu, *Commerce and Society in Sung China*, trans. Mark Elvin, Michigan Abstracts of Chinese and Japanese Works on Chinese History (1970): 160（紹興市場敘述譯自《嘉泰會稽志》7: 9b）, 162-63（成都市場介紹譯自度正《性善堂稿》卷一）。
64. 趙的墓誌銘請參閱《考古》19 (1987): 956-57；German translation, Angela Schottenhammer, *Grabinschriften in der Song-Dynastie* (1995): 172-74。
65. Friedrich Hirth and W. W. Rockhill (trans.), *Chau Ju-kua, His Work on the Chinese and Arab Trade in the Twelfth and Thirteenth Centuries, Entitled Chu-fan-chi* (1911): 111；趙汝适：《諸蕃志校釋》（1996）。
66. 黃純艷：《宋代海外貿易》115-16。
67. 這位道教神明玄天上帝名為水仙宮田都元帥。
68. Heng, *Sino-Malay Trade*, 136.
69. Hirth and Rockhill, *Chau Ju-kua*, 149；趙汝适：《諸蕃志》校釋，207。
70. Hirth and Rockhill, *Chau Ju-kua*, 232；趙汝适：《諸蕃志》校釋，207。
71. 秦九韶：《數書九章》17: 119-20；Shiba, *Commerce and Society*, 32; Ulrich Libbrecht, *Chinese Mathematics in the Thirteenth Century* (1973): 152-62。
72. Jeremy Green, "The Song Dynasty Shipwreck at Quanzhou, Fujian Province, People's Republic of China," *International Journal of Nautical Archaeology and Underwater Exploration* 12.3 (1983): 253-6。關於此次船難的中文報導刊於《文物》（1975）1-34，現已有中英對照版：福建省泉州海外交通史博物館編《泉州灣宋代海船發掘與研究》（2017）：16-18, 99-100 (keel decoration); 26-31, 105-6 (aromatics); 32-36, 106-7 (wooden cargo labels); 83-87, 148-52 (how the boat sank)。我也在 2016 年秋天數度造訪位於泉州開元寺的泉州博物館。
73. Janice Stargardt, "Behind the Shadows: Archaeological Data on Two-Way Sea-Trade Between Quanzhou and Satingpra, South Thailand, 10th-14th Century," in *The Emporium of the World: Maritime Quanzhou, 1000-1400*, ed. Angela Schottenhammer (2001): 309-93, 373 (evidence of repairs), 375 (scuttling hypothesis).
74. 傅宗文：〈后渚古船：宋季南外宗室海外經商的物證〉，《海外交通研究〈二〉》（1989）：77-83。
75. John W. Chaffee, "Pu Shougeng Reconsidered: Pu, His Family, and Their

Foreign Commodities for Specific Syndromes of Symptoms, Tang, N. Song, S. Song").

53. Asaf Goldschmidt, *The Evolution of Chinese Medicine; Song Dynasty, 960-1200* (2009): 123-36.
54. "Foreign Trade," 480 (Appendix, Table V, "Number and Percentage of Foreign Commodities Contained in a Sample of 300 Recipes for Incense")；陳敬：《陳氏香譜》，《四庫全書珍本》版。
55. 周密：《癸辛雜識》（1988）：續集第二部，197。
56. 傅宗文：〈后渚古船：宋季南外宗室海外經商的物證〉，《海外交通研究〈二〉》（1989）：77-83。
57. 宗室包括「宋朝創建者的所有父系後裔，不論其服喪關係，」John Chaffee, *Branches of Heaven: A History of the Imperial Clan of Sung China* (1999): 11-12。
58. 馬端臨：《文獻通考》（2011）：259: 7066；Clark, *Community, Trade, and Networks*, 140。
59. 1080 年，泉州共有 201,406 戶人家；1241-52 年有 255,858 戶。Clark, *Community, Trade, and Networks*, 77。巴格達人口請參考 Maya Shatzmiller, *Labour in the Medieval Islamic World* (1994): 62。開封及杭州人口請參閱包為民：《宋代城市研究》：304-5。
60. Clark, Community, Trade, and Networks, 158-63 (population involved in growing agricultural crops), 163-67 (workers in nonagricultural sectors).
61. 蘇基朗 "The Trade Ceramics Industry in Southern Fukien During the Sung," *Journal of Song-Yuan Studies* 24 (1994): 1-19, 13 (estimated number of vessels per firing), 14 (percentage of the population working in ceramics trade)。蘇教授估計福建有三百萬人口，這過少了。那較接近武漢大學歷史系魯西奇教授估計的五百萬（April 21, 2019, email），他的估計是以《元史》所統計 1283-85 年的人口數 6,214,195 為基準（26: 1504）。
62. Richard von Glahn, "Cycles of Silver in Chinese Monetary History," in *The Economy of Lower Yangzi Delta in Late Imperial China: Connecting Money, Markets, and Institutions*, ed. Billy K. L. So (2013): 18-25; "The Ningbo-Hakata Merchant Network and the Reorientation of East Asian Maritime Trade, 1150-1350," *Harvard Journal of Asiatic Studies* 74.2 (2014): 249-79, 252 (Chinese policies about paper money), 258 (Japanese use of Chinese

39. Yiwen Li, "Networks of Profit and Faith: Spanning the Sea of Japan and the East China Sea, 838-1403," PhD thesis, Yale University (2017).
40. Don J. Wyatt, *The Blacks of Premodern China*, 43 (Guangzhou), 48-60 (Zhu Yu).
41. 這本書叫《萍洲可談》，因為朱彧退休後住在萍洲，今湖北省黃崗。請參閱《宋元筆記叢書》版（1989）：2: 25 (ships' arrival, popularity of drinks), 2: 26 (compass)。亦請參閱 Derek Heng, "Shipping, Customs Procedures, and the Foreign Community: The 'Pingzhou Ketan' on Aspects of China's Maritime Economy in the Late Eleventh Century," *Journal of Song-Yuan Studies* 38 (2008): 1-38。
42. 朱彧：《萍洲可談》2: 26。
43. 朱彧：《萍洲可談》2:28, 56。
44. 請上 healthline.com 參考針對瓜西奧科兒症的討論。感謝 John Southworth 給我這個卓越的建議。
45. 歐陽修：《歸田錄》2: 10b。《稗海》版，透過中國基本古籍庫查詢。
46. William Guanglin Liu, "The Making of a Fiscal State in Song China, 960-1279," *Economic History Review* 68.1 (2014): 48-78.
47. 《宋會要》職官 44: 20（上海古籍出版社版，2014），卷七：4213-14；John Chaffee, "The Song Dynasty and the Multi-State and Commercial World of East Asia," *Crossroads: Studies on the History of Exchange Relations in the East Asian World* 1 (2010)，可上網查詢。
48. Jung-Pang Lo, "The Emergence of China as a Sea Power During the Late Sung and Early Yuan Periods," *Far Eastern Quarterly* 14.4 (1955): 489-503, especially 499n37；李心傳：《建炎以來朝野雜記》第一部：卷十五，211 頁；《玉海》1883 版 186: 11。
49. Lefebvre (ed.), *Parfums de Chine*, 72-73, illustration 4 (gift for courtiers), 75 (first incense sticks).
50. 黃純艷：《宋代海外貿易》210，引用《東京夢華錄》與《夢粱錄》。
51. Robert Hartwell, "Foreign Trade, Monetary Policy and Chinese 'Mercantilism,'" 《劉子健博士頌壽紀念宋史研究論集》ed. Kinugawa Tsuyoshi (1988): 456 稱此次叛亂為「乳香之亂」，但史料（晦庵先生《朱文公文集》中的〈朱子行狀〉97.4a；《宋史》185: 4358）沒有提供細節。
52. Hartwell, "Foreign Trade," 477-80 (Appendix, Table IV, "Medical Use of

25. Chaffee, Muslim Merchants, 65-75.
26.《宋會要》職官 44:3（上海古籍出版社版，2014），卷七：4204。
27. 關於西元 1141 年這年，請參閱《宋會要》職官 44:25（上海古籍出版社版，2014），卷七：4216。
28. Nap-Yin Lau, "Waging War for Peace? The Peace Accord Between the Song and the Liao in AD 1005," in *Warfare in Chinese History*, ed. Hans van de Ven (2000): 183-221, 213.
29. Shiba Yoshinobu, "Sung Foreign Trade: Its Scope and Organization," in *China Among Equals: The Middle Kingdom and Its Neighbors, 10th-14th Centuries*, ed. Morris Rossabi (1983): 89-115, 98; Brian Thomas Vivier, "Chinese Foreign Trade, 960-1276," PhD thesis, Yale University (2008).
30. Richard von Glahn, "The Origins of Paper Money in China," in *The Origins of Value: The Financial Innovations That Created Modern Capital Markets*, ed. William N. Goetzmann and K. Geert Rouwenhorst (2005): 65-89.
31. Paul J. Smith, *Taxing Heaven's Storehouse: Horses, Bureaucrats, and the Destruction of the Sichuan Tea Industry*, 1074-1224 (1991).
32. Friedrich Hirth and W. W. Rockhill (trans.), *Chau Ju-kua, His Work on the Chinese and Arab Trade in the Twelfth and Thirteenth Centuries, Entitled Chu-fan-chi* (1911): 111；趙汝适，《諸蕃志校釋》（1996）；吳文良、吳幼雄：《泉州宗教石刻》（2005）。
33. Nancy Shatzman Steinhardt, *China's Early Mosques* (2015): 38-52.
34. Chaffee, *Muslim Merchants*, 80-81 (summarizing Heng–shift from luxury to bulk commodity trade), 141-42 (Arabic tombstones found in Quanzhou).
35. Clark, Community, *Trade, and Networks*, 32-37 (origins of Quanzhou trade), 129 (unusually high number of foreign residents).
36.《方輿勝覽》（1239），12: 6a，《四庫全書》版，透過中國基本古籍庫查詢。
37. 晁補之：《雞肋集》70: 370，《四部叢刊》版，透過中國基本古籍庫查詢；黃純艷：《宋代海外貿易》：185nl。
38. 黃純艷：《宋代海外貿易》：101-3 (Chinese investment in ships), 103 (Chinese woman investor), 120-21 (main street where foreign merchants lived), 147, 162-63 (wholesaler and direct purchases of cargo), 186 (trade superintendent for Quanzhou), 223-24 (Quanzhou surpassing Guangzhou)。

Maritime Asian Trade Diaspora, 750-1400 (2018): 27-28.

14. 段成式：《酉陽雜俎》4: 25，《四部叢刊》版，透過中國基本古籍庫查詢；Carrie E. Reed, "Motivation and Meaning of a 'Hodge-podge': Duan Chengshi's 'Youyang zazu,'" *Journal of the American Oriental Society* 123.1 (2003): 121-45。
15. Julie Wilensky, "The Magical Kunlun and 'Devil Slaves': Chinese Perceptions of Dark-Skinned People and Africa Before 1500," *Sino-Platonic Papers* 122 (2002): 1-51.
16. Wang Gungwu, "The Nanhai Trade: A Study of the Early History of Chinese Trade in the South China Sea," *Journal of the Malayan Branch of the Royal Asiatic Society* 31.2 (1958): 1-135；Hugh R. Clark, *Community, Trade, and Networks: Southern Fujian Province from the Third to the Thirteenth Century* (1991): 49.
17. 黃純艷：《宋代海外貿易》（2003），129-32；Abu Zayd al-Sirafi, *Accounts of China and India*, trans. Tim McIntosh-Smith (2017): 17。
18. Michael Flecker, *The Archaeological Excavation of the Tenth Century Intan Shipwreck, Java Sea, Indonesia*, BAR International Series S1047 (2002)；Michael Flecker, "Treasure from the Java Sea: The Tenth-Century Intan Shipwreck," *Heritage Asia Magazine* 2.2 (2004-2005)，可上網查詢。
19. Denis Twitchett and Janice Stargardt, "Chinese Silver Bullion in a Tenth-Century Indonesian Wreck," *Asia Major* 15.1 (2002): 23-72, 25 (value of silver), 41 (nature of payment).
20. Horst Hubertus Liebner, "The Siren of Cirebon: A Tenth-Century Trading Vessel Lost in the Java Sea," PhD thesis, University of Leeds (2014): 85 (tonnage), 304 (quantities of ceramics carried by different sunken ships).
21. Robert K. G. Temple, *The Genius of China: 3,000 Years of Science, Discovery, and Invention* (1986): 148-57.
22. Chaffee, Muslim Merchants, 81-83.
23. H. A. R. Gibb (trans.), *The Travels of Ibn Battuta, A.D. 1325-1354* (1994): 4: 813-14.
24. 《宋會要》職官 44: 2（上海古籍出版社版，2014）卷七：4204；Derek Heng, *Sino-Malay Trade and Diplomacy from the Tenth Through the Fourteenth Century* (2009): 73。

Cambridge History of China, Volume 5, Part 2: *Sung China, 960-1279*, ed. John W. Chaffee and Denis Twitchett (2015): 437-525, 512-18.

3. Dato Dr Nik Hassan Shuhaimi Nik Abdul Rahman (ed.), *The Encyclopedia of Malaysia*, Volume 4: *Early History* (1998): 87.
4. Paul Wheatley, "Geographical Notes on Some Commodities Involved in Sung Maritime Trade," *Journal of the Malayan Branch of the Royal Asiatic Society* 32.2 (1959): 3-139, 22-23 (changing rates of taxes on fine and coarse goods), 25-26 (appointment of trade superintendants), 69-72 (aloeswood).
5. Yang Zhishui, "L'Encens sous les Song (960-1279) and les Yuan (1279-1368)," in *Parfums de Chine: la culture de l'encens au temps des empereurs*, ed. Eric Lefebvre (2018): 68-75.
6. Ivan Morris, *The World of the Shining Prince: Court Life in Ancient Japan* (1964); Dennis Washburn (trans.), Murasaki Shikibu, *The Tale of Genji* (2017): 407 (lingering fragrance), 608-13 (incense contest).
7. Tanaka Fumio, *Kokusai koeki to kodai Nihon* (2012): 180.
8. Melissa McCormick, *The Tale of Genji: A Visual Companion* (2018): 149-51.
9. Dennis Washburn, professor of Asian Societies, Cultures, and Literatures, Dartmouth College, email, October 2, 2019.
10. Joseph Needham, "Constituents of Incense, and Other Aromatics," in *Science and Civilisation in China*, Volume 5: *Chemistry and Chemical Technology, Part II, Spagyrical Discovery and Invention: Magisteries of Gold and Immortality* (1974): 137 (Table 94)；Olivia Milburn, "Aromas, Scents, and Spices: Olfactory Culture in China Before the Arrival of Buddhism," *Journal of the American Oriental Society* 136.3 (2016): 441-64; Frederic Obringer, "Dans L'empire de fous de parfums. Une introduction au monde des senteurs en Chine imperiale," in Lefebvre (ed.), *Parfums de Chine*, 10-24.
11. Anya H. King, *Scent from the Garden of Paradise: Musk and the Medieval Islamic World* (2017); Paul Freedman, *Out of the East: Spices and the Medieval Imagination* (2008): 15-16.
12. Jenny F. So, "Scented Trails: Amber as Aromatic in Medieval China," *Journal of the Royal Asiatic Society*, 3rd Series, 23.1 (2013): 85-101, 90；Edward Schafer, *Golden Peaches of Samarkand* (1963): 155.
13. John Chaffee, *The Muslim Merchants of Premodern China: The History of a*

57. Roland Fletcher et al., "Angkor Wat: An Introduction," *Antiquity* 89.348 (2015): 1388-1401, 1396.
58. Damian Evans and Roland Fletcher, "The Landscape of Angkor Wat Redefined," *Antiquity* 89.348 (2015): 1402-19, 1410-11.
59. M. C. Ricklefs, *Mystic Synthesis in Java: A History of Islamicization from the Fourteenth to the Early Nineteenth Centuries* (2006): 12-21.
60. 周達觀：《真臘風土記校注》（中華書局版 2000）：141-42 (local products), 148 (Chinese goods)；周達觀：《真臘風土記》，Michael Smithies 譯為 *The Customs of Cambodia* (2001): 59-60 (local products), 63 (Chinese goods)。
61. Li Tana, "A View from the Sea: Perspectives on the Northern and Central Vietnamese Coast," *Journal of Southeast Asian Studies* 37.1 (2006): 83-102, 95-96; Momoki Shiro, "Dai Viet and the South China Sea Trade: From the 10th to the 15th Century," *Crossroads* 12.1 (1998): 1-34, 20.
62. John K. Whitmore, "Van-Don, the 'Mac Gap,' and the End of the Jiaozhi Ocean System," in *The Tongking Gulf Through History*, ed. Nola Cooke et al. (2011): 101-16.
63. John K. Whitmore, *Vietnam, Ho Quy Ly, and the Ming* (1371-1421) (1985): 112.
64. Tatsuro Yamamoto, "Van-don: A Trade Port in Vietnam," *Memoirs of the Research Department of the Toyo Bunko* 39 (1981): 1-32, 5 (Chinese clothing, food, and drink), 10 (pearl-fishing compound)。這一段譯自 1939 年 9 月《東方學報》一篇日文文章（277-309）；整段原文出現在《欽定越史通鑒綱目》，陳文為編（臺北：中央圖書館，1969）：13: 1549-50。

第八章　世上全球化最深的地方

1. 感謝 Anna Shields（普林斯頓）和 Robert Hymes（哥倫比亞）給我機會在 2018 年他們於普林斯頓大學舉行的唐宋過渡時期討論會上發表這一章的初稿。感謝宋元研究期刊編輯 Ari Levine 寄了文章給兩位匿名審稿人，他們提出許多有益的建議，也感謝 Yuan Julian Chen（耶魯）、Yiwen Li（香港城市大學）、David Porter（耶魯）、Helen Wang（大英博物館）。
2. Angela Schottenhammer, "China's Emergence as a Maritime Power," in *The*

Sri Lanka and Srivijaya (1983): 5-6 (results of conquest), 34 (Rajaraja I conquests), 44 (Rajendra's Ganges campaign), 60 (commercial taxes), 64 (withdrawal from Sri Lanka), 144-45 (ties to other countries).

47. Spencer, *The Politics of Expansion*, 54-56，這一段話譯自從斯里蘭卡編年史 *Cul avamsa* 55.16-22。
48. Hermann Kulke, "The Naval Expeditions of the Cholas in the Context of Asian History," in Kulke et al, ed., *Nagapattinam to Suvarnadwipa*, and the essays by Noboru Karashima and Tansen Sen.
49. Spencer, *Politics of Expansion*, 138-39，引用 K. A. Nilakanta Sastri, *Sri Vijiya*，80 提供的翻譯。
50. Kulke et al., ed., *Nagapattinam to Suvanadwipa*, 12.
51. A. Meenakshisundararajan, "Rajendra Chola's Naval Expedition and the Chola Trade with Southeast Asia," in Kulke et al., ed., *Nagapattinam to Suvanadwipa*, 168-77, 170。亦請參閱此書扉頁上的地圖。
52. Burton Stein, "Coromandel Trade in Medieval India," in *Merchants & Scholars: Essays in the History of Exploration and Trade Collected in Memory of James Ford Bell*, ed. John Parker (1965): 49-62; N. A. Nilakanta Sastri, "A Tamil Merchant-guild in Sumatra," *Tijdschrift voor Indische taal-, land-, en volkenkunde* 72 (1932): 314-27, 322-24.
53. John Guy, "Tamil Merchant Guilds and the Quanzhou Trade," in *The Emporium of the World: Maritime Quanzhou*, 1000-1400, ed. Angela Schottenhammer (2001): 283-308, 291 (early Tamil inscriptions Southeast Asia), 293 (Baros, Sumatra guild), 294 (hiring of mercenaries), 295-96 (Quanzhou Tamil inscription), 296-302 (temple remains).
54. Tansen Sen, *Buddhism, Diplomacy, and Trade: The Realignment of Sino-Indian Relations, 600-1400* (2003): 224.
55. Michael D. Coe and Damian Evans, *Angkor and the Khmer Civilization* (2003, 2018): 11 (dimensions of the site), 116 (traits of Classic Angkor civilization), 163 (Third Gallery dimensions), 188 (Zhou Daguan on imports and exports), 189 (kingfisher hunting), 209 (imported Chinese ceramics), 212-14 (textiles and dress), 239 (traits of post-Classic).
56. Julia Wallace, "Cambodia's Hidden Cities: Aerial Laser Imaging," *New York Times* (September 20, 2016): D1, D5.

34. Jan Wisseman Christie, "Revisiting Early Mataram," in *Fruits of Inspiration: Studies in Honour of Prof. J. G. de Casparis*, ed. M. J. Klokke and K. R. van Kooij (2001): 25-56, 47.
35. August Johan Bernet Kempers, *Ageless Borobudur: Buddhist Mystery in Stone, Decay and Restoration, Mendut and Pawon, Folklife in Ancient Java* (1976): 109-19, plates 32, 79, 201 (depictions of ships); Himanshu Ray, personal communication, October 24, 2018.
36. Jan Wisseman Christie, "Javanese Markets and the Asian Sea Trade Boom of the Tenth to Thirteenth Centuries A.D.," *Journal of the Economic and Social History of the Orient*, 41.3 (1998): 344-81, 348 (merchant guilds), 350 (market officials), 352-53 (black pepper and safflower), 356 (potters), 360 (women vendors), 360 (Chinese coin imports and copies).
37. Jan Wisseman Christie, email, December 10, 2018. See her "Preliminary Notes on Debt and Credit in Early Island Southeast Asia," in *Credit and Debt in Indonesia, 860-1930: From Peonage to Pawnshop, from Kongsi to Cooperative*, ed. D. Henley and P. Boomgaard (2009): 41-60, 178-190.
38. Anthony Reid, personal communication, March 30, 2018.
39. G. F. Hourani, *Arab Seafaring in the Indian Ocean in Ancient and Early Medieval Times* (1951, 1995): 89-105.
40. Dato Dr Nik Hassan Shuhaimi Nik Abdul Rahman (ed.), *The Encyclopedia of Malaysia: Early History*, Volume 4 (1998): 76.
41. Geoff Wade, "An Early Age of Commerce in Southeast Asia, 900-1300 CE," *Journal of Southeast Asian Studies 40.2* (2009): 221-65.
42. Chaffee, *The Muslim Merchants of Premodern China*, 52.
43. O. W. Wolters, "Tambralinga," *Bulletin of the School of Oriental and African Studies* 21.3 (1958): 587-607, 605；《宋會要》番夷 7:20b（上海古籍出版社版，2014）Volume 16: 9948。
44. David Ludden, *Peasant History in South India* (1985).
45. Gokul Seshadri, "New Perspectives on Nagapattinam," in *Nagapattinam to Suvanadwipa: Reflections on the Chola Naval Expeditions to Southeast Asia*, ed. Hermann Kulke et al. (2009): 121-28; Peter Schalk (ed.), *Buddhism Among Tamils in Pre-Colonial Tamilakam and Ilam*, Volume 2(2002): 513-670, 596.
46. George W. Spencer, *The Politics of Expansion: The Chola Conquest of*

Spells, Images, and Mandalas: Tracing the Evolution of Esoteric Buddhist Rituals (2014): 194-204.

21. 《宋史》489: 14088。
22. 朱彧：《萍洲可談》，宋元筆記叢書系列（1989）：1: 2。
23. O. W. Wolters, "Studying Srivijaya," in *Early Southeast Asia: Selected Essays*, ed. Craig J. Reynolds (2008): 77-108, 92-94; "Restudying Some Chinese Writings on Sriwijaya," 109-47，同書。
24. Hyunhee Park, *Mapping the Chinese and Islamic Worlds: Cross-Cultural Exchange in Pre-modern Asia* (2013): 30-31 (dhows), 69-70, 219n58 (Huang Chao rebellion).
25. John Guy, "The Phanom Surin Shipwreck, a Pahlavi Inscription, and Their Significance for the History of Early Lower Central Thailand," *Journal of the Siam Society* 105 (2017): 179-96.
26. Michael Flecker, "The Ethics, Politics, and Realities of Maritime Archaeology in Southeast Asia," *International Journal of Nautical Archaeology* 31.1 (2002): 12-24；Michael Flecker, "A Ninth-Century AD Arab or Indian Shipwreck in Indonesia: First Evidence for Direct Trade with China," *World Archaeology* 32.3 (2001): 335-54.
27. Regina Krahl (ed.), *Shipwrecked: Tang Treasures and Monsoon Winds* (2011): 36；可上網查詢。
28. John W. Chaffee, *The Muslim Merchants of Premodern China: The History of an Asian Maritime Trade Diaspora*, 750-1400 (2018): 29.
29. Arthur Lane, *Early Islamic Pottery: Mesopotamia, Egypt, and Persia* (1947): 31.
30. Robert B. J. Mason, *Shine Like the Sun: Lustre-Painted and Associated Pottery from the Medieval Middle East* (2004): 2 (how to make lusterware); 31 (750, the date of earliest Basra ceramics that copy Chinese models); 158 (after 800 Basra lusterware excavated from East African coast and tip of Africa).
31. Francois Louis, "Metal Objects on the Belitung Shipwreck," in Krahl, ed., *Shipwrecked*, 85-91.
32. John N. Miksic, *Borobudur: Majestic, Mysterious, Magnificent* (2010).
33. Kenneth R. Hall, *History of Early Southeast Asia: Maritime Trade and Societal Development*, 100-1500 (2011): 125-26.

(lashed-lug technique), 65 (locations of excavated ships).

11. Lisa Niziolek et al., "Revisiting the Date of the Java Sea Shipwreck from Indonesia," *Journal of Archaeological Science: Reports 19* (May 2018): 781-90；Horst Hubertus Liebner, "The Siren of Cirebon: A Tenth-Century Trading Vessel Lost in the Java Sea," PhD thesis, University of Leeds (2014).
12. Janet M. Wilmshurst et al., "High-Precision Radiocarbon Dating Shows Recent and Rapid Initial Human Colonization of East Polynesia," *Proceedings of the National Academy of Sciences* 108.5 (February 1, 2011): 1815-20.
13. Ben Finney, *Voyage of Rediscovery: A Cultural Odyssey Through Polynesia* (1994).
14. Steve Thomas, *The Last Navigator: A Young Man, an Ancient Mariner, the Secrets of the Sea* (1997).
15. Anthony Reid, "Low Population Growth and Its Causes in Pre-Colonial Southeast Asia," in Death and Disease in *Southeast Asia: Explorations in Social, Medical and Demographic History*, ed. Norman G. Owen (1987): 33-47, 36.
16. M. C. Ricklefs (ed.), *A New History of Southeast Asia* (2010): 8-10 (early social structures), 21 (Indian inscriptions), 30, 61-64 (Srivijaya), 40-42 (Angkor), 43 (temple state model).
17. John E. Cort, *Open Boundaries: Jain Communities and Cultures in Indian History* (1998): 98.
18. 氣球的比喻引用了 Burton Stein 所著 *History of India* (1998) 一書中的分立國家模式，以及 O. W. Woltersu *History, Culture and Region in Southeast Asian Perspectives* (1999) 的曼陀羅國家概念。
19. Jan Wisseman Christie, "The Medieval Tamil-Language Inscriptions in Southeast Asia and China," in *Southeast Asian Archaeology*, 1994, ed. Pierre-Yves Manguin (1998): 241 (rise of Cholas), 244 (883 inscription), 244-45 (shift in trading destinations), 246 (changing composition of merchant community), 249 (economic downturn), 254 (Chola raids in Southeast Asia).
20. Andrea Acri, "Introduction: Esoteric Buddhist Networks Along the Maritime Silk Routes, 7th-13th Century AD," in *Esoteric Buddhism in Mediaeval Maritime Asia*, ed. Andrea Acri (2016): 1-25, 4 (Esoteric Buddhist practices), 7 (Yijing), 16 (Map 1.1: Paths traveled by the monks)；Koichi Shinohara,

第七章　意外的旅程

1. 下列學者以提供資料、討論問題或評論原稿等方式助我撰寫這一章：西北大學歷史系教授 Haydon Cherry、赫爾大學東南亞研究中心榮譽教授 Jan Wisseman Christie、紐約大學歷史系教授 David Ludden, NYU History Department、紐卡索大學歷史系榮譽教授 R. I. Moore、牛津大學印度研究專家 Himanshu Prabha RayX，以及網站 AcademicEditorial.com 的 Charles Wheeler。
2. Himanshu Prabha Ray, "Seafaring in the Bay of Bengal in the Early Centuries AD," *Studies in History* 6.1 (1990): 1-14. 171.
3. Sunil S. Amrith, *Crossing the Bay of Bengal: The Furies of Nature and the Fortunes of Migrants* (2013): 10-13.
4. Gwyn Campbell, "Africa and the Early Indian Ocean World Exchange System in the Context of Human-Environment Interaction," in *Early Exchange Between Africa and the Wider Indian Ocean World*, ed. Gwyn Campbell (2016): 3. 亦請參閱 Sunil Gupta 討論非洲與印度接觸的論文。
5. Claude Allibert, "Austronesian Migration and the Establishment of the Malagasy Civilization," *Diogenes* 55.2 (2008): 7-16; Ann Kumar, "'The Single Most Astonishing Fact of Human Geography': Indonesia's Far West Colony," *Indonesia* 92 (2011): 59-96.
6. Peter Bellwood, *First Islanders: Prehistory and Human Migration in Island Southeast Asia* (2017): 231; Peter Bellwood, "The Austronesians in History: Common Origins and Diverse Transformations," in *The Austronesians: Historical and Comparative Perspectives*, ed. Peter Bellwood, James J. Fox, and Darrell Tryon (1995): 1-16.
7. Alison Crowther et al., "Ancient Crops Provide First Archaeological Signature of the Westward Austronesian Expansion," *Proceedings of the National Academy of the Sciences* 113.24 (June 14, 2016): 6635-40.
8. Nicole Boivin et al., "East Africa and Madagascar in the Indian Ocean World," *Journal of World Prehistory* 26.3 (2013): 213-81.
9. Anne Salmond, *The Trial of the Cannibal Dog: Captain Cook in the South Seas* (2003): 38, 110.
10. "Austronesian Shipping in the Indian Ocean: From Outrigger Boats to Trading Ships," in Campbell, ed., *Early Exchange*, 51-76, 59-60 (Cirebon wreck), 62

60. 英文版為 Mimi Yiengpruksawan 翻譯，而作者將佛教時代置換成英文。Mimi Yiengpruksawan, "Countdown to 1051," in *Texts and Transformations: Essays in Honor of the 75th Birthday of Victor Mair*, ed. Haun Saussy (2018): 369-434, 376 (Kyoto disasters), 379-80 (Buddhist monastery in Fangshan district, Beijing), 380 (Northern Pagoda translations), 386-94 (different calendars), 394 (Kitan envoy at Goryeo court), 402-4 (Japan-Liao contacts), 406 (eclipse)。
61. D. Max Moerman, "The Archeology of Anxiety: An Underground History of Heian Religion," in *Heian Japan, Centers and Peripheries*, ed. Mikael Adolphson et al. (2007): 245-71.
62. 遼寧省文物考古研究所及朝陽寺北塔寶物觀（編）：《朝陽北塔考古發掘與維修工程報告《2007》。
63. William H. McCullough, "The Heian Court, 795-1070," in *The Cambridge History of Japan*, Volume 2: *Heian Japan*, ed. William H. McCullough and Donald H. Shively (1999): 20-96, 67-80.
64. Yiwen Li, "Networks of Profit and Faith: Spanning the Sea of Japan and the East China Sea, 838-1403," PhD thesis, Yale University (2017): 80, 85-86 (Fujiwara no Michinaga), 112-13 (Liao sutra containers).
65. Yiwen Li, "Chinese Objects Recovered from Sutra Mounds in Japan, 1000-1300," in *Visual and Material Cultures in Middle Period Chin*a, ed. Patricia Buckley Ebrey and Shih-shan Susan Huang (2017): 284-318.
66. Yannick Bruneton, "Astrologues et devins du Koryo (918-1392): une analyse de l'histoire officielle," *Extreme-Orient Extreme-Occident*, no. 35 (2013): 45-81.
67. Mimi Yiengpruksawan, "A Pavilion for the Amitabha," in *Buddhist Transformations and Interactions*, ed. Victor H.Mair (2017): 401-516, 447-52.
68. Igor de Rachewiltz, *The Secret History of the Mongols: A Mongolian Epic Chronicle of the Thirteenth Century* (2004).
69. Janet Abu-Lughod, *Before European Hegemony: The World System A.D. 1250-1350* (1989).
70. James Belich, "The Black Death and the Spread of Europe," in *The Prospect of Global History*, ed. James Belich et al. (2016).

Hakata in War and Peace, 500-1300 (2006): 40; Yiwen Li, email, December 18, 2018.

48. Hansen, "International Gifting and the Kitan World, 907-1125," 273-302.
49. Zou Tong，上京博物館個人通訊，2009 年 5 月 9 日。
50. Jenny F. So, "Scented Trails: Amber as Aromatic in Medieval China," *Journal of the Royal Asiatic Society*, 3rd Series, 23.1 (2013): 85-101, 94-95.
51. Vladimir Minorsky (trans.), *Sharah al-Zaman Tahir: Marvazi on China, the Turks, and India: Arabic Text with an English Translation and Commentary* (1942): 16-17 (imports to China), 19-21 (translation of letters), 78 (Turkic as language of diplomacy).
52. Curt W. Beck and Edith C. Stout, "Amber from Liaoning Province and Liao Amber Artifacts," in *Adornment for the Body and Soul: Ancient Chinese Ornaments from the Mengdiexuan Collection*, ed. E. C. Bunker et al. (1999): 167-72; Xu Xiaodong, *Zhongguo gudai hupo yishu* (2011).
53. Sem Vermeersch, *A Chinese Traveler in Medieval Korea: Xu Jing's Illustrated Account of the Xuanhe Embassy to Koryo* (2016): 14-39.
54. Biran, "The Qarakhanids' Eastern Exchange," 578.
55. 這時有兩個維吾爾王國並立；以吐魯番為根據地的維吾爾人似乎較可能有資源派遣使者前往阿富汗。（另一個位於甘州的維吾爾國家在 1028 年遭到侵略而亡。）請參閱 Minorsky, *Marvazi*, 77-78。
56. Anya King, "Early Islamic Sources on the Kitan Liao: The Role of Trade," *Journal of Song-Yuan Studies* 43 (2013): 253-71, 262-63.
57. 這裡的英文版翻譯是由 Michael Rapoport 提供，他根據阿拉伯文修改 Minorsky 的翻譯。
58. Anya H. King, *Scent from the Garden of Paradise: Musk and the Medieval Islamic World* (2017); James Cave, "You Don't Even Want to Know Where Musk Comes From," *HuffPost*, February 24, 2016.
59. Andreas Kaplony, "The Conversion of the Turks of Central Asia to Islam as Seen by Arabic and Persian Geography: A Comparative Perspective," in Etienne de la Vaissiere, *Islamisation de l'Asie Centrale: processus locaux d'acculturation du VIIe au XIe siecle* (2008): 319-38; Michal Biran, *The Empire of the Qara Khitai in Eurasian History: Between China and the Islamic World* (2005): 196-201.

Davis (2016).

35. C. E. Bosworth, "Barbarian Invasions: The Coming of the Turks into the Islamic World," in *Islamic Civilisation, 950-1150*, ed. D. S. Richards (1973): 1-16.
36. Djalal Khaleghi-Motlagh, "Ferdowsi, Abu'l-Qasem, i.Life" *Encyclopadia Iranica* (2012).
37. William E. Gohlman, *The Life of Ibn Sina: A Critical Edition and Annotated Translation* (1974): 41.
38. Valerie Hansen, "International Gifting and the Kitan World, 907-1125," *Journal of Song-Yuan Studies* 43 (2013): 273-302, 288-89.
39. Lothar Ledderose, "Changing the Audience: A Pivotal Period in the Great Sutra Carving Project at Cloud Dwelling Monastery Near Beijing," in *Religion and Chinese Society*, ed. John Lagerwey, Volume 1 (2004): 385-409.
40. Denis Twitchett, "The Liao's Changing Perceptions of Its T'ang Heritage," in *The Historian, His Readers, and the Passage of Time: The Fu Ssu-nien Memorial Lectures, 1996* (1997): 31-54.
41. Joseph Fletcher, "The Mongols: Ecological and Social Perspectives," *Harvard Journal of Asiatic Studies* 46.1 (1988): 11-50, 17.
42. Pamela Crossley, "Outside In: Power, Identity, and the Han Lineage of Jizhou," *Journal of Song-Yuan Studies* 43 (2013): 51-89.
43. Daniel Kane, "Introduction, Part 2: An Update on Deciphering the Kitan Language and Scripts," *Journal of Song-Yuan Studies* 43 (2013): 11-25.
44. 柳立言："Waging War for Peace? The Peace Accord Between the Song and the Liao in AD 1005," in *Warfare in Chinese History*, ed. Hans van de Ven (2000): 183-221, 213。
45. 中國的「兩」重 37.3 公克，比英制 1 盎司重三分之一（1 盎司等於 28 克）。1042 年，此歲幣增加到二十萬兩銀、三十萬匹絹。
46.（作者注）沈雪曼（編）：*Gilded Splendor: Treasures of China's Liao Empire* (907-1125) (2006): 363; Brian Thomas Vivier, "Chinese Foreign Trade, 960-1276," PhD thesis, Yale University (2008): Figure 1.2。
47. Richard von Glahn, "The Ningbo-Hakata Merchant Network and the Reorientation of East Asian Maritime Trade, 1150-1350," *Harvard Journal of Asiatic Studies* 74.2 (2014): 249-79; Bruce L. Batten, *Gateway to Japan:*

21. C. Edmund Bosworth, "Asfijab," *Encyclopadia Iranica* (2011).
22. David Morgan, *Medieval Persia, 1040-1797* (1988): 22.
23. Kennedy, "The Late Abbasid Pattern," 360-93, 370-73 (Sunni beliefs of the Ghaznavids), 376-77 (Somnath).
24. Flood, *Objects of Translation*, 4 (Hindus in Mahmud's army), 78-79 (Hindu quarter in Ghazna), 79-86 (alliances with Hindu rulers).
25. Abu l-Fadl Bayhaqı, *The History of Beyhaqi* (The History of Sultan Mascud of Ghazna, 1030-1040), trans. C. E. Bosworth (2011): I: 8-9.
26. Andre Wink, *Al-Hind: The Making of the Indo-Islamic World*, Volume 2: *The Slave Kings and the Islamic Conquest, 11th-13th Centuries* (1997): 294-333, 294 (conversions outside Mahmud's territory), 327-28.
27. Romila Thapar, *Somanatha, The Many Voices of a History* (2004).
28. Al-Bırunı, *Alberuni's India*, trans. Edward Sachau (1887): 2: 103-4.
29. Finbarr Barry Flood, "Painting, Monumental and Frescoes," in *Medieval Islamic Civilization: An Encyclopedia*, ed. Joseph W. Meri (2006): 586-89; Daniel Schlumberger, *Lashkari Bazar: une residence royale ghaznevide et ghoride (Memoires de la Delegation archeologique francaise en Afghanistan,* Volume 18, Part 1) (1983); Martina Rugiadi, "The Ghaznavid Marble Architectural Decoration: An Overview," available at web.mit.edu.
30. 因為現存史料稱之「喀喇汗」（kara khans），「黑色領導人」之意，他們被稱為「喀喇汗人」（Karahanids）。Peter Golden, "The Origins of the Karakhanids," in *The Cambridge History of Early Inner Asia*, ed. Denis Sinor (1990): 354 (name of the Karakhanids), 363 (conquest of Khwarazm)。
31. Michal Biran, "The Qarakhanids' Eastern Exchange: Preliminary Notes on the Silk Roads in the Eleventh and Twelfth Centuries,"in *Complexity of Interaction Along the Eurasian Steppe Zone in the First Millennium CE*," ed. Jan Bemmann (2015): 575-96, 578.
32. Valerie Hansen, *The Silk Road: A New History with Documents* (2016): 368-71; William Samolin, *East Turkistan to the Twelfth Century: A Brief Political Survey* (1964): 81.
33. Mahmud al-Kašarı *Compendium of the Turkic Dialects*, ed. and trans. Robert Dankoff and James Kelly, Volume 1 (1982): 270.
34. Abolqasem Ferdowsi, *Shahnameh: The Persian Book of Kings*, trans. Dick

Eleventh Centuries, ed. Chase F. Robinson (2010): 305-59, 344 (Samanid slaving), 345 (use of Persian), 346 (Sunni beliefs of the Samanids).

7. V. Minorsky, Hudud al-Alam, "The Regions of the World," *A Persian Geography*, 372 A.H.–982 A.D. (1937): 3-44.
8. David Durand-Guedy, "Une 'mutation de l'An mil' en Iran?," unpublished conference paper delivered at the conference Histoires de l'an mil, Fondation des Treilles, France, September 9-14, 2019.
9. C. Edmund Bosworth, "Biruni, Abu Rayhan i. Life," *Encyclopadia Iranica* (1989).
10. David Pingree, "Atar al-baqia," *Encyclopadia Iranica* (2011).
11. 最近期的全文翻譯（1879 年出版）如實呈現原文的繁複風格。Al-Biruni, *The Chronology of Ancient Nations*, trans. and ed. C. Edward Sachau (1879): 5 (length of day), 13 (Jewish calendar), 312 (Syriac Christians)。
12. Reza Abdollahy, "Calendars, ii. in the Islamic Period," *Encyclopadia Iranica* (1990).
13. Marshall G. S. Hodgson, *The Venture of Islam: Conscience and History in a World Civilization*, Volume 2, *The Expansion of Islam in the Middle Periods* (1974): 3-61, 255-92.
14. J. Pederson et al., "Madrasa," *Encyclopaedia of Islam*, 2nd ed. (2012).
15. Ruth Roded, *Women in the Islamic Biographical Collections: From Ibn Sacd to Who's Who* (1994): 3 (Table 1), 12.
16. Elton L. Daniel, "The Islamic East," in Robinson, ed., *The New Cambridge History of Islam*, 1: 448-505, 503-4.
17. C. E. Bosworth, *The Ghaznavids: Their Empire in Afghanistan and Eastern Iran, 994-1040* (1963): 46 (Abbasid caliph's titles for Mahmud), 126-28 (army size).
18. Finbarr B. Flood, *Objects of Translation: Material Culture and Medieval "Hindu-Muslim" Encounter* (2009): 76-77.
19. H. Amedroz and D. S. Margoliouth, *The Eclipse of the Abbasid Caliphate* (1920-1921): II: 328-29; Hugh Kennedy "The Late Abbasid Pattern," in Robinson, ed., *The New Cambridge History of Islam*, 1: 390.
20. Viola Allegranzi, *Aux sources de la poésie ghaznévide. Les inscriptions persanes de Ghazni* (2 vols.) (2019): 1: 207-18.

before 1460).

75. Ivor Wilks, *Forests of Gold: Essays on the Akan and the Kingdom of Assante* (1993); Peter L. Bernstein, *The Power of Gold: The History of an Obsession* (2012): 118.
76. Pierre Vilar, *A History of Gold and Money, 1450-1920*, trans. Judith White (1976): 19 (8-cubic-meter cube), 56 (gold exports to Europe 1500-1520).
77. Ivor Wilks, "Wangara, Akan and Portuguese in the Fifteenth and Sixteenth Centuries," *Journal of African History* 23.3 (1982): 333-49; Wilks translates the original, P. de Cenival and Th. Monod, *Description de la Cote d'Afrique de Ceuta au Senegal par Valentim Fernandes* (1506-1507) (1938): 84-87.
78. Lovejoy, *Transformations in Slavery*, 36-37 (Table 2.3 Estimates of the Atlantic Slave Trade, 1450-1600), 40 (Atlantic trade).

第六章　中亞一分為二

1. 感謝 Arezou Azad（伯明罕大學）、George E. Malagaris（牛津大學）、Lance Pursey（伯明罕大學）、Irina Shingiray（牛津大學）和 Naomi Standen（伯明罕大學）對這一章的協助。
2. Hugh Kennedy, Mongols, *Huns, and Vikings: Nomads at War* (2002): 208-11.
3. John Masson Smith, Jr., "From Pasture to Manger: The Evolution of Mongol Cavalry Logistics in Yuan China and Its Consequences," in *Pferde in Asien: Geschichte, Handel und Kultur*, ed. Bert G. Fragner et al. (2009): 63-73; "cAyn Jalut," *Harvard Journal of Asiatic Studies* 44.2 (1984): 307-45, 335 (rates of travel), 336 (consumption of fresh grass); Marton Ver, a postdoctoral scholar at the Turfanforschung, Berlin-Brandenburg Academy of Sciences and Humanities, email, September 21, 2018. See also Ashleigh N. Deluca, "World's Toughest Horse Race Retraces Genghis Khan's Postal Route," *National Geographic News* (August 7, 2014).
4. Peter B. Golden, "The Karakhanids and Early Islam," in *The Cambridge History of Early Inner Asia* (1990): 347; Ibn Khurradadhbih, *Kitab al-Masalik wa-l-mamalik*, ed. M. J. de Goeje (1889): 37, 39.
5. Peter B. Golden, *Central Asia in World History* (2011): 66.
6. Michael Bonner, "The Waning of Empire, 861-945," in *The New Cambridge History of Islam*, Volume 1: *The Formation of the Islamic World, Sixth to*

Ijafen Revisited: Re-appraising Its Cargo of Cowries, a Medieval Global Commodity," *Journal of African Archaeology* 16.2 (2018): 125-44.

63. James E. Alleman and Brooke T. Mossman, "Asbestos Revisited," *Scientific American* 277.1 (1997): 70-75.
64. Timothy F. Garrard, "Myth and Metrology: The Early Trans-Saharan Gold Trade," *Journal of African History* 23.4 (1982): 443-61.
65. Herodotus, *The Histories*, trans. Aubrey de Selincourt (1996): 4: 277.
66. al-Mascudi in Levtzion and Hopkins, ed., *Corpus of Early Arabic Sources for West African History*, 32; al-Mascudi, Muruj al-dhabhab, Volume 2, ed. cAbd al-Hamid (1958): 261.
67. P. F. de Moraes Farias, "Silent Trade: Myth and Historical Evidence," *History in Africa* 1 (1974): 9-24.
68. Yaqut, in Levtzion and Hopkins, ed., *Corpus of Early Arabic Sources for West African History*, 11.
69. Sebastian Luning et al., "Hydroclimate in Africa During the Medieval Climate Anomaly," *Palaeogeography, Palaeoclimatology, Palaeoecology* 495 (2018): 309-22; George E. Brooks, "A Provisional Historical Schema for Western Africa Based on Seven Climate Periods (ca. 9000 B.C. to the 19th Century)," *Cahiers d'Etudes Africaines* 101.2 (1986): 43-62.
70. Roderick J. McIntosh, *Ancient Middle Niger: Urbanism and the Self-Organizing Landscape* (2005): 177.
71. Ari Nave, "Gold Trade," *Encyclopedia of Africa* (2010): 1: 525-26.
72. Al-cUmari, in Levtzion and Hopkins, ed., *Corpus of Early Arabic Sources for West African History*, 262 (al-Dukkali on gold mining), 269 (100 cart loads), 271 (gold price falls), 272 (gold mining). Translation updated by Michael Rapoport after comparison with the original text al-cUmari, Mamlakat Malı, ed. Salah al-Din al-Munajjid (1963), 45-67.
73. 這個估計是根據下列敘述做的：曼薩・穆薩帶著八十到一百堆黃金旅行，每一堆相當於 336 磅（152.4 公斤）。另外，他五百名奴隸身上物品裡的黃金總重約一噸（0.9 公噸）。Michael Gomez, *African Dominion: A New History of Empire in Early and Medieval West Africa* (2018): 106。
74. Peter Russell, *Prince Henry the Navigator* (2001): 109-34 (Cape Bojador voyages), 256 (1444 procession of slaves), 258 (number of African slaves

fields).

50. Nehemia Levtzion and Jay Spaulding (eds.), *Medieval West Africa: Views from Arab Scholars and Merchants* (2003): xi.
51. Levtzion and Hopkins, ed., *Corpus of Early Arabic Sources for West African History*, 387n53.
52. Thurston Shaw, *Unearthing Igbo-Ukwu: Archaeological Discoveries in Eastern Nigeria* (1977): 42-43 (storehouse objects), 58-59 (burial chamber objects); Thurston Shaw, *Igbo-Ukwu: An Account of Archaeological Discoveries in Eastern Nigeria*, Volumes 1-2 (1970): 1: 237-39.
53. Frank Willett, "Who Taught the Smiths of Igbo Ukwu?," *New Scientist* (April 14, 1983): 65-68; Paul T. Craddock et al., "Metal Sources and the Bronzes from Igbo-Ukwu," *Journal of Field Archaeology* 24.4 (1997): 405-29.
54. Roderick McIntosh, "Jenne-Jeno, Year 1000: Yale's Explorations Along the Niger," lecture in History 101: Circa 1000, Yale University, October 9, 2017.
55. Paul Freedman, *Out of the East: Spices and the Medieval Imagination* (2008): 12-13.
56. Levtzion and Hopkins, ed., *Corpus of Early Arabic Sources for West African History*, 62-63.
57. E. Ann McDougall, "The View from Awdaghust: War, Trade and Social Change in the Southwestern Sahara, from the Eighth to the Fifteenth Century," *Journal of African History* 26.1 (1985): 1-31, 17.
58. Ousmane Oumar Kane, *Beyond Timbuktu: An Intellectual History of Muslim West Africa* (2016): 46.
59. Ronald A. Messier and James A. Miller, *The Last Civilized Place: Sijilmasa and Its Saharan Destiny* (2015): 110 (triangle trade), 110 (3-4 tons of gold/year for Almoravids and Saladin's dynasty), 111-15 (Almoravid coins); Jean Devisse, "Or d'Afrique," Arabica 43 (1996): 234-43.
60. Sam Nixon and Thilo Rehren, "Gold Processing Remains," in Sam Nixon, ed., *Essouk-Tadmekka*, 174-87, 176 (Figure 15.2: coin mold), 185-87 (Al-Bakri).
61. T. Monod, "Le《Macaden Ijafen》: une epave caravaniere ancienne dans la Majabat al-Koubra," *Actes du 1er Colloque International d'Archeologie Africaine* (1967): 286-320.
62. A.C. Christie and Anne Haour, "The 'Lost Caravan' of the Ma'den

Philology: A Festschrift inHonor of Wheeler McIntosh Thackston Jr.'s 70th Birthday, ed. Alireza Korangy and Daniel J. Sheffield (2014): 395-406; Paul E. Walker, *The Caliph of Cairo: Al-Hakim bi-Amr Allah*, 996-1021 (2009): 200-204, 260-61.

42. S. D. Goitein, "Slaves and Slavegirls in the Cairo Geniza Records," *Arabica* 9.1 (1962): 1-20.
43. Jonathan P. Berkey, "Culture and Society During the Late Middle Ages," in Petry, *The Cambridge History of Egypt*, Volume 1: 379-80.
44. Sarah M. Guerin, "The Tusk," in *The Salerno Ivories: Objects, Histories, Contexts*, ed. Francesca dell'Aqua (2016): 21-28.
45. Yaacov Y. Lev, "The Fatimid State and Egypt's Mediterranean Trade, 10th-12th Centuries," in *East and West: Essays on Byzantine and Arab Worlds in the Middle Ages*, ed. Juan Pedro Monferrer-Sala et al. (2009): 121-25, 123; S. D. Goitein, *Letters of Medieval Jewish Traders* (1973): 39-44; S. D. Goitein, *A Mediterranean Society: The Jewish Communities of the Arab World as Portrayed in the Documents of the Cairo Geniza*, Volume 1 (1967): 46, 49; Claude Cahen, "Un text peu connu relative au commerce oriental d'Amalfi au Xe siecle," *Archivio Storico per le Province Napoletane*, n.s. 34 (1953-1954): 3-8.
46. 另一份史料說火災在 5 月 16 日發生，燒毀五艘船。顯然兩份紀錄有一份錯了，但我們無從得知是哪一份。
47. Al-Bakri 給的距離是 6「阿拉伯哩」，1 阿拉伯哩長 2 公里。請參閱 Muhammad Ismail Marcinkowski, *Measures and Weights in the Islamic World: An English translation of Walther Hinz's Handbook Islamische Masse und Gewichte* (2002): 92。
48. Conrad Leyser, Naomi Standen, and Stephanie Wynne-Jones, "Settlement, Landscape and Narrative: What Really Happened in History," in *The Global Middle Ages*, ed. Catherine Holmes and Naomi Standen, *Past and Present*, Supplement 13 (2018): 232-60, 237. 亦請參閱 R. A. Mauny, "The Question of Ghana," *Africa: Journal of the International African Institute* 24.3 (1954): 200-13, 205-7。
49. Nehemia Levtzion, *Ancient Ghana and Mali* (1973): 26 (Niger River burials), 43-47 (decline of Ghana), 132 (peak of gold trade), 155 (location of gold

30. Andre Miquel, *La Geographie humaine du monde Musulman jusqu'au milieu de XIe Siecle*, Volumes 1-4 (1967-1988): 1: 267-85.
31. Dmitri Gutas, *Greek Thought, Arab Culture: The Graeco-Arabic Translation Movement in Baghdad and Early Abbasid Society* (2nd-4th/8th-10th centuries) (1998).
32. Jonathan Bloom, *Paper Before Print: The History and Impact of Paper in the Islamic World* (2001).
33. Hugh Kennedy, *Caliphate: The History of an Idea* (2016): 1-31.
34. Fred M. Donner, *Muhammad and the Believers at the Origins of Islam* (2012): 163-70.
35. Richard W. Bulliet, "Conversion to Islam and the Emergence of a Muslim Society in Iran," in *Conversion to Islam*, ed. Nehemia Levtzion (1979): 30-51; Elton L. Daniel, "Conversion ii: Of Iranians to Islam," *Encyclopadia Iranica* (2011).
36. Michael Bonner, "The Waning of Empire, 861-945," in *The New Cambridge History of Islam*, Volume 1: The Formation of the Islamic World, Sixth to Eleventh Centuries, ed. Chase F. Robinson (2010): 305-59.
37. Thierry Banquis, "Autonomous Egypt from Ibn Tulun to Kafur, 868-969," in *The Cambridge History of Egypt, Volume 1: Islamic Egypt, 640-1517*, ed. Carl F. Petry (1998): 86-119, 91-92 (Ibn Tulun's background), 98 (composition of his army), 103 (anti-Christian riots).
38. Michael Brett, "Egypt," in Robinson, ed., *The New Cambridge History of Islam*, Volume 1: 541-80, 558-59.
39. Hugh Kennedy, "The late Abbasid Pattern, 945-1050," in Robinson, *The New Cambridge History of Islam,* Volume 1: 360-93, 361 (shared traditions), 361-62 (failed Zoroastrian revival), 365 (events of 945), 387 (Muslim commonwealth), 387-93 (Sunni-Shi'ite divisions).
40. Jonathan M. Bloom, *Arts of the City Victorious: Islamic Art and Architecture in Fatimid North Africa and Egypt* (2007): 54-59.
41. Matthieu Tillier, "Droit et messianisme chez les Fatimides de l'an 1000," unpublished conference paper delivered at the conference Histoires de l'an mil, Fondation des Treilles, France, September 9-14, 2019; Jonathan Bloom, "Nasir Khusraw's Description of Jerusalem," in *No Tapping Around*

2: 194-203, 197 (Slav slaves map), 199 (Turkish slaves map), 202 (African slaves map).

22. Richard W. Bulliet, *The Camel and the Wheel* (1975).
23. H. A. R. Gibb (trans.), *The Travels of Ibn Battuta*, A.D. 1325-1354 (1994): 4: 975.
24. Paul Lovejoy, *Transformations in Slavery* (2012): 35.
25. Austen, "The Trans-Saharan Slave Trade," 37 (Table 2.3 Estimates of the Atlantic Slave Trade, 1450-1600), 40, 66 (Table 2.8 Global Estimate of Trans-Saharan Slave Trade), 67-68.
26. 欲知較近期針對伊斯蘭奴隸交易和統計數量有多困難的討論，請參閱 Anne Haour, "The Early Medieval Slave Trade of the Central Sahel: Archaeological and Historical Considerations," in *Slavery in Africa: Archaeology and Memory*, ed. Paul J. Lane and Kevin C. MacDonald (2011): 61-78; Roundtable Discussion, "Locating Slavery in Middle Eastern and Islamic History," *International Journal of Middle Eastern Studies* 49.1 (2017): 133-72。
27. "Al-Bakrı," in *Corpus of Early Arabic Sources for West African History*, ed. N. Levtzion and J. F. P. Hopkins (1981): 62-87, 64 (red cloth for slaves), 65-66 (Sijilmasa), 68-69 (Awdaghust, dates, and camel armies), 79-81 (Ghana), 81 (Ghiyaru gold mines), 82 (Yarisna), 82-83 (Malal), 83-84 (asbestos), 85 (bald dinars)；Michael Rapoport 參照原文略為修改；al-Bakri, *Kitab al-Masalik wa-l-mamalik*, eds. van Leeuwen and Ferre (1992): 658, passage 1099 (red cloth for slaves); 835-38, passages 1393-99, 840, 1404 (Sijilmasa), 849-50, passages 1417-20 (Awdaghust, dates, and camel armies); 871-74, passages 1455-61 (Ghana), 874, passage 1460 (Ghiyaru gold mines), 875, passage 1463 (Yarisna), 875-76, passage 1464 (Malal), 878, passage 1469 (asbestos), 880, passage 1472 (bald dinars)。
28. Travis Zadeh, *Mapping Frontiers Across Medieval Islam: Geography, Translation, and the Abbasid Empire* (2011): 17 (biography), 23 (Ibn Khurradadhbih's preface); original Arabic preface in Ibn Khurra-dadhbih, *al-Masalik wa-l-mamalik*, ed. M. J. de Goeje (1889): 3.
29. Marina A. Tolmacheva, "Geography," *Medieval Islamic Civilization: An Encyclopedia*, ed. Josef W. Meri (2006): 1: 284-88.

Fauvelle-Aymar, Golden Rhinoceros, 136-42.

11. Ari Nave, "Gold Trade," *Encyclopedia of Africa* (2010): 1: 525-26.
12. Peter Garlake, *Great Zimbabwe* (1973): 109 (Chinese ceramics), 132-33 (beads); Bing Zhao, "Chinese-style Ceramics in East Africa from the 9th to 16th Century: A Case of Changing Value and Symbols in the Multi-Partner Global Trade," *L'Afrique orientale et l'ocean Indien: connexions, reseaux d'echanges et globalisation* (June 2015)。可上網查詢。
13. Benjamin Reilly, *Slavery, Agriculture, and Malaria in the Arabian Peninsula* (2015): 130.
14. Alexandre Popovic, *The Revolt of African Slaves in Iraq in the 3rd/9th Century*, trans. Leon King (1998): 136, 141n10.
15. Gabriele Tecchiato, "Zanj," *The Oxford Encyclopedia of the Islamic World*, Oxford Islamic Studies Online (2009)；E. Savage, "Berbers and Blacks: Ibadi Slave Traffic in Eighth-Century North Africa," *Journal of African History* 33.3 (1992): 351-68.
16. Gwyn Campbell, "East Africa in the Early Indian Ocean World: The Zanj Revolt Reconsidered," in *Early Exchange Between Africa and the Wider Indian Ocean World*, ed. Gwyn Campbell (2016): 275-96, 279 (meaning of Zanj), 281 (Zanj rebel leader), 282 (50,000 rebels), 291, 296 (skepticism about the numbers of East African slaves).
17. Floreal Sanagustin, *Medecine et societe en Islam medieval: Ibn Butlan ou la connaissance medicale au service de la communaute: le cas de l'esclavage* (2010): 233 (Zanj rhythm), 234-35 (Bagawi slaves), 237 (conclusion)。Michael Rapoport 參照原始文本翻譯 Ibn Butlan, *Risala fi šira' al-raqiq wa-taqlib al-'abid*, in *Nawadir al-makhtutat*, Volume 1, ed. Harun (1973): 374 (Zanj rhythm), 375-76 (Bagawi slaves), 378 (conclusion)。
18. Joseph Schacht and Max Meyerhof, *The Medico-Philosophical Controversy Between Ibn Butlan of Baghdad and Ibn Ridwan of Cairo* (1937): 18.
19. Rudolph T. Ware, "Slavery in Islamic Africa, 1400-1800," in *The Cambridge World History of Slavery*, Volume 3: 1420-1804, ed. David Eltis and Stanley L. Engerman (2011): 47-80.
20. R. Brunschvig, "Abd," *Encyclopaedia of Islam*, 2nd ed. (2012).
21. Maurice Lombard, *The Golden Age of Islam*, trans. Joan Spencer (1975):

in Archaeology and World Religion: The Proceedings of the Cambridge Conference, ed. Timothy Insoll (1999): 105-15。

3. E. W. Bovill, *The Golden Trade of the Moors* (1968). 大英博物館的 Sam Nixon 正研究更全面的貿易史。亦請參閱 Francois-Xavier Fauvelle-Aymar, *Golden Rhinoceros: Histories of the African Middle Ages*, trans. Troy Tice (2018)。
4. Andrew M. Watson, "Back to Gold–and Silver," *The Economic History Review* 20.1 (1967): 1-34, 30n1；Balint Homan, *Geschichte des ungarischen Mittelalters* (1940): 353.
5. 認為故事是布祖格撰寫的傳統看法可能有誤。請參閱 Jean-Charles Ducene, "Une nouvelle source arabe sur l'ocean Indien au Xe siecle," *Afriques* (2015), online at: http://journals.openedition.org/afriques/1746。
6. Ralph A. Austen, "The Trans-Saharan Slave Trade: A Tentative Census," in *The Uncommon Market: Essays in the Economic History of the Atlantic Slave Trade*, ed. Henry A. Gemery and Jan S. Hogendorn (1979): 23-73, 31 (Nubian tribute payments in slaves), 44-45 (slave labor in Islamic world), 45 (Zanj rebellion), 52-55 (military slaves), 70 (slave price data).
7. David Brion Davis, *The Problem of Slavery in Western Culture* (1967): 484-93.
8. "Buzurg Ibn Shahriyar of Ramhormuz: A Tenth-Century Slaving Adventure," in *The East African Coast: Select Documents from the First to the Earlier Nineteenth Century*, ed. G. S. P. Freeman-Grenville (1962): 9-13; al-Ramhurmuzı, Kitab Aja'ib al-Hind, bilingual French and Arabic edition, 1883-1886。Michael Rapoport 已參照阿拉伯原文修正翻譯。Freeman-Grenville 從法文（而非阿拉伯原文）翻譯過來的版本有不少錯誤。
9. Adam Mez, *The Renaissance of Islam*, trans. Salahuddin Khuda Bakhsh and D. S. Margoliouth (1937): 160; al-Yacqubi, Kitab al-Buldan, ed. M. J. de Goeje (1892): 260。亦請參閱 Matthew S. Gordon, "Abbasid Courtesans and the Question of Social Mobility," in *Concubines and Courtesans: Women and Slavery in Islamic History*, ed. Gordon and Kathryn A. Hain (2017): 27-51, 32。
10. Shadreck Chirikure et al., *Mapungubwe Reconsidered: A Living Legacy, Exploring Beyond the Rise and Decline of the Mapungubwe State* (2016);

Middle Ages: 11: 44-47.

66. Francesca Trivellato, personal communication, August 9, 2017; David Abulafia, *The Great Sea: A Human History of the Mediterranean* (2011): 276 (communes), 278 (eleventh-century Mediterranean campaigns), 293 (twelfth century).
67. 專家對年代是 1082 或 1092 仍無定論。請參閱 Alain Ducellier, "The Death Throes of Byzantium: 1080-1261," in *The Cambridge Illustrated History of the Middle Ages*, Volume 2: 950-1250, ed. Robert Fossier (1997): 505 (events of 1082), 507-8 (restoration of Venetian privileges)。
68. Donald M. Nicol, *Byzantium and Venice: A Study in Diplomatic and Cultural Relations* (1988): 87 (mock coronation), 90 (resident foreigners categories), 106-9 (Massacre of the Latins), 115 (Third Crusade).
69. Thomas F. Madden, *Venice: A New History* (2012): 85-87.
70. Peter Frankopan, *The First Crusade: The Call from the East* (2012): 13-16 (pope and antipope), 19-22 (Urban II), 116 (number of First Crusade participants), 202 (Urban's improved position).
71. Thomas F. Madden, *A Concise History of the Crusades*, 3rd ed. (2014): 11 (First Crusades participants), 17-21 (People's Crusade), 98-109 (Fourth Crusade); Barbara H. Rosenwein, *A Short History of the Middle Ages*, 4th ed. (2014): 170-72 (First Crusade), 200-201 (Fourth Crusade).

第五章　世界最富有的人

1. 感謝耶魯大學人類學系的 Roderick McIntosh 在 2017 年 10 月為 History 101: Circa 1000 提供兩次資訊豐富的講座；感謝約克大學的 Stephanie Wynne-Jones 為本章提出周延深入的評論、俄亥俄邁阿密大學的 Matthew Gordon 建議我閱讀 Ibn Butlan、大英博物館的 Sam Nixon 與我碰面 30 分鐘，以最高效率暢談西非考古學。
2. Michael Rapopor 參照原碑文修改翻譯。Paolo Fernando de Moraes Farias, "Arabic and Tifinagh Inscriptions," in *Essouk-Tadmekka: An Early Islamic Trans-Saharan Market Town*, ed. Sam Nixon (2017): 41-50 (description and analysis), 48 (Sahelian plain Kufic script), 299-303 (transcriptions)。亦請參閱 De Moraes Farias, "Tadmakkat and the Image of Mecca: Epigraphic Records of the Work of the Imagination in 11th Century West Africa," in *Case Studies*

Chronicle date), 495-96 (different Orthodox and Roman fasts).

51. Fennell, *History of the Russian Church*, 36-37; Paul Bushkovitch, personal communication, July 20, 2016.
52. Vladimir Minorsky (trans.), *Sharaf al-Zaman tahir Marvazi on China, the Turks, and India: Arabic Text with anEnglish Translation and Commentary* (1942): 36.
53. Alexander Pereswetoff-Morath, *Grin Without a Cat* (2002): 53-57.
54. Christian Raffensperger, *Reimagining Europe: Kievan Rus' in the Medieval World* (2012): 164-66.
55. C. Edmund Bosworth, "The Origins of the Seljuqs," in *The Seljuqs: Politics, Society and Culture*, ed. Christian Lange and Songul Mecit (2011): 13-21.
56. Richard W. Bulliet, *Cotton, Climate, and Camels in Early Islamic Iran: A Moment in World History* (2009): 79-81.
57. Omid Safi, *The Politics of Knowledge in Premodern Islam: Negotiating Ideology and Religious Inquiry* (2006): 16；Ernest Wallis Budge, *The Chronography of Bar Hebraeus* (1932): 1: 195.
58. 因史料問題，我們無法確定弗拉基米爾是在何時何地受洗。
59. Janet Martin, *Treasure in the Land of Darkness: The Fur Trade and Its Significance for Medieval Russia* (1986): 9.
60. Andrzej Poppe, "The Christianization and Ecclesiastical Structure of Kievan Rus' to 1300," *Harvard Ukrainian Studies* 12-13 (1997): 311-92, 341 (bishops' seats), 344-45 (posthumous baptism).
61. Angeliki E. Laiou, "Exchange and Trade, Seventh-Twelfth Centuries," in *The Economic History of Byzantium: From the Seventh Through the Fifteenth Century*, ed. Angeliki E Laiou and Charalampos Bouras (2001): 697-770.
62. Alfred J. Butler, *The Arab Conquest of Egypt and the Last Thirty Years of Roman Dominion* (1978): xxxviii; "Antioch," *The Oxford Dictionary of Byzantium* (1991): 1: 115-16.
63. Joseph H. Lynch and Philip C. Adamo, *The Medieval Church: A Brief History* (2014): 184-85.
64. R. W. Southern, *Western Society and the Church in the Middle Ages* (1970): 67-73.
65. John H. Erickson, "Schisms, Eastern-Western Church," *Dictionary of the*

38. Jonathan Shepard, "The Coming of Christianity to Rus," in *Conversion to Christianity: From Late Antiquity to the Modern Age: Considering the Process in Europe, Asia, and the Americas*, ed. Calvin B. Kendall et al. (2009): 195-96.
39. Shepard, "Back in Old Rus and the USSR," 384-405, 400.
40. Shepard, "Byzantine Emissions," 234-42, 236.
41. Shepard, "The Coming of Christianity to Rus," 185-222, 194 (Kiev burials), 195 (944 treaty).
42. Janet Martin, *Medieval Russia, 980-1584* (1995): 1-11.
43. Peter Golden, "The Conversion of the Khazars to Judaism," in *The World of the Khazars: New Perspectives: Selected Papers from the Jerusalem 1999 International Khazar Colloquium Hosted by the Ben Zvi Institute*, ed. Peter Golden et al. (2007): 123-62, 152n145, 153 (conversion to Judaism), 156 (dating of conversion).
44. Michael Toch, *The Economic History of the European Jews: Late Antiquity and Early Middle Ages* (2013): 193-204.
45. R. K. Kovalev, "Creating Khazar Identity Through Coins: The Special Issue Dirham of 837/8," in *East Central and Eastern Europe in the Middle Ages*, ed. F. Curta (2005): 220-53, 240-42.
46. Golden, "The Conversion of the Khazars to Judaism," 142; Ibn al-Faqih, *Kitab al-Buldan*, ed. M. J. de Goeje (1885): 298.
47. E. E. Kravchenko and A. V. Shamrai, "O gruppe kompleksov s Tsarina gorodishcha v srednem techenii Severskogo Dontsa," in *Problemi zberezhennia i vikoristannia kul'turnoi spadshchini v Ukraini*, ed. P. V. Dobrov and O. V. Kolesnik (2014): 183-92, 185 (amulets)；Irina Shingiray, Oxford University, personal communication, October 28, 2018.
48. Moshe Gil, *A History of Palestine, 634-1099*, trans. Ethel Broido (1992): 51-56 (630s conquest), 364-66 (Fatimids), 409-14 (Seljuks), 839-61 (chronology of the years 610-1153).
49. Andrew Rippin, "Houri," *Encyclopaedia of Islam*, 3rd ed. (2016); Maher Jarrar, "Houris," *Encyclopaedia of the Qu'ran* (2002): 2:456-57.
50. Andrzej Poppe, "Two Concepts of the Conversion of Rus in Kievan Writings," *Christian Russia in the Making* (2007): 488-504, 492-93n16 (Primary

26. Gunnar Andersson, *Go Beyond the Legend: The Vikings Exhibition* (2016): 37.
27. Marek Jankowiak, "Dirham Flows into Northern and Eastern Europe and the Rhythms of the Slave Trade with the Islamic World," in *Viking-Age Trade: Silver, Slaves and Gotland*, ed. J. Gruszczyn' ski, M. Jankowiak, and J. Shepard (forthcoming 2020): Chapter 6.
28. 四十萬的數字是 Marek Jankowiak 提出；一百萬則是 Jonathan Shepard 提出的「冷靜的估計」，personal communication, October 26, 2018。
29. 2018 年 10 月 25 日，Marek Jankowiak 向我解釋他後來的估計為什麼比先前於 "Dirhams for Slaves: Investigating the Slavic Slave Trade in the Tenth Century" (February 27, 2012; academia.edu) 發表的估計來得高。
30. F. Donald Logan, *The Vikings in History*, 3rd ed. (2005): 122 (northern region), 153-60 (Viking raids on England, 980-1035).
31. Ann Christys, *Vikings in the South: Voyages to Iberia and the Mediterranean* (2015): 7-8.
32. James M. Powell, "Sicily, Kingdom of," *Dictionary of the Middle Ages*: 11: 263-76.
33. Krijnie N. Ciggaar, *Western Travellers to Constantinople, The West and Byzantium, 962-1204: Cultural and Political Relations* (1996): 126-27; Sigfus Blondal, The Varangians of Byzantium, trans. Benedikt S. Benedikz (1978): 233.
34. Hermann Palsson and Paul Edwards (trans.), *Vikings in Russia: Yngvar's Saga and Eymund's Saga* (1989): 44-68, 59; Gunilla Larson, "Early Contacts Between Scandinavia and the Orient," *The Silk Road* 9 (2011): 122-42.
35. Anders Winroth, *The Age of the Vikings* (2014): 82 (Ingvar), 128 (increasing number of bones from cod).
36. 1113 年完成的《往年紀事》混雜了神話和歷史。請參閱 the introduction in Samuel Hazzard Cross Olgerd P. Sherbowitz-Wetzor (trans.), *The Russian Primary Chronicle: Laurentian Text* (1953): 3-50, 21 (single author of the text), 59 (invitation to the Rurikids), 65-69 (911 treaty), 82 (Constantine's proposal), 93-94 (pre-Christian deities), 110 (Vladimir's decision to wait), 111 (envoys' report), 245n92 (papal envoys to Rus)。
37. Paolo Squatriti (trans.), *The Complete Works of Liudprand of Cremona* (2007): 180 (Greek fire), 197-98 (king's machines).

參考了 Ibn Khurradadhbih 的 *Kitab al'masalik wa'l-mamalik* 略作修改，ed. M. J. de Goeje (1889): 149。

17. Scott Ashley, "Global Worlds, Local Worlds, Connections and Transformations in the Viking Age," in *Byzantium and the Viking World*, ed. Fedir Androshchuk et al. (2016): 363-87, 376-78.
18. Brian Gilmore and Robert Hoyland, "Biruni on Iron," in *Medieval Islamic Swords and Swordmaking: Kindi's Treatise "On Swords and Their Kinds"* (2006): 148-74; James Allan and Brian Gilmour, *Persian Steel: The Tanavoli Collection* (2000): 52 (Figure 4A egg-shaped ingot), 60-63, 75 (al-Biruni description of metalworking).
19. Alan Williams, *The Sword and the Crucible: A History of the Metallurgy of European Swords up to the 16th Century* (2012): 24-30 (Arabic sources), 117-22 (genuine and fake swords).
20. Thomas S. Noonan, "European Russia, c. 500-c. 1050," in *The New Cambridge Medieval History*, Volume 3: c. 900-c. 1204, ed. Timothy Reuter (1999): 487-513, 490-91 (Cherson), 494-95 (eastern Slav settlements), 506-9 (Rus trade after 900).
21. Lunde and Stone, *Ibn Fadlan and the Land of Darkness*, 112; Jonathan Shepard, "Byzantine Emissions, not Missions, to Rus', and the Problems of 'False' Christians," in *Rus' in the 9th-12th Centuries: Society, State, Culture*, ed. N. A. Makarov and A. E. Leontiev (2014): 234-42.
22. Jens Peter Schjodt, "Ibn Fadlan's Account of a Rus Funeral: To What Degree Does It Reflect Nordic Myths," in *Reflections on Old Norse Myths*, ed. Pernille Hermann et al. (2007): 133-48.
23. Anne Stalsberg, "Scandinavian Viking-Age Boat Graves in Old Rus," *Russian History* 28.1-4 (2001): 359-401.
24. Ahmad Ibn Fadlan, *Mission to the Volga*, trans. James E. Montgomery, in *Two Arabic Travel Books*, ed. Philip F. Kennedy and Shawkat M. Toorawa (2014): 165-266, 243-46 (trader's prayer), 246-47 (Angel of Death), 250-51 (sex with slave girl and her death).
25. Thomas S. Noonan, "Fluctuations in Islamic Trade with Eastern Europe During the Viking Age," *Harvard Ukrainian Studies* 16 (1992): 237-59, 239-40.

reply to Constantine), 139 (Novgorod kremlin), 145-46 (Sviatoslav and the Byzantines), 155 (Rus pantheon), 230 (limited marriages in 1000s).

6. Anders Winroth, *Conversion of Scandinavia: Vikings, Merchants,and Missionaries in the Remaking of Northern Europe* (2012): 3, 30-31 (Cnut), 47-51 (gift giving), 48 (Figure 5 caption: 991 hoard), 95-97, 97 (Figure 18: runestone mentioning Khwarazm), 99-100 (layout of Hedeby), 139-41 (Scandinavian conversions), 146 (political advantages of monotheism), 160, 168 (advantages of conversion).
7. Jonathan Shepard, "Review Article: Back in Old Rus and the USSR: Archaeology, History and Politics,"*English Historical Review* 131.549 (2016): 384-405, 393-94 (White Lake settlement), 398 (individual groups).
8. Adam of Bremen, *History of the Archbishops of Hamburg-Bremen*, trans. Francis J. Tschan (2002): 190 (slaving), 198-99 (appeal of furs).
9. Janet Martin, *Treasure of the Land of Darkness: The Fur Trade and Its Signficance for Medieval Russia* (1986): 1 (fur robes in Arabia), 15 (Rus conquests).
10. Bernard Lewis, *Race and Slavery in the Middle East: An Historical Enquiry* (1990): 11; Michael McCormick, *Origins of the European Economy: Communications and Commerce, AD 300-900* (2001): 733-77.
11. Paul Lunde and Caroline Stone, Ibn Fadlan and the Land of Darkness: Arab Travellers in the Far North (2012): 126-27；Michael Rapoport 的譯本參考了 Ibnb Rusta 的 *Kitab al-Aclaq al-nafisa* 後稍作修改，ed. M. J. de Goeje (1891): 145-46。
12. 請參考 Marek Jankowiak, "From 'Slav' to 'Slave': Tracing a Semantic Shift" (forthcoming)。
13. Jonathan Shepard, "Photios' Sermons on the Rus Attack of 860: The Question of His Origins, and of the Route of the Rus," in *Prosopon Rhomaikon: erganzende Studien zur Prosopographie der mittelbyzantinischen Zeit*, ed. Alexander Beihammer et al. (2017): 111-28, 118.
14. Porphyrogenitos, *De administrando imperio*, 9: 57-63 (slaves and furs).
15. Peter Golden, "al-Sakaliba," *Encyclopaedia of Islam*, 2nd ed.(2012).
16. Lunde and Stone, *Ibn Fadlan and the Land of Darkness*, 112 (Ibn Khurradadhbih on the routes of the Radhaniya and the Rus c. 830); Michael Rapoport 的譯本

66. Richard T. Callaghan, "Prehistoric Trade Between Ecuador and West Mexico: A Computer Simulation of Coastal Voyages," *Antiquity* 77 (2003): 796-804.
67. Finamore and Houston, *Fiery Pool*, Catalog No. 57,175.
68. Kennett et al., "Development and Disintegration," 788-91.
69. Fernando Colon, *The Life of the Admiral Christopher Columbus by His Son Ferdinand*, trans. Benjamin Keen (1959): 231-32; Edward Wilson-Lee, *The Catalogue of Shipwrecked Books: Young Columbus and the Quest for a Universal Library* (2019): 87-88.
70. Fernando Colon, *Historie Del S.D. Fernando Colombo; Nelle quali s'ha particolare, & vera relatione della vita, & de' fatti dell'Ammiraglio D. Christoforo Colombo, suo padre: Et dello scoprimento, ch'egli fece dell'Indie Occidentali, dette Mondo Nuovo, hora possedute dal Sereniss. Re catolico* (1571): 200 (recto); John Florio, *Dictionarie of the Italian and English Tongues* (1611): 297.

第四章　歐洲的奴隸

1. 兩位耶魯歷史系的同仁很早就提供協助：Paul Bushkovitch 和 Francesca Trivellato，後者現服務於普林斯頓高等研究院。四位牛津同事建議了重要的修正：Catherine Holmes、Marek Jankowiak、Jonathan Shepard 和 Irina Shingiray。Gunilla Larson 和我在 2015 年 3 月於斯德哥爾摩的瑞典國家博物館（National Museum of Sweden）碰頭，2017 年 8 月 Elizabeth Walgenbach 非常親切地帶我參觀冰島國家博物館，一睹《格陵蘭人傳奇》的原始手稿。
2. John Fennell, *A History of the Russian Church to 1448* (1995): 4.
3. Andreas Kaplony, "The Conversion of the Turks of Central Asia to Islam as Seen by Arabic and Persian Geography: A Comparative Perspective," in *Islamisation de l'Asie Centrale: Processus locaux d'acculturation du VIIe au XIe siecle*, ed. Etienne de la Vaissiere (2008): 319-38.
4. *De administrando imperio*, trans. R. J. H. Jenkins (1967): 9, 59 (Rus use of Scandinavian words).
5. Simon Franklin and Jonathan Shepard, *The Emergence of Rus*, 750-1200 (1996): 12-13 (Staraya Ladoga tools), 16 (combs), 47 (comparison with eighteenth-century Americas), 114-19 (the 911 and 945 treaties), 135 (Olga's

the Mythic Sea, ed. Daniel Finamore and Stephen D. Houston (2010): 160-62.

55. Dorothy Hosler, "Metal Production," in *The Postclassic Mesoamerican World*, ed. Michael E. Smith and Frances F. Berdan (2003): 159-71, 163; Warwick Bray, "Maya Metalwork and Its External Connections," in *Social Process in Maya Prehistory: Studies in Honour of Sir Eric Thompson*, ed. Norman Hammond (1977): 366-403.
56. 請參閱 Joanne Pillsbury et al., *Golden Kingdoms: Luxury Arts in the Ancient Americas* (2017), in particular the contributions by Joanne Pillsbury (1-13), John W. Hoopes (54-65), Stephen Houston (78-89), James A. Doyle (84)。
57. Cockrell et al., "For Whom the Bells Fall: Metals from the Cenote Sagrado, Chichen Itza," *Archaeometry* 57.6 (2015): 977-95.
58. Izumi Shimada, "The Late Prehispanic Coastal States," in *The Inca World: The Development of Pre-Columbian Peru, A.D. 1000-1534*, ed. Laura Laurencich Minelli (2000): 49-64, 55-56 (rulers' use of metal), 57-59 (long-distance trade).
59. Heather Lechtman, *The Central Andes*, Metallurgy Without Iron (1980).
60. Ana Maria Falchetti de Sáenz, "The Darién Gold Pendants of Ancient Colombia and the Isthmus," *Metropolitan Museum of Art Journal* 43 (2008): 39-73, 55-56.
61. Heather Lechtman, "Arsenic Bronze: Dirty Copper or Chosen Alloy? A View from the Americas," *Journal of Field Archaeology* 23.4 (1996): 477-514.
62. M. Harper, "Possible Toxic Metal Exposure of Prehistoric Bronze Workers," *British Journal of Industrial Medicine* 44 (1987): 652-56.
63. John Topic, "Exchange on the Equatorial Frontier: A Comparison of Ecuador and Northern Peru," in *Merchants, Market, and Exchange in the Pre-Columbian World*, ed. Kenneth G. Hirth and Joanne Pillsbury (2013): 335-60; Dorothy Hosler, "Ancient West Mexican Metallurgy: South and Central American Origins and West Mexican Transformations,"*American Anthropologist*, New Series, 90.4 (1988): 832-55; Christopher Beekman, Anthropology Department, University of Colorado, Denver, email, May 6, 2019.
64. Susan E. Bergh (ed.), *Wari: Lords of the Ancient Andes* (2012).
65. Michelle Young, Yale University, email, June 27, 2018.

5.7).

42. Stephen Nash, "Heated Politics, Precious Ruins," *New York Times* (July 30, 2017): TR7-9.
43. Exhibit label at the Salmon Ruins Museum and Research Library, Bloomfield, New Mexico, 87413 (visited March 21, 2016); Tori L. Myers, "Salmon Ruins Trail Guide" (2013): 9, 15.
44. Patricia L. Crown and W. Jeffrey Hurst, "Evidence of Cacao Use in the Prehispanic American Southwest," *Proceedings of the National Academy of Sciences of the United States of America* 106.7 (2009): 2110-13; W. Jeffrey Hurst, "The Determination of Cacao in Samples of Archaeological Interest," in *Chocolate in Mesoamerica: A Cultural History of Cacao*, ed. Cameron L. McNeil (2006): 104-13.
45. Zach Zorich, "Ancient Amazonian Chocolatiers," *Archaeology* (January/February 2019): 12.
46. Sophie D. Coe and Michael D. Coe, *The True History of Chocolate*, 3rd ed. (2013): 21-24.
47. Douglas J. Kennett et al., "Development and Disintegration of Maya Political Systems in Response to Climate Change," *Science* (2012): 788-91.
48. Richard W. Bulliet, *The Wheel: Inventions and Reinventions* (2016): 36-41.
49. Joel W. Palka, *Maya Pilgrimage to Ritual Landscapes: Insights from Archaeology, History, and Ethnography* (2014): 81; Angela H. Keller, "A Road by Any Other Name: Trails, Paths, and Roads in Maya Language and Thought," in *Landscapes of Movement: Trails, Paths, and Roads in Anthropological Perspective*, ed. James E. Snead et al. (2009): 133-57, 145.
50. C. W. Ceram, *Gods, Graves, and Scholars: The Story of Archaeology*, trans. E. B. Garside (1953): 379, 385.
51. 請參見 https://arstechnica.com/science/2016/09/confirmed-mysterious-ancient-maya-book-grolier-codex-is-genuine/。
52. Friar Diego de Landa, *Yucatan: Before and After the Conquest*, trans. William Gates (1978): 17 (Maya merchant prince), 90 (Sacred Cenote).
53. Clemency Chase Coggins and Orrin C. Shane III (eds.), *Cenote of Sacrifice: Maya Treasures from the Sacred Well at Chichen Itza* (1984): 24-25.
54. Simon Martin, "The Dark Lord of Maya Trade," in *Fiery Pool: The Maya and*

Hand: American Indian Art of the Ancient Midwest and South, ed. Richard F. Townshend (2004): 93-103.

29. Timothy R. Pauketat, *Cahokia: Ancient America's Great City on the Mississippi* (2009): 31-36 (trade), 36-50 (chunkey), 69-84 (Mound 72), 92-98 (twin legends).
30. Melvin L. Fowler, "Mound 72 and Early Mississippian at Cahokia," in *New Perspectives on Cahokia: Views from the Periphery*, ed. James B. Stoltman (1991): 1-28.
31. John E. Kelly, "Cahokia as a Gateway Center," in *Cahokia and the Hinterlands: Middle Mississippian Cultures of the Midwest*, ed. Thomas E. Emerson and R. Barry Lewis (1991): 61-80, 75.
32. Townshend, *Hero, Hawk, and Open Hand*, 150, 157.
33. Alex W. Barker et al., "Mesoamerican Origin for an Obsidian Scraper from the Precolumbian Southeastern United States," American Antiquity 67.1 (2002): 103-8.
34. Gregory Perino, "Additional Discoveries of Filed Teeth in the Cahokia Area," *American Antiquity* 32.4 (1967): 538-42.
35. Michael Bawaya, "A Chocolate Habit in Ancient North America," *Science* 345.6200 (2014): 991.
36. Dennis Tedlock, *Popol Vuh: The Definitive Edition of the Mayan Book of the Dawn of Life and the Glories of Gods and Kings* (1996).
37. Ruth M. Van Dyke, "Chaco's Sacred Geography,"in *In Search of Chaco: New Approaches to an Archaeological Enigma*, ed. David Grant Noble (2004): 79-85.
38. Thomas C. Windes, "This Old House: Construction and Abandonment at Pueblo Bonito," in *Pueblo Bonito*, ed. Jill E. Neitzel (2003): 14-32, 15.
39. David Grant Noble, *Ancient Ruins of the Southwest: An Archaeological Guide* (1991): 27 (Mesoamerican trade goods at Chaco), 73, 115 (great houses and roads).
40. Michael A. Schillaci, "The Development of Population Diversity at Chaco Canyon," *Kiva* 68.3 (2003): 221-45.
41. Christy G. Turner II and Jacqueline A. Turner, *Man Corn: Cannibalism and Violence in the Prehistoric American Southwest* (1999): 128-29, 476 (Figure

15. Jeanne E. Arnold, "Credit Where Credit Is Due: The History of the Chumash Oceangoing Plank Canoe," *American Antiquity* 72.2 (2007): 196-209; Brian Fagan, "The Chumash," in *Time Detectives* (1995).
16. Magnus Magnusson and Hermann Palsson (trans.), *The Vinland Saga*s (1965): 51.
17. Ernest Noyes (trans.), "Fray Alonso Ponce in Yucatan"(Tulane), *Middle American Research Series*, Publication No. 4 (1934): 344-45.
18. Bourque and Steven L. Cox, "Maine State Museum Investigation of the Goddard Site, 1979," *Man in the Northeast* 22 (1981): 3-27, 18 (seal and mink teeth).
19. Kevin McAleese, "Ancient Uses of Ramah Chert," 2002, http://www.heritage.nf.ca/articles/environment/landscape-ramah-chert.php.
20. Bruce J. Bourque, "Eastern North America: Evidence for Prehistoric Exchange on the Maritime Peninsula," in *Prehistoric Exchange Systems in North America*, ed. Timothy G. Baugh and Jonathan E. Ericson (1994): 34-35.
21. Elizabeth Chilton, "New England Algonquians: Navigating 'Backwaters' and Typological Boundaries," in *The Oxford Handbook of North American Archaeology*, ed. Timothy R. Pauketat (2012): 262-72.
22. Ronald F. Williamson, "What Will Be Has Always Been: The Past and Present of Northern Iroquoians," in *The Oxford Handbook of North American Archaeology*, 273-84.
23. Bernard K. Means, "Villagers and Farmers of the Middle and Upper Ohio River Valley, 11th to 17th Centuries AD: The Fort Ancient and Monongahela Traditions," in *The Oxford Handbook of North American Archaeology*, 297-309.
24. Deborah M. Pearsall, "People, Plants, and Culinary Traditions," in *The Oxford Handbook of North American Archaeology*, 73-84.
25. Alice Beck Kehoe, *America Before the European Invasions* (2002): 177 (Cahokia filed teeth), 178 (corns, beans, and squash).
26. Timothy R. Pauketat,*Ancient Cahokia and the Mississippians* (2004): 7-9.
27. Justin Jennings, *Globalizations and the Ancient World* (2011): 83-84 (Cahokia population), 87-88 (Cahokia's regional influence), 92-95 (Spiro).
28. Robert L. Hall, "The Cahokia Site and Its People," in *Hero, Hawk, and Open*

Restoring a Masterpiece of Native American Architecture in the Ruined Maya City of Chichen Itza, Yucatan (1931): 62.

6. Michael D. Coe and Stephen Houston, *The Maya*, 9th ed. (2015): 126, 163, 174-98 (Terminal Classic), 182, 201 (events of 987), 201-15 (Chichen Itza description), 214-19 (Mayapan), 242 (white roads).
7. Ann Axtell Morris 幫武士神廟的壁畫上了水彩，並為依然可見的圖畫做了黑白成像。壁畫欠缺的人物，她從壁畫其他部分臨摹了類似的人物來填補，在在顯示她有多慎重其事。Earl H. Morris, Jean Charlot, and Ann Axtell Morris, *The Temple of the Warriors at Chichen Itza, Yucatan*, Publication No. 406 (1931): I: 386-95, II: plate 139 (Maya village being raided); plate 146 (naval battle); plate 147b (captive with beads in his hair); plate 147c (captive shown in color plate); plate 159 (Maya village at peace)。
8. 可參考墨西哥與瓜地馬拉邊界恰帕斯城（Chiapas）波南帕克（Bonampak）遺址的壁畫。
9. 亦稱 attapulgite，這種黏土的科學名稱為 hydrated magnesium aluminum silicate hydroxide。
10. Morris et al., *The Temple of the Warriors*, I: 402.
11. Eric S. Thompson, "Representations of Tlalchitonatiuh at Chichen Itza, Yucatan, and at Baul, Escuintla," *Notes on Middle American Archaeology and Ethnology* 19 (1943): 117-21. 亦請參見 Donald E. Wray, "The Historical Significance of the Murals in the Temple of the Warriors, Chichen Itza," *American Antiquity* 11.1 (1945): 25-27。
12. Beniamino Volta and Geoffrey E. Braswell, "Alternative Narratives and Missing Data: Refining the Chronology of Chichen Itza," in *The Maya and Their Central American Neighbors: Settlement Patterns, Architecture, Hieroglyphic Texts, and Ceramics*, ed. Geoffrey E. Braswell (2014): 356-402, 373-74 (Table 13.1 of inscriptions), 377-83 (dating).
13. John S. Bolles, *Las Monjas: A Major Pre-Mexican Architectural Complex at Chichen Itza* (1977): 198 (photo of the boat mural in room 22 taken in 1934), 199 (Adela Breton painting of the mural), 202-3 (Jean Charlot watercolor of the mural).
14. Soren Nielson, Head of Maritime Craft Reconstruction, Viking Ship Museum in Roskilde, Denmark, email, June 7, 2018.

Atlantic Saga, 295-303, 300.

36. Magnus Magnusson and Hermann Palsson (trans.), The Vinland Sagas: The Norse Discovery of America (1965): 21 (expeditions to northern Greenland), 22 (1379 killing), 23 (1492 pope's letter), 42-43 (Columbus).
37. Museum of History, Ottawa, Canada, accession no. KeDq-7:325.
38. PAGES 2k Consortium, "Continental-Scale Temperature Variability During the Past Two Millennia," *Nature Geoscience* 6 (2013): 339-46.
39. Robert W. Park, "Adapting to a Frozen Coastal Environment," in *The Oxford Handbook of North American Archaeology*, ed. Timothy R. Pauketat (2012): 113-23.
40. Niels Lynnerup, "Life and Death in Norse Greenland," in Fitzhugh and Ward, *North Atlantic Saga*, 285-94.
41. Roberta Frank, English Department, Yale University, personal communication, July 12, 2016.
42. Biorn Jonsen of Skarsaa, Description of Greenland and the Skalholt Map, Det Kongelige Bibliotek. Skalholt Map #431.6 (1590), www.myoldmaps.com.

第三章　西元一千年的泛美公路

1. 三位耶魯同事大方分享他們的知識：已故的耶魯大學人類學榮譽教授 Michael D. Coe；現任蓋提研究所（Getty Research Institute）所長、藝術史教授 Mary Miller；以及曾任耶魯大學美術館博士後館長、目前也服務於蓋提研究所的 Andrew Turner。華盛頓大學的 John E. Kelly 在 2015 年 4 月 11 日親切地帶我一覽卡霍基亞遺址；也服務於耶魯大學的 Michelle Young 針對安地斯山脈的部分提出精闢的批評；雪菲爾大學（University of Sheffield）的 Caroline Dodd Pennock 也針對論點提出重要的修正。
2. Geoffrey E. Braswell, "What We Know, What We Don't Know, and What We Like to Argue About," Yale Brownbag Archaeological lunchtime talk (December 8, 2017).
3. Mary Miller, *The Art of Mesoamerica: From Olmec to Aztec* (2012): 224.
4. Laura Filloy Nadal, "Rubber and Rubber Balls in Mesoamerica," in *The Sport of Life and Death: The Mesoamerican Ballgame*, ed. E. Michael Whittington (2002): 21-31.
5. Earl H. Morris, *The Temple of the Warriors: The Adventure of Exploring and*

and Chaleur Bay).

24. Ramsay Cook, *The Voyages of Jacques Cartier* (1993): 19-21.
25. Henry Rowe Schoolcraft (1793-1864), *Historical and Statistical Information Respecting the History, Condition and Prospects of the Indian Tribes of the United States*, Volume 1 (1851): 85.
26. Adam of Bremen, *History of the Archbishops of Hamburg-Bremen,* trans. Francis J. Tschan, introduction by TimothyReuter (2002): 218-19.
27. 其他一些在 1121 至 1400 年間用冰島文撰寫的手稿也提到文蘭。其中相當重要的是 Ari Thorgilsson（1067 年生）在 1127 年寫的 *Book of the Icelanders* (Islendingabok)。
28. W. A Munn, *Wineland Voyages: Location of Helluland, Markland and Vinland* (1946 reprint of 1914 privately printed pamphlet).
29. Anne Stine Ingstad, *The New Land with the Green Meadows* (2013): 169.
30. Helge Ingstad and Anne Stine Ingstad, *The Viking Discovery of America: The Excavation of a Norse Settlement in L'Anse aux Meadows, Newfoundland* (2001): 105-9 (meaning of Vinland), 137 (foundry), 157 (needle sharpener and spindle whorl), 160 (pin).
31. Erik Wahlgren, "Fact and Fancy in the Vinland Sagas," in *Old Norse Literature and Mythology: A Symposium*, ed. Edgar C. Polome (1969): 44, 52-53.
32. Birgitta Wallace, "The Norse in Newfoundland: L'Anse aux Meadows and Vinland," *Newfoundland Studies* 19.1 (2003): 10 (sagas), 11 (no fields nearby), 18-19 (shipbuilding), 25 (planned departure), 26 (butternuts).
33. Erik Wahlgren, The Vikings and America (1986): 11-15 (expeditions to northern Greenland), 163-64 (location of Vinland)。其他可能的位置請參考："Suggested Locations of Places Mentioned in the Vinland Sagas," in Kunz, *Vinland Sagas*, 66-67。
34. Svein H. Gullbekk, "The Norse Penny Reconsidered: The Goddard Coin–Hoax or Genuine?," *Journal of the North Atlantic 33* (2017): 1-8; Steven L. Cox, "A Norse Penny from Maine," in *Vikings: The North Atlantic Saga*, ed. William W. Fitzhugh and Elizabeth I. Ward (2000): 206-7；Gareth Williams, British Museum, email, July 11, 2016.
35. Joel Bergland, "The Farm Beneath the Sand," in Fitzhugh and Ward, *North*

了五種不同的船架。

13. James H. Barrett and David C. Orton (eds.), *Cod and Herring: The Archaeology and History of Medieval Sea Fishing* (2016).

14. 雷克雅維克定居點展覽 871±2（The Settlement Exhibition Reykjavik 871±2）認為冰島最早的已知聚落與一塊格陵蘭冰芯同年代。

15. Erik Wahlgren, "Vinland Sagas," *Medieval Scandinavia: An Encyclopedia* (1993): 704-5.

16. Jesse Byock, Professor of Old Norse and Medieval Scandinavian Studies, UCLA, personal communication, August 23, 2017.

17. Sverrir Jakobsson, "Vinland and Wishful Thinking: Medieval and Modern Fantasies," Canadian Journal of History/Annales canadiennes d'histoire 47 (2012): 493-514；Jerold C. Frakes, "Vikings, Vinland and the Discourse of Eurocentrism," *Journal of English and German Philology* 100.1 (April 2001): 157-99.

18. Theodore M. Andersson 列出七種口頭傳播的軼事（例如傳記式的記述）：*The Growth of the Medieval Icelandic Sagas* (1180-1280) (2006)。亦請參見 Margaret Cormack, "Fact and Fiction in the Icelandic Sagas," *History Compass* 5.1 (2007): 201-17。

19. 《紅鬍子艾瑞克傳奇》說索爾瓦德在卡爾賽弗尼抵達文蘭後過世，《格陵蘭人傳奇》則相反。

20. Robert W. Park, "Contact Between the Norse Vikings and the Dorset Culture in Arctic Canada," *Antiquity* 82 (2008): 189-98.

21. Ralph T. Pastore, "Archaeology, History, and the Beothuks," *Newfoundland Studies* 9.2 (1993): 260-78；Ralph Pastore, "The Collapse of the Beothuk World," *Acadiensis: Journal of the History of the Atlantic Region* 19.1 (1989): 52-71.

22. Birgitta Wallace, Westward Vikings (2006): 21-23 (detailed discussion of dating), 25, 29-30 (those who proposed L'Anse aux Meadows as a Viking site), 38-48 (detailed description of each structure), 78 (estimate of population), 87-88 (Beothuk and Innu at L'Anse aux Meadows).

23. Birgitta Wallace, "L'Anse aux Meadows: Leif Eriksson's Home in the Americas," *Journal of the North Atlantic*, Special Volume 2 (2009): 114-25, 116 (sixteenth-century trade route), 120 (animal bone evidence), 121 (Cartier

Maas (2018): 400-18.
48. Gwyn Jones, *A History of the Vikings* (1968): 290.
49. John Man, *Atlas of the Year 1000* (2001).

第二章　往西走吧，維京少年

1. 我的同事安德斯・溫羅斯（Anders Winroth）大方建議了過去二十年的重要讀物，雖然他仍對北歐傳奇的歷史價值感到懷疑。伯明罕大學的凱羅（Chris Callow）和牛津大學的雷瑟（Conrad Leyser）也竭力向我解釋他們為何不敢輕信。
2. Keneva Kunz (trans.), *The Vinland Sagas: The Icelandic Sagas About the First Documented Voyages Across the North Atlantic*, ed. Gisli Sigurdsson (2008): 5-10 (Leif's voyage), 31-32 (Gudrid's singing), 45 (Karlsefni's encounter).
3. Annette Kolodny, *In Search of First Contact: The Vikings of Vinland, the Peoples of the Dawnland, and the Anglo-American Anxiety of Discovery* (2012): 58 (meaning of "Skraeling"), 59 (iron weapons), 60 (Wabanaki Alliance), 272 (Wayne Newell), 274 (noisemakers).
4. Ben Raffield, "Bands of Brothers: A Re-appraisal of the Viking Great Army and Its Implications for the Scandinavian Colonization of England," *Early Medieval Europe* 24.3 (2016): 308-37, 325.
5. Nancy Marie Brown, *The Far Traveler: Voyages of a Viking Woman* (2006).
6. Anders Winroth, *The Conversion of Scandinavia: Vikings, Merchants and Missionaries in the Remaking of Northern Europe* (2012).
7. Heather Pringle, "New Visions of the Vikings," *National Geographic* 231.3 (March 2017): 30-51, 39.
8. John Haywood 指出丹麥半島上有可溯至七世紀的盧恩文字畫了方帆的圖。請參閱他的 *The Penguin Historical Atlas of the Vikings* (1995): 9-10。
9. Max Vinner, *Boats of the Viking Ship Museum* (2017): 20-21.
10. Dieter Ahrens, "Die Buddhastatuette von Helgo," *Pantheon* 22 (1964): 51-52; Scott Ashley, "Global Worlds, Local Worlds, Connections and Transformations in the Viking Age," in *Byzantium and the Viking World*, ed. Fedir Androshchuk et al. (2016): 363-87, 364, 372.
11. Thorleif Sjovold, *The Viking Ships in Oslo* (1985): 22.
12. 丹麥羅斯基勒（Roskilde）的維京船博物館（Viking Ship Museum）展示

American in the Land of the Shogun: Ranald MacDonald and the Opening of Japan (2003).

38. Tom Garrison and Robert Ellis, *Oceanography: An Invitation to Marine Science*, 9th ed. (2016): 230 (monsoons), 232 (Figure 8.19a and b: monsoon patterns), 251 (Figure 9.3: North Atlantic Gyre), 255 (Figure 9.8 a and b: surface currents).
39. George F. Hourani, *Arab Seafaring in the Indian Ocean in Ancient and Early Medieval Times*, revised and expanded by John Carswell (1995): 61 (route in greatest use), 74 (sailing times).
40. Robert Delfs（以印尼為基地的知名水底攝影師）：personal communication, October 2015。
41. Wang Gungwu, Emeritus Professor of History, National University of Singapore, personal communication, October 2015; C. C. McKnight, *The Voyage to Marege': Macassan Trepangers in Northern Australia* (1976); Derek John Mulvaney, "Beche-de-mer, Aborigines and Australian History," *Journal of the Royal Society of Victoria* 79.2 (1966): 449-57.
42. Robert K. G. Temple, *The Genius of China: 3,000 Years of Science, Discovery, and Invention* (1986): 148-57.
43. Steve Thomas, *The Last Navigator: A Young Man, an Ancient Mariner, and the Secrets of the Sea* (1987).
44. Mau Piailug obituary, *Washington Post* (July 21, 2010).
45. Seamus Heaney (trans.), *Beowulf: A New Verse Translation* (2001).
46. Ben Raffield, "Bands of Brothers: A Re-appraisal of the Viking Great Army and Its Implications for the Scandinavian Colonization of England," *Early Medieval Europe* 24.3 (2016): 308-37, 314 (size of bands), 317 (women), 325 (different ethnicities).
47. Jonathan Karam Skaff, *Sui-Tang China and Its Turko-Mongol Neighbors: Culture, Power, and Connections, 580-800* (2012): 12-15, 75-104；Timothy Reuter, "Plunder and Tribute in the Carolingian Empire," *Transactions of the Royal Historical Society*, 5th Series, 35 (1985): 75-94；Naomi Standen, "Followers and Leaders in Northeastern Eurasia, ca. Seventh to Tenth Centuries," in *Empires and Exchanges in Eurasian Late Antiquity: Rome, China, Iran, and the Steppe, ca. 250-750*, ed. Nicola di Cosmo and Michael

Biruni's Kitab Tahdid Nihayat al-Amakiin Litashih Masafat al-Masakin by Jamil Ali (1992): 102-10，翻譯 136-46 of al-Biruni, *Kitab Tahdid nihayat al-amakin li-tashih masafat al-masakin*, ed. P. Bulgakov (Frankfurt, 1992)。
24. Helmut Nickel, "Games and Pastimes," *Dictionary of the Middle Ages* (1985): 5: 347-53.
25. Anibal Rodriguez, Museum Technician, American Museum of Natural History, personal communication, March 11, 2015.
26. John Howland Rowe, *Inca Culture at the Time of the Spanish Conquest* (1946): 231-32.
27. Ross Hassig, *Aztec Warfare: Imperial Expansion and Political Control* (1995): 66.
28. U.S. Department of the Army Techniques Publication,"Foot Marches (FM 21-18)" (April 2017): Section 2-41.
29. Ashleigh N. Deluca, "World's Toughest Horse Race Retraces Genghis Khan's Postal Route," *National Geographic News* (August 7, 2014); H. Desmond Martin, *The Rise of Chingis Khan and His Conquest of North China* (1950): 18.
30. Stephen H. Lekson, "Chaco's Hinterlands," in *The Oxford Handbook of North American Archaeology*, ed. Timothy R. Pauketat (2012): 597-607, 602-3.
31. Anders Winroth, *The Age of the Vikings* (2014): 72.
32. Ben R. Finney, *Hokule'a: The Way to Tahiti* (1979); Ben Finney, Voyage of Rediscovery: A Cultural Odyssey Through Polynesia (1994): 127.
33. Mark Howard-Flanders, experienced mariner, Branford, Connecticut, personal communication, September 1, 2017.
34. Birgitta Wallace, "The Norse in Newfoundland: L'Anse aux Meadows and Vinland," *Newfoundland Studies* 19.1 (2003): 5-43, 8.
35. Keneva Kunz (trans.), *Vinland Sagas: The Icelandic Sagas About the First Documented Voyages Across the North Atlantic*, ed. Gisli Sigurdsson (2008): 4.
36. http://oceanservice.noaa.gov/. See also the very helpful website https://earth.nullschool.net/ on which you can look up winds and currents on any given day.
37. Cassandra Tate, "Japanese Castaways of 1834: The Three Kichis" (posted July 23, 2009), http://www.historylink.org/File/9065; Frederik L. Schodt, *Native*

11. Uta C. Merzbach, "Calendars and the Reckoning of Time," *Dictionary of the Middle Ages* (1983) 3: 17-30.
12. Robert E. Lerner, "Millennialism, Christian," *Dictionary of the Middle Ages* 8: 384-88；Norman Cohn, *The Pursuit of the Millennium: Revolutionary Messianism in Medieval and Reformation Europe and Its Bearing on Modern Totalitarian Movements*, 3rd ed. (1970).
13. Tom Clynes, "Exclusive: Laser Scans Reveal Maya 'Megalopolis' Below Guatemalan Jungle," *National Geographic* (February 1, 2018). 可上網查詢。
14. Michael D. Coe and Stephen Houston, *The Maya*, 9th ed. (2015): 73, 84 (early agriculture), 126 (Tikal population), 176 (Chichen Itza).
15. Massimo Livi-Bacci, *A Concise History of World Population* (2017): 25.
16. William W. Clark and John Bell Henneman, Jr., "Paris," William A. Percy, "Population and Demography," in William W. Kibler et al., *Medieval France: An Encyclopedia* (1995): 698-707, 751-52.
17. Conrad Leyser, Naomi Standen, and Stephanie Wynne-Jones, "Settlement, Landscape and Narrative: What Really Happened in History," *The Global Middle Ages*, ed. Catherine Holmes and Naomi Standen, *Past and Present, Supplement* 13 (2018): 232-60.
18. Travis E. Zadeh, *Mapping Frontiers Across Medieval Islam: Geography, Translations, and the Abbasid Empire* (2011).
19. Gavin Menzies, *1421: The Year That China Discovered America* (2008).
20. Ishaan Tharoor, "Muslims Discovered America Before Columbus, Claims Turkey's Erdogan," *Washington Post* (November 15, 2004)；entry for October 29, 1492, *Journal of the First Voyage of Christopher Columbus*, ed. Julius E. Olson and Edward Gaylord Bourne (1906): 133.
21. Frederick S. Starr, *Lost Enlightenment: Central Asia's Golden Age from the Arab Conquest to Tamerlane* (2014): 375-78.
22. Saiyid Samad Husain Rizvi, "A Newly Discovered Book of Al-Biruni: 'Ghurrat-uz-Zijat,' and al-Biruni's Measurements of Earth's Dimensions," in *Al-Biruni Commemorative Volume*, ed. Hakim Mohammed Said (1979): 605-80, 617.
23. Fuat Sezgin (ed.), *The Determination of the Coordinates of Positions for the Correction of Distances Between Cities: A Translation from the Arabic of al-*

2. Andrew M. Watson, "The Arab Agricultural Revolution and Its Diffusion, 700-1100," *Journal of Economic History* 34.1 (1974): 8-35；Watson, *Agricultural Innovation in the Early Islamic World: The Diffusion of Crops and Farming Techniques*, 700-1100 (1983)。Paolo Squatriti 證明 Watson 探討農作物在伊斯蘭世界傳播的獨創論點經得起時間考驗，請參閱他的 "Of Seeds, Seasons, and Seas: Andrew Watson's Medieval Agrarian Revolution Forty Years Later," *Journal of Economic History 74.4* (2014): 1205-20。
3. Andrew Watson, "A Medieval Green Revolution," in *The Islamic Middle East, 700-1900: Studies in Economic and Social History*, ed. A. L. Udovitch (1981): 29-58, 30; Charles Issawi, "The Area and Population of the Arab Empire: An Essay in Speculation," in the same volume, 375-96, 387.
4. R. I. Moore, *The First European Revolution, c. 970-1215* (2000): 30-39, 30 (doubling of population), 33 (population of Cordoba), 46-48 (cerealization).
5. H. H. Lamb, "The Early Medieval Warm Epoch and Its Sequel," *Paleogeography, Paleoclimatology, Paleoecology* 1 (1965): 13-37.
6. PAGES 2k Consortium, "Continental-Scale Temperature Variability During the Past Two Millennia," *Nature Geoscience* 6 (2013): 339-46。欲查詢顯示冷卻與暖化趨勢的世界地圖，以及乾旱雨潮溼時期，請參考 Sebastian Luning 主導的線上中世紀暖化時期製圖計畫：http://t1p.de/mwp。亦請參閱 Quansheng Ge 等人所寫關於中國、Christian Rohr 等人關於歐洲的論文，收錄於 Sam White 等人編輯之 *Palgrave Handbook of Climate History* (2018)。
7. Alexander F. More, "New Interdisciplinary Evidence on Climate and the Environment from the Last Millennium," unpublished paper delivered at the conference, "Histoires de l'an mil" Fondation des Treilles, France, September. 9-14, 2019.
8. Valerie Hansen, *The Open Empire: A History of China to 1800*, 2nd ed. (2015): 239.
9. Cecile Morrisson, "La place de Byzance dans l'histoire de l'economie medievale (v. 717-1204): methodes, acquis, perspectives," in *Richesse et croissance au Moyen Age. Orient et Occident* (Monographies de Travaux et Memoires 43), ed. D. Barthelemy and Jean-Marie Martin, (2014): 11-30.
10. Sonja Brentjes, "Al-jabr," *Encyclopaedia of Islam*, 3rd ed. (2007).

註釋

序言

1. 史泰格（Manfred B. Steger）寫了一本有用的入門書，將時空壓縮視為全球化的關鍵，並像多數書籍一樣著眼於一九七〇年代。有些分析家認為全球化在西元一千年以前就已發生：詹寧斯（Justin Jennings）主張古美索不達米亞、卡霍基亞和瓦里文化都有影響周遭鄉村的城市。幾位早期學者，特別是諾斯魯普（David Northrup）和曼恩（John Man），已談論過西元一千年的重要性，阿布·盧格（Janet Lippman Abu-Lughod）則鑑定蒙古時代為人類進一步整合的關鍵時期。拜利（C. A. Bayly）將全球化定義為「社會過程的規模從地方或區域級逐漸邁向世界級」，而他相信他稱為古代全球化的第一階段是在一五〇〇年以後發生。

   請參閱 See Steger, Globalization: A Very Short Introduction (2009); Jennings, Globalizations and the Ancient World (2011); Northrup, "Globalization and the Great Convergence: Rethinking World History in the Long Term," Journal of World History 16.3 (2005): 249-67; Man, Atlas of the Year 1000 (2001); Abu-Lughod, Before European Hegemony: The World System A.D. 1250-1350 (1989); Bayly, "'Archaic' and 'Modern' Globalization in the Eurasian and Africa Arena, c. 1750-1850," in Globalization in World History, ed. A. G. Hopkins (2002)。
2. Magnus Magnusson and Hermann Palsson (trans.), *The Vinland Sagas: The Norse Discovery of America* (1965): 100.
3. Jon Emont, "Why Are There No New Major Religions?," *The Atlantic* (August 6, 2017).

第一章　西元一千年的世界

1. James C. Lee and Wang Feng, *One Quarter of Humanity: Malthusian Mythology and Chinese Realities, 1700-2000* (1996): 6 (Figure 1.1).

歷史與現場 313

西元一千年：探險家連結世界，全球化於焉展開

The Year 1000: When Explorers Connected the World–and Globalization Began

作者	韓森（Valerie Hansen）
譯者	洪世民
主編	王育涵
校對	陳樂樨
責任企畫	郭靜羽
美術設計	許晉維
內頁排版	張靜怡
地圖繪製	吳郁嫻
總編輯	胡金倫
董事長	趙政岷
出版者	時報文化出版企業股份有限公司 108019 臺北市和平西路三段 240 號 7 樓 發行專線｜ 02-2306-6842 讀者服務專線｜ 0800-231-705 ｜ 02-2304-7103 讀者服務傳真｜ 02-2302-7844 郵撥｜ 1934-4724 時報文化出版公司 信箱｜ 10899 臺北華江橋郵政第 99 信箱
時報悅讀網	www.readingtimes.com.tw
人文科學線臉書	http://www.facebook.com/humanities.science
法律顧問	理律法律事務所｜陳長文律師、李念祖律師
印刷	勁達印刷有限公司
初版一刷	2022 年 4 月 1 日
定價	新臺幣 520 元

ISBN 978-626-335-164-6 ｜ Printed in Taiwan

時報文化出版公司成立於一九七五年，並於一九九九年股票上櫃公開發行，於二〇〇八年脫離中時集團非屬旺中，以「尊重智慧與創意的文化事業」為信念。

西元一千年：探險家連結世界，全球化於焉展開／韓森（Valerie Hansen）著；洪世民譯 .

-- 初版 . -- 臺北市：時報文化出版企業股份有限公司，2022.04 ｜ 400 面；14.8×21 公分 .

譯自：The Year 1000: When Explorers Connected the World–and Globalization Began

ISBN 978-626-335-164-6（平裝）｜ 1. CST: 世界史 2. CST: 中古史 3. CST: 文明史｜ 712.3 ｜ 111003380